Mitgliederwerbung in und für Parteien

Simon Jakobs · Vincenz Schwab

Mitgliederwerbung in und für Parteien

Ein Einblick in Theorie und Praxis

Springer VS

Simon Jakobs
Die Mitgliederwerber
Bochum, Deutschland

Vincenz Schwab
Bayerische Akademie der Wissenschaften
München, Deutschland

ISBN 978-3-658-37126-5 ISBN 978-3-658-37127-2 (eBook)
https://doi.org/10.1007/978-3-658-37127-2

Die Deutsche Nationalbibliothek verzeichnet diese Publikation in der Deutschen Nationalbibliografie; detaillierte bibliografische Daten sind im Internet über http://dnb.d-nb.de abrufbar.

Planung/Lektorat: Jan Treibel
Springer VS ist ein Imprint der eingetragenen Gesellschaft Springer Fachmedien Wiesbaden GmbH und ist ein Teil von Springer Nature.
Die Anschrift der Gesellschaft ist: Abraham-Lincoln-Str. 46, 65189 Wiesbaden, Germany

Inhaltsverzeichnis

1 Einleitung 1

2 Partizipation und Parteimitgliedschaft 5

2.1 Das Civic Voluntarism Model 9

2.2 Alle politikverdrossen? Die Partizipationsbereitschaft der Deutschen 15

2.3 Parteimitgliedschaften im Abschwung – aber nicht bei allen! ... 25

2.4 Anreize und Hemmnisse für eine Parteimitgliedschaft 42

2.5 Prinzipiell beitrittsbereit – aber dann doch nicht? Über die Gruppe der ‚Parteiaktivitätsbereiten' 58

3 Mitgliederwerbung – Konzept und Praxis 61

3.1 Von Ehrenamtlichen und Recruiter*innen – Mitgliederwerber*innen unter Druck 62

3.2 Vorschläge zur Mitgliederwerbung vonseiten der Parteien 67

3.3 Wie Mitgliederwerber*innen tatsächlich werben 72

3.4 Exkurs: Mitgliederwerbung ‚from the inside' – Interviews mit Hauptamtlichen 79

3.5 Gibt es Erfolgsfaktoren der Mitgliederwerbung? Aber ja doch! 90

3.5.1 Die Grundlegung – Milieus analysieren und Organizing (im Kleinen) schaffen 91

3.5.2 Gespräche führen – eine Grundlegung 95

3.5.3 Zwischenfazit 102

4 Ab in die Praxis! ... 105
4.1 Grundlagen erfolgreicher Praxisarbeit ... 106
4.1.1 Politische Strategie und strategische Zentren ... 106
4.1.1.1 Auftrag und Situationsanalyse ... 106
4.1.1.2 Strategische Entscheidungen ... 114
4.1.1.3 Implementierung der Strategie ... 117
4.1.2 Kommunikation ... 119
4.1.2.1 Politische Kommunikation ... 126
4.1.2.2 Merkmale politischer Kommunikation ... 126
4.1.2.3 Funktionen von Kommunikation ... 128
4.1.3 Politische Sprache ... 128
4.1.3.1 Sprache der Politik als Fachsprache ... 129
4.1.3.2 Das politische Lexikon ... 131
4.1.3.3 Ideologievokabular ... 133
4.1.3.4 Saliente Sätze ... 136
4.1.3.5 Sprechakte und Sprachhandeln ... 137
4.1.4 Die richtigen Frames aktivieren ... 140
4.2 Zuhören, Argumentieren, Überzeugen ... 145
4.3 Frustration aushalten und mit schwierigen Gesprächspartner*innen umgehen ... 159
4.4 Professionalisierung zulassen: Ein Beispiel ... 163
4.5 Anstelle eines Fazits: 10 Punkte zum Mitnehmen ... 169

Literatur ... 171

Abbildungsverzeichnis

Abb. 2.1 Partizipationsbegünstigende Faktoren im CVM 10
Abb. 2.2 Kreislauf aus Beteiligung und Efficacy 13
Abb. 2.3 Motive für den Parteibeitritt 47
Abb. 2.4 Das integrierte Modell der Mitgliederwerbung (IMM) 56
Abb. 4.1 Stimmenanteile der Parteien zur Bundestagswahl 2021 im Wahlkreis 296 111
Abb. 4.2 Mitgliederwerbung im Prozess gedacht 118
Abb. 4.3 Kommunikationsmodell nach Schulz von Thun 121
Abb. 4.4 Gliederung des politischen Lexikons nach Girnth 132
Abb. 4.5 Klassifikation des Ideologievokabulars 136

Tabellenverzeichnis

Tab. 2.1 Mitgliederentwicklung in Deutschland seit 1947 28
Tab. 2.2 Parteieintrittszahlen seit 2008 30
Tab. 2.3 Austritte und Todesfälle in Parteimitgliedschaften seit 2008 30

1 Einleitung

„Nicht jede Partei versucht die Anzahl ihrer Mitglieder ständig zu vergrößern. Die Parteien in der Bundesrepublik ebenso wie in anderen westlichen Demokratien tun es jedoch im allgemeinen", schreibt Renate Mayntz 1959. Auch heute gilt noch, dass die deutschen Parteien in aller Regel am Mitgliederprinzip festhalten (Mayntz 1959). Das ist, mit Blick auf die europäische Parteienlandschaft, nicht selbstverständlich. In der *Forza Italia* Silvio Berlusconis waren Parteimitgliedschaften bis 1997 weder formal möglich noch strategisch vorgesehen (Urbat 2007: 342). Geert Wilders, Rechtspopulist und Nationalist aus den Niederlanden, kennt in seiner *Partij voor de Vrijheid* nur ein Mitglied: sich selbst. In Deutschland ist das nicht der Fall. „Statuarisch kann von einer häufig postulierten Abkehr vom Mitgliederprinzip und einer Hinwendung zu rein wahl- und professionalitätsorientierten Organisationen keine Rede sein – zu bedeutsam sind in Deutschland dauerhafte Mitglieder für die Legitimation und als Symbol der gesellschaftlichen Verankerung von Parteien" (Bukow 2013: 285).

Im Lichte dessen bringt der stetige Mitgliederverlust der Parteien Probleme für dieses Legitimationsfundament mit sich. Doch ist der beschriebene Schwund tatsächlich so stetig wie angedroht? Mit Blick auf die Mitgliederzahlen in den letzten Jahren stechen drei Parteien hervor und trotzen dem allgemeinen Trend: AfD, Grüne und FDP. Die AfD als genuin neugegründete Partei besetzte Themenfelder, die von anderen Parteien vorher nicht dergestalt abgedeckt waren und konnte damit einen Teil der Wähler*innenschaft auch als Mitglieder gewinnen. Die Grünen haben ihre Mitgliederzahlen von 2016 bis 2021 verdoppelt und auch die FDP hat sich seit 2016 mit Blick auf ihre Mitgliedschaft deutlich erholt. Die Linke und etwas schwächer die CSU halten ihr Mitgliederfundament seit einigen Jahren annähernd stabil. Nur SPD und CDU folgen einem doch sehr klaren linearen Abwärtstrend, der bei der SPD 2017 und 2018 durch überdurchschnittlich hohe Eintrittszahlen kurzzeitig, aber nicht dauerhaft kompensiert wurde.

S. Jakobs und V. Schwab, *Mitgliederwerbung in und für Parteien*,
https://doi.org/10.1007/978-3-658-37127-2_1

Ist die Parteimitgliedschaft denn inzwischen ‚out'? Das hängt davon ab, welche Partei Sie betrachten! Und, nochmal mit Blick auf CDU und SPD: Zwar sinken die Zahlen der Mitglieder insgesamt, doch bedeutet das mitnichten, es gebe keine Neueintritte mehr. Diese müssen nur durch Mitgliederwerbung gefördert werden. Mit dem Ziel, Mitgliederwerbung zu flankieren und zu professionalisieren, ist das vorliegende Buch entstanden.

Der Anstoß dazu lässt sich in der eigenen Forschungshistorie finden. Einer der Autoren dieses Buches, Simon Jakobs, hat seine Doktorarbeit zur *Neumitgliederwerbung von SPD und CDU im Vergleich* verfasst und festgestellt, dass das Thema in der Forschung sträflich vernachlässigt wurde. Auch Praxisratgeber gab es nur wenige, meist herausgegeben von einer spezifischen Partei, Gewerkschaft oder einem Verein oder Verband. Diese Publikationen waren somit stets ‚gefärbt' und sollten das Ziel verfolgen, Werbepotenziale ausschließlich für die eigene Organisation zu erschließen. Mal mehr, mal weniger ausführlich werden darin Best-Practice-Beispiele, Argumentationskarten und überholte Modelle (wie das AIDA-Modell) erläutert. Was fehlte, war *eine* Publikation, die Mitgliederwerbung für alle demokratischen Parteien bündelt, darauf eingeht, was bislang aus Wissenschaft und Forschung bekannt ist und dann übersetzt, wie sich diese Erkenntnisse in die Praxis umsetzen lassen – mit dem Ziel, neue Mitglieder für Parteien zu gewinnen. Als Alleinstellungsmerkmal dieses Titels verflechten wir außerdem praxisrelevante und anwendungsbezogene Politikwissenschaft mit einem sprachwissenschaftlichen Ratgeber.

Als Ergebnis liegen Ihnen, unseren Leser*innen, ca. 200 Seiten Text vor, der Mitgliederwerbung erleichtern soll. Dabei ist eine zentrale Prämisse aus der Forschung grundlegend: Mitgliederwerbung wirkt, und zwar hauptsächlich mittels der direkten Ansprache (Jakobs 2021). Davon ausgehend möchten wir Sie mit zentralen Befunden zur Mitgliederwerbung in Parteien bekannt machen, womit die erste Hälfte dieses Buches gefüllt ist. In der zweiten Hälfte gehen wir direkt zum Praxisteil über. Dort werden nicht nur Praxistipps an Praxistipps gereiht, sondern wir möchten Ihnen auch erläutern, worauf wir wissenschaftlich bauen – und was uns die Erfahrung aus verschiedenen Projekten zur Mitgliederwerbung gelehrt hat. Dabei richtet sich dieses Buch vor allem an diejenigen Leser*innen, die innerhalb der Ortsvereine und Ortsverbände der Parteien Mitgliederwerbung *machen,* also Aktionen planen, mit Menschen ins Gespräch kommen und Beitrittsformulare ausgeben. Wir verzichten auf konkrete Best-Practice-Beispiele oder Argumentationskärtchen; wohl aber möchten wir Ihnen aufzeigen, mit welchen Strategien und Taktiken Menschen vorgehen, die in der Mitgliedergewinnung erfolgreich sind. Diese Strategien und Taktiken können Sie dann auf sich selbst übertragen. Denn: Mitgliederwerbung ist so individuell wie Sie! Und das trifft auch auf die Menschen zu, die Sie werben wollen. Anstelle zu schauen, mit welchen konkreten Gesprächsbestandteilen und Sätzen andere Werber*innen vorgegangen sind, und mit welchem Argument (zufällig) Erfolge verbucht wurden, ist unser Ansatz derjenige, sich am Gegenüber zu orientieren. Und so wie wir versuchen, uns an Ihnen, liebe*r Leser*in, zu orientieren, so appellieren wir an Sie, sich selbst in Mitgliederwerbegesprächen an Ihrem Gegenüber, dem potenziellen Neumitglied zu orientieren.

Welche Vorkenntnisse benötigen Sie, um dieses Buch zu lesen? Im Idealfall keine! Wenn Sie bereits in der Mitgliedergewinnung aktiv sind oder waren, wird Ihnen einiges bekannt vorkommen. Wenn Sie selbst gerade neu in eine Partei eingetreten sind und die Strukturen kennenlernen müssen, dann sollte Ihnen dieses Buch aber keine weiteren Probleme bereiten. Dabei müssen Sie nicht von Anfang bis Schluss alles lesen, was wir Ihnen hier aufbereitet haben. Im Gegenteil: Sie können sehr selektiv lesen, im Buch hin- und herspringen und zu dem blättern, was Sie gerade interessiert. Zwar gehen wir von einem zusammenhängenden Konzept der Mitgliederwerbung aus, das aus verschiedenen Bausteinen besteht, aber Sie können selbst entscheiden, welcher Baustein zu Ihnen am besten passt und was Sie in der Praxis ausprobieren möchten.

Daher nun zum Fahrplan dieses Buches: Es gibt verschiedene Arten, wie Sie dieses Buch lesen können. Wenn Sie an wissenschaftlichen Erkenntnissen zur Mitgliederwerbung in Parteien interessiert sind, dann empfehlen wir die Lektüre von Kap. 2 und 3. Dort finden Sie, so komprimiert wie möglich, zentrale Befunde zum Thema. Sie können aber auch zu den entsprechenden *Zusammenfassungen* der Abschnitte springen. Wir empfehlen Ihnen, mindestens diese Zusammenfassungen zu lesen, um einige wesentliche Hintergrundinformationen zum Thema Mitgliederwerbung und Mitgliedergewinnung zu erhalten. Ansonsten: Lassen Sie sich von den Überschriften der Kapitelabschnitte inspirieren. Wenn wir es für notwendig halten, dass Sie Zusatzinformationen benötigen, haben wir entsprechende Verweise in den einzelnen Kapiteln verbaut.

Kap. 4 ist der Teil, der die Befunde zur Mitgliederwerbung in die Praxis übertragen soll. Hier möchten wir Ihnen Ratschläge geben, die sowohl wissenschaftlich fundiert als auch in der Praxis erprobt sind. Die entsprechenden Abschnittswegweiser finden Sie stets zu Beginn der einzelnen Kapitel.

Nun wollen wir Sie nicht weiter von der eigentlichen Lektüre abhalten. Zum Schluss gilt es aber noch, ‚Danke‘ zu sagen an die Personen, die dieses Buch begleitet und unsere Arbeit unterstützt haben. Das sind Viola Pfeiffer, Nadja Pfeiffer, Michael Zimmermann, Christoph Kröpl, Giulia Sommer und Ferenc Földesi, Frank Niebuhr und unser*e Interviewpartner*in von der CSU, der/die ungenannt bleiben möchte. Danken möchten wir auch dem Springer Verlag, der dieses Buch unterstützt und publiziert hat.

2 Partizipation und Parteimitgliedschaft

In diesem Kapitel[1] erhalten Sie die Grundlagen zu den Themen Partizipation und Parteimitgliedschaft. In einem ersten Schritt beleuchten wir das *Civic Voluntarism Model,* das die beste Erklärung für politische Partizipation bietet. Danach gehen wir auf die Frage nach der Politikverdrossenheit in Deutschland ein – deren Existenz wir verneinen können. So etwas wie Politikverdrossenheit ist empirisch nicht festzustellen, außerdem ist der Begriff schlecht gewählt. Danach fragen wir, recht provokant, ob es sich bei den Parteimitgliedschaften um eine Krise oder einen Niedergang handelt, wobei letzteres anzunehmen ist. Wie wir bereits in der Einleitung gesehen haben, umfasst der Rückgang der Parteimitgliedschaften längst nicht alle Parteien. Nachdem wir diesen Rückgang besprochen haben, leiten wir in Anreize und Hemmnisse zum Parteibeitritt ein und untersuchen dann die Gruppe der Menschen, die als spezifisch parteibeitrittsbereit gelten können (ja, die gibt es!). Am Ende einzelner Abschnitte finden Sie jeweils Zusammenfassungen der Abschnitte, falls Sie das Wichtigste komprimiert erfahren möchten.

„Politische Partizipation umfasst – salopp gesagt – alle Aktivitäten von Bürgern mit dem Ziele politische Entscheidungen zu beeinflussen“ (van Deth 2009: 141). Politische Partizipation ist damit immer darauf gerichtet, politische Anliegen zu bearbeiten, im Gegensatz zu rein sozialen Anliegen, worunter beispielsweise die Mitgliedschaft in einem Sportverein oder die ehrenamtliche Hilfe in einer Altenpflegeeinrichtung fallen. Engt man den Begriff der politischen Partizipation weiter ein, landet man beim instrumentellen Partizipationsbegriff, der ebenjene Aktivitäten umfasst, die Bürger*innen freiwillig unternehmen, aber mit dem Zweck versehen, das politische System auf einer seiner Ebenen zu

[1] Die Kap. 2 und 3 dieser Arbeit sind an Jakobs (2021) angelehnt, wurden aber großzügig verändert sowie aktualisiert.

S. Jakobs und V. Schwab, *Mitgliederwerbung in und für Parteien,*
https://doi.org/10.1007/978-3-658-37127-2_2

beeinflussen. Für Jan van Deth (2009: 143) bedeutet das jedoch zugleich, Berufspolitiker*innen von diesem Begriff auszunehmen. Seiner Ansicht nach sind diese nicht mehr zur ‚Klasse' der Bürger*innen zu zählen, sondern bilden einen eigenen Stand im politischen System. Da sie, so van Deth, Teil des politischen Systems sind, können sie sich nur schlecht selbst beeinflussen.

Politische Partizipation und ihre verschiedenen Formen ließen sich in der Forschung der 1950er und 1960er Jahre buchstäblich an einer Hand abzählen. Mittlerweile sind die Formen politischer Partizipation fast nicht mehr zählbar und umfassen neben der offline-Partizipation auch Formen der online-Partizipation. Gerade hiermit tut sich aber die sehr naheliegende Lösung zum ‚Rätsel der Partizipation' auf, dass Menschen gewisse Partizipationsformen nutzen, andere hingegen meiden und man fälschlicherweise mit Blick auf die Partizipationsraten bei Großorganisationen schließen könnte, Partizipation insgesamt sei auf dem absteigenden Ast. Zu bedenken ist die dramatische Angebotserweiterung, die eine gewisse Unübersichtlichkeit erzeugt, mit der quantitativen Aufteilung auf viele verschiedene Partizipationsarten und ihrer Einzelbetrachtung aber auch den Eindruck erweckt, Partizipation insgesamt sei im Schwinden begriffen.

Dazu ist ein Blick in die Geschichte der Partizipationsforschung erhellend. Verba und Nie (1972) machten es sich zum Anliegen, Partizipation mehr als nur die Teilnahme an Wahlen zu nennen. Ihre Annahme war dabei, dass insbesondere die sozio-ökonomischen Voraussetzungen, die Menschen haben, ihre politische Beteiligungsrate bedingen. Der Zusammenhang zwischen Partizipation und ökonomischer Schicht war dabei denkbar simpel und linear – je höher die wirtschaftliche Stellung, je eher und häufiger partizipieren Menschen politisch (Verba, Nie 1972; Radtke 1976: 33). Das bedeutet im Umkehrschluss aber auch, dass diejenigen, die über Ressourcenreichtum verfügen, politische Entscheidungen maßgeblich beeinflussen, wie nicht zuletzt der Hamburger Schulstreit zeigte. Hier trafen repräsentative und direkte Demokratie in einem deutlichen Widerspruch aufeinander, als es um die Entscheidung für bzw. gegen eine Reform des Hamburger Schulsystems ging: „Am Ende waren *alle* Parteien in der Bürgerschaft für die Reform, eine höchst aktive Bürgerinitiative und letztlich eine Mehrheit der *aktiven* Bürger jedoch dagegen" (Töller et al. 2011: 503). Linden formuliert es da noch konkreter, wenn er schreibt, dass der Hamburger Schulstreit die Benachteiligung von Minderheiten exemplarisch zeige: „Die reicheren Milieus verhinderten ein längeres gemeinsames Lernen, weil die ärmeren Stadtteile nicht zur Abstimmung gingen" (Linden 2019: 104). Tja, *deren Pech,* will man da sagen – doch das ist zu kurz gegriffen. Wie später noch gezeigt werden soll, erklärt der Umstand, dass Menschen über sozioökonomischen Ressourcenreichtum verfügen, noch lange nicht, warum sie ihn in politische Partizipation umsetzen. Letztlich gehört dazu auch eine gehörige Portion Motivation. Doch liegt es alleine daran? Also, dass sozioökonomisch schlechter gestellten Menschen einfach die Motivation zur Beteiligung fehlt?

Dazu ist zu eruieren, was sozioökonomisch gut und schlecht gestellt eigentlich bedeutet, was es impliziert. Hierfür hilft wiederum ein Blick zurück zu den schon zitierten Autoren Verba, Nie (1972). Sie erfassen insbesondere Menschen mittels ihres Einkommens, ihres Bildungsniveaus sowie ihrer Stellung im Beruf. In einer späteren Publikation urteilen sie zum Einkommen recht unmissverständlich, dass Einkommen nicht nur politische Macht bringen kann, sondern auch sozialen Respekt (Verba et al. 1987: 2). Damit einher geht auch das Bildungsniveau, das in beide Richtungen wirken kann: Zum einen hinsichtlich der Einkommenssituation im Elternhaus, die das Bildungsniveau der Kinder bedingt (Kuhlmann 2018: 449) und zum anderen hinsichtlich dessen, dass das Bildungsniveau mit dem Einkommen korreliert (was wiederum von den Autoren dieses Buches mit dem ALLBUS-Datensatz von 2018 erneut empirisch geprüft wurde)[2]; nicht zuletzt hängt damit durchaus auch die soziale Mobilität zusammen (siehe dazu bspw. Steuerwald 2018). Löhne und Gehälter unterliegen, so Boeckh (2018: 375) qualifikationsbezogenen Unterschieden, die eine Abstufung der beruflichen bzw. tariflichen Eingruppierung nach Bildungsniveau vorsehen (können). Daneben gibt es noch Unterschiede zwischen verschiedenen Berufssektoren, wie beispielsweise der Chemie- oder der Metallindustrie, die zum großen Teil über flächendeckende Tarifverträge verfügt. Andere Unternehmen, vor allem kleinere und mittlere Unternehmen, verfügen selten über Haustarife oder andere Tarifsysteme und stellen ihre Löhne und Gehälter selbst auf. Zudem lassen sich Unterschiede zwischen Löhnen in West- und Ostdeutschland feststellen und nicht zuletzt zwischen den verschiedenen Geschlechtern (Boeckh 2018: 375).

Wie genau *wirkt* nun Bildung auf Partizipation? Sind die ‚Doofen' zu ‚doof' für Partizipation und die ‚Schlauen' gerade ‚schlau' genug? Freilich ist dies zu plump gedacht, doch lässt sich auch in der Literatur keine eindeutige Antwort darauf finden, wo genau die „Übersetzungsleistung", der Transmissionsriemen, von Bildung zu politischer Beteiligung liegt. Einige Studien zeigen dabei direkte Effekte von Bildung auf Partizipation – andere nicht (siehe dazu zusammenfassend den Beitrag von Persson 2015). Hinzukommt, dass Bildung *allein* eigentlich nicht zur Erklärung dienen kann, *warum* politische Beteiligung ausgeübt wird. Es

[2] ALLBUS bedeutet Allgemeine Bevölkerungsumfrage der Sozialwissenschaften. Diese ist repräsentativ für die deutsche Bevölkerung und wird alle zwei Jahre erhoben. 2020 wurde die Erhebung wegen Corona ausgesetzt.

ist vielmehr so, dass gute Bildung zumeist aus entsprechenden Voraussetzungen im Elternhaus resultiert, was aber wiederum mit anderen Faktoren wie guten sozialen Netzwerken oder auch der Abwesenheit materieller Nöte einhergeht. Dementsprechend ist hier ein ganzes Netz an Faktoren zu betrachten, das zu entwirren schwierig ist – insbesondere dann, wenn Bildung isoliert und zudem nur als formaler Bildungsabschluss betrachtet wird (Persson 2015: 700). Das Civic Voluntarism Model im nächsten Abschnitt widmet sich noch dezidiert all den partizipationsbegünstigenden und partizipationshemmenden Faktoren.

Aber woran liegt es nun, dass Frauen im Gegensatz zu Männern – bildungsunabhängig (!) – weniger politisch partizipieren? Ein sozialisationstheoretischer Ansatz geht davon aus, dass Jungen und Mädchen in Kindheit, Jugend und Adoleszenz eine jeweils unterschiedliche Art der politischen Sozialisation erfahren, die für Jungen partizipationsbegünstigend und für Mädchen partizipationshemmend wirke. Die in ebendieser Sozialisationsphase erlernten bzw. übernommenen Einstellungen, Werte und Normen verursachten wiederum politische Beteiligung (Krimmel 2000: 628). Die Hauptannahme, die von diesem Ansatz ausgeht, ist wiederum, dass Jungen in der Sozialisationsphase erlernen, aggressiver, zielstrebiger und ehrgeiziger vorzugehen – und Mädchen eben nicht. Diese Denklinie setzt sich im situativen Ansatz fort, der jedoch „aktuelle Lebensumstände von Männern und Frauen […] für den Unterschied verantwortlich macht" (Niedermayer 2005: 23). Doch wie man es dreht und wendet, so erklärt es nicht, warum Männer häufiger partizipieren. Bleiben wir dazu an dieser Stelle bei Klischees: Der Mann geht arbeiten, die Frau ist zu Hause. *In dieser Konstellation* hat dann der Mann mehr Zeit, sich politisch zu beteiligen als die Frau? Das träfe zu, wäre die Frau vollverantwortlich für die Kindererziehung, und zwar rund um die Uhr und ohne Entlastung zu erhalten. In sehr archaischen Beziehungen mag das vielleicht noch stattfinden, doch bleibt zu hoffen, dass die Generationen Y und Z hier etwas gleichberechtigter vorgehen. Zudem setzt der Ansatz ja voraus, dass es überhaupt Kinder im Haushalt gibt – warum sonst sollten Männer und Frauen aufgrund aktueller Lebensumstände unterschiedlich partizipieren? Wenn beide in Vollzeit arbeiten, aber kein Kind haben, warum sollten Frauen dann wiederum weniger partizipieren? Weil sie abends sowie wochenends noch kochen und den Haushalt machen müssen? Es mag bedauerlicherweise sein, dass diese Arten von Beziehungsmodellen noch existieren, doch stellt sich die Frage danach, ob dieses Modell wirklich *derart* häufig gewählt wird, dass es den so großen *gender gap* in der politischen Beteiligung erklärt. Anders agiert da der feministische Ansatz, „der besagt, die Politik komme den Interessen von Frauen weniger entgegen als den von Männern" (Niedermayer 2005: 23) und würde sie daher sowohl aktiv als auch passiv abschrecken (wollen). Dass Frauen durchaus gewisse Charakterzüge als männlich beschreiben und *genau diese* Charakterzüge in der Politik wiedererkennen (Fox, Lawless 2014: 505), scheint diesem Ansatz zu entsprechen. Zudem können Fox, Lawless (2014: 505) zeigen, dass sich Frauen geringere politische Kompetenzen zuschreiben als sie tatsächlich haben (das *Impostor Syndrom*) – im Gegensatz zu Männern, die sich häufig überschätzen und damit an den Dunning-Kruger-Effekt auch in der Politik erinnern (Kruger, Dunning 1999). Wenn die Ergebnisse von Fox und Lawless (2014) ihre Gültigkeit behalten und wenn damit politische Partizipation eine Männerdomäne ist, dann müssen sich die Parteien bei einer zielgruppenorientierten Rekrutierung von Frauen darauf einstellen, dass sie eher mit Kompetenzunterschätzungen agieren müssen – und bei Männern mit Kompetenzüberschätzungen. Es gilt also die einen zu empowern, und die anderen, nun ja, zu ‚entpowern'.

2.1 Das Civic Voluntarism Model

Das Civic Voluntarism Model (im Folgenden: CVM) geht auf die Arbeit von Verba und Kollegen zurück, die mit einer äußerst umfangreichen und empirisch fundierten Monographie 1995 den Grundstein für ein bis heute geltendes Partizipationsmodell legen konnten (Verba et al. 1995). Sie gehen davon aus, dass Menschen aus drei Gründen *nicht* partizipieren: Weil sie die Ressourcen dazu nicht haben, weil sie nicht dazu motiviert sind oder weil ihnen die Netzwerke zur Partizipation fehlen, also Menschen im sozialen Nahraum, die sich selbst politisch beteiligen und/oder zur Partizipation ermuntern. Dabei sind die einzelnen Begriffe eine Erläuterung wert:

1. Ressourcen: (Frei)Zeit, um politischer Beteiligung nachzugehen, Geld, das u. a. für Mitgliedsbeiträge benötigt wird, *civic skills,* also gewisse staatsbürgerliche Fähigkeiten (‚die weiter unten erklärt werden').
2. Motivation: Das Interesse zur Partizipation fehlt; das kann daran liegen, dass politische Prozesse als zu komplex wahrgenommen werden, dass Menschen von Politik desillusioniert sind (auch als Resultat der wahrgenommenen Komplexität von Politik) oder weil Politik schlichtweg als irrelevant wahrgenommen wird.
3. Netzwerke: Es bedarf partizipationsförderlicher Netzwerke, die auf Menschen wie eine Art *Trigger* wirken, der zur Partizipation aufruft (Verba et al. 1995: 16; 295).

Die Kausalkette kann dabei wie folgt interpretiert werden: Ressourcen sind eher statische Faktoren, die in gewissen Lebensabschnitten auf unterschiedliche Weise vorliegen können. Wenn sie vorhanden sind, begünstigt das Partizipation prinzipiell. Die Motivation ist als dynamisches Element zu betrachten: Sie kann durch konkrete politische Ereignisse oder subjektive Betroffenheit von einem Thema erhöht werden oder aber durch mangelnde Ressourcen verringert werden. Man denke hier an die Ressource Zeit, die gerade bei berufstätigen Eltern sicherlich als sehr gering eingeschätzt wird. Die Netzwerke wirken zuletzt in einer besonderen Weise, insbesondere nämlich dann, wenn die konkrete Frage auftaucht: „Willst Du nicht mitmachen?" Dass diese Netzwerke bzw. allein die Frage nach Beteiligung partizipationsfördernd wirkt, ist nach ersten Forschungserkenntnissen auch für Parteien anzunehmen (Jakobs 2021).

Nun muss unbedingt darauf geachtet werden – das geht insbesondere an die Praktiker*innen, die dieses Buch lesen –, dass das Vorhandensein von Ressourcen, Motivation und Netzwerken nicht automatisch Partizipation bedingt. Daher formulieren Verba et al. (1995) es ja auch explizit so, dass nur das Fehlen der genannten Elemente das Ausbleiben von Partizipation bedingt, den umgekehrten Fall aber nicht postulieren. Das wäre allzu schnell empirisch widerlegbar. Insgesamt lassen sich folgende Einzelfaktoren (als die wichtigsten) filtern, die den drei Kategorien entsprechen und die im Folgenden besprochen werden sollen (Abb. 2.1):

In einem ersten Schritt sind die Ressourcen zu besprechen. Das bloße Ressourcenmodell zur Erklärung von Partizipation wurde in der Literatur lange genutzt

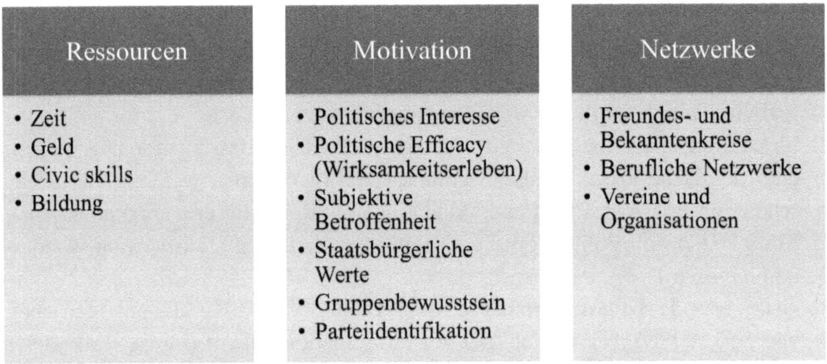

Abb. 2.1 Partizipationsbegünstigende Faktoren im CVM. (Quelle: Eigene Darstellung in Anlehnung an Jakobs (2021: 56))

und kann Partizipation – statistisch gesehen – auch ohne Mühen erklären. Bei dieser Erklärung ist aber sozialwissenschaftlich zu unterschieden zwischen einer *deskriptiven* Lesart – bei der das *Vorhandensein* von etwas durch Zuhilfenahme von Theorien, Theoremen oder Modellen erklärt – und einer *kausalen* Lesart, bei der die *Kausal- oder Bedingungsketten* des Vorhandenseins eines Phänomens erklärt werden. Das sogenannte SES-Modell (auf Deutsch: sozioökonomisches Standardmodell) kann ersteres sehr gut leisten (Morales 2009: 71). Doch das Problem an diesem Modell ist, dass es nicht in der Lage ist, die *Kausalkette* zu beschreiben! Um es an dieser Stelle herunterzubrechen: Das sozioökonomische Standardmodell geht davon aus, dass das Vorhandensein von Partizipation über vorhandene Ressourcen erklärt werden kann, was auch zutreffend ist. Aber es fehlt die Erklärung, *warum* das so ist, warum also insbesondere Bildung sowie hohes Einkommen zu mehr politischer Beteiligung führen (Schöttle 2019: 41 f.). Zudem können Ressourcen wie die *civic skills,* also die staatsbürgerlichen Kompetenzen, nicht unmittelbar mit Bildung und Einkommen in Verbindung gebracht werden, die im SES eine bedeutende Rolle spielen. Gemeint sind *mit civic skills* all die Fähigkeiten, die mit Kommunikations- und Organisationsfähigkeiten zusammenhängen und die Geld und verfügbare Zeit in eine Ressource von Beteiligung umwandeln (Verba et al. 1995: 304). Ein weiteres Problem für das SES ist die verfügbare Zeit, die letztlich gar nicht in diesem Modell verortet werden kann, ein Punkt, auf den bereits Verba et al. (1995: 282) hingewiesen haben.

Immer wieder prominent war, ist und wird sicherlich die Ressource Geld werden. Diese ist, und da wird im Übrigen schnell deutlich, wo der kausale Transmissionsriemen fehlt, bei vielen Partizipationsformen entbehrlich. Man denke an Demonstrationen oder Petitionen: Hier mitzumachen, kostet kein Geld. Auch die meisten anderen Partizipationsformen kommen ohne direkte finanzielle Zuwendungen aus. Jedoch in einer Partei oder Gewerkschaft aktiv zu sein – oder auch in einer Kirche Mitglied zu sein –, kostet tatsächlich bares Geld. Das zeigt also, dass es zwischen hohem Einkommen und hoher politischer Beteiligung doch eine andere Kausalkette geben muss als die simple Möglichkeit, Beteiligung finanzieren zu können. Das heißt, es ist wohl essenzieller, über andere Ressourcen zu sprechen, wie beispielsweise die nicht zu unterschätzende und vor allem subjektiv bemessene Zeit, die in der Partizipationsforschung zunehmend bedeutsam wird (Mays, Hambauer 2016: 218). Die oben erläuterten *civic skills* kommen hinzu. Die darin enthaltenen Kompetenzen umfassen auch vermeintliche ‚Kleinigkeiten' wie die Fähigkeit, Briefe und Mails schreiben zu können, einen Vortrag vorbereiten und halten zu können oder auch Meetings abhalten zu können (Verba et al. 1995: 304 ff.). Sie kommen aus dem genuin *nicht-politischen* Bereich, sind aber im politischen Bereich äußerst hilfreich. Zugleich ist klar, dass diese vorgenannten Kompetenzen nicht in jedem Beruf Anwendung finden, sodass es Berufe gibt, die den Weg zu politischen Tätigkeiten leichter ebnen als andere.

Die zweite Komponente des Civic Voluntarism Models, die Motivation, bedarf kaum einer Erklärung. Wer motiviert ist, partizipiert auch, wer nicht motiviert ist, partizipiert nicht. Doch im Zwischenraum von Ressourcen und Motivation gibt es noch ein Konstrukt, das hier nicht unerwähnt bleiben darf: die *efficacy. Efficacy* beschreibt das Gefühl der politischen Wirksamkeit, und zwar einmal als interne und einmal als externe Wirksamkeit. Die interne Wirksamkeit gibt an, ob und inwieweit sich Menschen in der Lage fühlen, politische Geschehnisse zu verstehen. Die externe Wirksamkeit gibt an, ob Menschen glauben, mit ihren eigenen politischen Handlungen politische Entscheidungen beeinflussen zu können (Vetter 2000: 80). So lässt sich die externe Wirksamkeit auch unter dem Stichwort der Responsivitätsbewertung zusammenfassen, die interne Wirksamkeit hingegen als eine subjektive politische Kompetenz (Decker et al. 2013: 27). Spannenderweise gibt es einen Zusammenhang zwischen dem sozioökonomischen Status von Menschen – also den bereits vorgenannten Ressourcen – sowie dem Wirksamkeitsgefühl. Rattinger (2009: 232) vermutet, dass Menschen mit höherer Ressourcenausstattung demokratische und partizipationsfördernde Normen stärker verinnerlicht haben als Menschen mit niedriger Ressourcenausstattung und damit auch ein höheres politisches Wirksamkeitsgefühl einherginge. Das ist zwar nicht per se mit kognitiven Fähigkeiten gleichzusetzen, doch zeigt auch Niedermayer, dass Hochgebildete über ein deutlich stärkeres politisches Wirksamkeitsgefühl verfügen als Menschen mit niedrigem formalen Bildungsabschluss. Seine Erklärung dazu lautet, dass Menschen mit hohem Bildungsgrad die Komplexität von Politik besser erfassen können, sie also schlichtweg besser in der Lage dazu sind, Politik zu verstehen und sie damit auch gestalten wollen zu können (Niedermayer 2005: 34). Das bedeutet dann aber auch aus einer normativen Perspektive, dass Politik nicht so kompliziert sein darf, sofern sie die Beteiligung aller Bildungsschichten ermöglichen will. Diese angebotsseitige Perspektive kann durchaus von einer nachfrageseitigen Perspektive gekontert werden, die mehr Eigeninitiative hinsichtlich der politischen Bildung von Individuen fordert. Es sei dem/der Leser*in hier überlassen, welchen Blickwinkel er/sie einnehmen möchte.

Wenig überraschend kann erfolgreiche Partizipation das politische Wirksamkeitsgefühl steigern; was für den gesunden Menschenverstand zwar naheliegt, postuliert Kersting (2008: 14) nochmals explizit. Wer sich also selbst politisch beteiligt, hält die Beteiligung auch für wirkungsvoller und kann damit unter

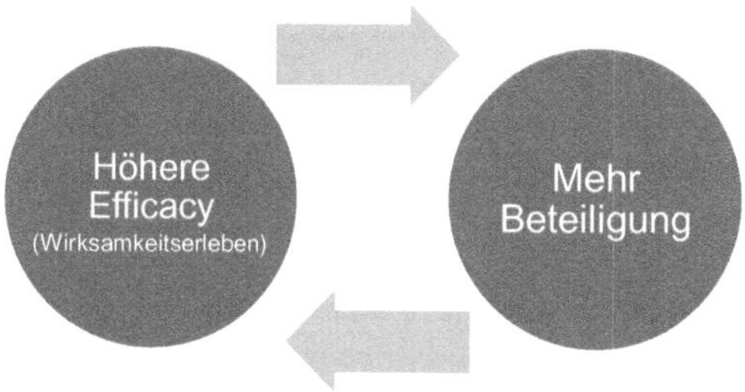

Abb. 2.2 Kreislauf aus Beteiligung und Efficacy. (Quelle: Eigene Darstellung)

Umständen einen sich selbst verstärkenden sowie äußerst simplen Mechanismus in Gang setzen (Abb. 2.2):

Es bedarf damit zugleich einer gewissen ‚Grund'-Efficacy, die die erstmalige Partizipation auslöst, also eine Initialzündung, die zu Beteiligung führt, um dann den entsprechenden Wirkungskreis in Gang zu setzen. Dabei ist die dritte Komponente des CVM, die Netzwerke, nicht zu unterschätzen – sie wird im nächsten Abschnitt besprochen. Was an dieser Stelle noch zu ergänzen bleibt, ist die besondere Relevanz des Wirksamkeitsgefühls für den Beitritt *zu einer politischen Organisation* (Morales Diez de Ulzurrun, Laura 2005: 4).

Was den Beitritt zu einer politischen Organisation angeht, so kann ein gewisses Puzzle ausgelegt werden, dessen Puzzleteile im Verlauf dieses Buches Stück für Stück aufgedeckt werden – die durchgehende Lektüre lohnt also, wenngleich Sie als Leser*in nichtsdestotrotz Kapitel und Abschnitte überspringen können. Als Autoren können wir Sie nur zur Lektüre aller Abschnitte ermuntern, Sie aber nicht vom Umblättern in genau diesem Moment abhalten. Doch, bevor Sie das tun: Fragen Sie sich nicht gerade auch, warum die Mitgliedschaften in Parteien, Gewerkschaften und auch Kirchen stetig sinken, obwohl doch das formale Bildungsniveau als wichtige Beitrittsressource in den letzten Jahrzehnten deutlich zugenommen hat? Es drängt sich der Gedanke auf, dass insbesondere Parteien und Gewerkschaften eine Informationsfunktion hatten, der sie jetzt nicht mehr nachkommen.

So gebe es eben keine *exklusiven* Informationen mehr, die über entsprechende Mitgliedermagazine oder Rundschreiben vermittelt würden, sondern der Zugang zu Informationen steht jedem bzw. jeder schnell und unverbindlich zur Verfügung, beschleunigt vor allem durch die sozialen Netzwerke (siehe dazu auch García-Albacete 2014: 64). Hier ist aber einzuwenden, dass die genannten Organisationen nicht nur auf eine Informationsfunktion reduziert werden können, sondern Möglichkeiten zur politischen Beteiligung bieten, die buchstäblich einzigartig sind. Parteien zum Beispiel sind die einzigen Organisationen, die zur Wahl stehen; Gewerkschaften die einzigen Organisationen, die arbeitnehmer*innenseitig Tarifverträge aushandeln dürfen. Und wie bereits konstatiert: Dort mitzumachen und mitzu*wirken,* kann die *efficacy* doch ganz erheblich steigern (Seyd, Whiteley 1992: 60).

Wichtige Notiz für Praktiker*innen!
Sie sollten nicht davon ausgehen, dass Sie *erfolgreiche* Beteiligung ermöglichen müssen, um das Wirksamkeitsgefühl zu steigern. Wie die Forschung zeigt, genügt es, dass Menschen den Eindruck haben, politische Entscheidungen mitgestalten zu können, auch, wenn sie sich und ihre Anliegen damit letztlich nicht durchsetzen können (Seyd, Whiteley 1992: 60).

Die Überlegung, die Verba et al. (1995) zu der dritten Komponenten, den *Netzwerken,* anstellen, sind vergleichsweise simpel und zudem naheliegend. Das Postulat ist hier, dass es eben *networks of recruitment* (also die Einbettung in Netzwerke) geben müsse, die Menschen zu politischer Partizipation bringen. Das können Verwandte oder Freunde sein, aber auch das soziale Umfeld am Arbeitsplatz sowie ein Vereinsumfeld, in dem politische Partizipation prinzipiell positiv konnotiert ist – also der vorpolitische Raum. Das wiederum kann auf nicht-politisch organisierte Menschen anziehend wirken, wenn sie eben feststellen, dass ihr sozialer Nahraum politische Beteiligung goutiert und mit sozialer Anerkennung versieht. So wie im nicht-politischen Raum Kompetenzen ausgebildet werden, die für den politischen Raum relevant und nutzbar sind (Verba et al. 1995: 312), so kann auch politische Beteiligung selbst aus dem nicht-politischen Raum generiert werden, beispielsweise durch ein Gespräch über die Teilnahme an einer anstehenden Demonstration in der Teeküche des Büros. Auch digitale soziale Netzwerke sind für politische Beteiligung in diese dritte Dimension des Civic Voluntarism Model zu integrieren, wobei die Forschung vor einigen Jahren noch gezeigt hat, dass die mobilisierende Wirkung von online-Partizipation zwar vorhanden war, aber eher weitere online- denn offline-Partizipation angeregt hat (Vissers, Stolle 2014: 272). Neuere Studien zeigen die positive Korrelation zwischen Aktivitäten in sozialen Medien sowie der Beschaffung von politischen Informationen im Online-Raum und politischer Efficacy sowie politischem Interesse auf (Kim, Hoewe 2020: 8). Online-Partizipation wirkt damit vielleicht nicht *unvermittelt* auf Offline-Partizipation, stärkt aber anscheinend zumindest die Faktoren, die letztere wiederum begünstigen.

Wenn für Parteien zielgruppenspezifische Werbung erfolgen soll – z. B. für junge Menschen oder für Frauen oder Menschen mit Migrationshintergrund –, so sind gewisse Besonderheiten zu beachten. Für Migrant*innen gilt ein anderer Blick auf Partizipation, insbesondere, wenn diese als Mitglieder für Parteien rekrutiert werden sollen. Sie passen nur teilweise in das CVM, wie Müssig erklärt. So beziehe das CVM nicht ein, welche prägenden Erfahrungen im politischen Sinne Migrant*innen erlebt haben. Des Weiteren sei das CVM nicht offen dafür, Kindheit eben nicht als einheitlichen Prozess zu betrachten, was aber bei Migrant*innen häufig durchaus (durch Flucht in der Kindheit z. B.) vorliegen kann. Ihre Biographien, ihre Erfahrungen und damit ihre politische Sozialisation können räumlich und geographisch gesehen über viele Zwischenstationen führen. Diese Zwischenstationen blendet das CVM aber aus, es „lässt […] keinen Raum für Lebensläufe, die durch politische Diskontinuität gekennzeichnet sind. Ein politisches Partizipationsmodell für Migranten muss ihre Erfahrungen mit den politischen Institutionen des Herkunftslandes einbeziehen" (Müssig 2021: 58). Auch zeigt Müssig auf, dass Migrant*innen häufig noch keine Erfahrung mit den Institutionen im Zielland haben machen können, was plausibel ist, wenn diese gerade erst im Zielland angekommen sind (Müssig 2021: 58). Nicht zuletzt bleibt eine institutionelle Barriere bestehen, die sich auch darin äußert, dass Migrant*innen ohne deutsche Staatsbürgerschaft schlichtweg nicht das Recht auf umfassende Partizipation haben, sondern von manchen Mechanismen politischer Partizipation explizit ausgeschlossen sind (Müssig 2021: 59).

2.2 Alle politikverdrossen? Die Partizipationsbereitschaft der Deutschen

Wie in Abschn. 2.3 noch beleuchtet wird, sinken die Mitgliedszahlen in den Parteien in Deutschland in der Gesamtschau ebenso kontinuierlich wie in den Gewerkschaften (Ebbinghaus, Göbel 2014). Daraus könnte geschlossen werden, dass die Partizipationsbereitschaft in Deutschland ebenso kontinuierlich sinkt, was aus einer sehr eingeschränkten Perspektive formuliert wäre. Neben den Mitgliedschaften in Großorganisationen existieren ja durchaus weitere, davon konzeptionell völlig losgelöste Formen der politischen Beteiligung, die Bürger*innen nutzen können. Blickt man dabei auf Ulrich Beck (1986) und seine *Risikogesellschaft,* so ist mit Rückblick auf die letzten dreißig Jahre nicht besonders rätselhaft, dass die angebotsseitige Ausweitung von Partizipationsformen und die nachfrageseitigen Individualisierungstendenzen und Bedürfnisdifferenzierungen dazu führen, dass einige Partizipationsangebote Zulauf erhalten – und andere eben nicht. Leidtragende sind dabei quantitativ vor allem die vorgenannten Großorganisationen, bei denen die Kirchen sowie die Gewerkschaften nicht außer Acht gelassen werden dürfen. Es stellt sich nun die Frage, ob Menschen ebendiese Großorganisationen insgesamt für unattraktiv halten und letztere an diesem Image auch nichts machen können oder aber ob es die Gewerkschaften, Kirchen und Parteien schaffen könnten, durch einen Imagewandel beispielsweise an Attraktivität zu gewinnen. Genau dazu ist ein Blick in die Empirie politischer Beteiligung unbedingt notwendig, *woraufhin dann erst* die Parteimitgliedschaft spezifisch in den Fokus gerückt werden kann.

Hinsichtlich der internationalen Forschung und des Civic Voluntarism Model scheint eines klar zu sein: Viele Menschen sind an Politik interessiert, sie sind mehr oder weniger politisch informiert, sie fühlen sich selbstwirksam genug, um sich politisch zu beteiligen und bräuchten nur, wenn sie noch nicht partizipieren, einen kleinen Anstoß zur Partizipation, einen ‚Push' (Ekman, Amnå 2012: 297). Diesen Push können die vorgenannten sozialen Netzwerke leisten, die, umso partizipationsfreundlicher sie ausgestaltet sind, umso eher Beteiligung begünstigen können. Blickt man auf die letzten Jahre empirischer Partizipationsforschung in Deutschland, lässt sich ein guter Beginn mit den Freiwilligensurveys machen. Wie die Autor*innen aufzeigen, hat sich die politische Beteiligung in Deutschland in den letzten zwanzig Jahren insgesamt nach oben entwickelt. Insgesamt übten 39,7 % aller Menschen in Deutschland eine oder mehrere freiwillige Tätigkeiten aus; das „entspricht rund 28,8 Mio. freiwillig Engagierten" (Simonson et al. 2021: 11). Nun lässt sich zwar zu 2014 kein großer Unterschied (sogar ein minimales Absinken) der Freiwilligenzahlen erkennen, mit Blick auf die Jahre 1999, 2004 und 2009 aber ein starkes Wachstum gegenüber ebendiesen Jahren. Die Autor*innen weisen dabei aber durchaus darauf hin – das soll hier nicht verschwiegen bleiben –, dass insbesondere der sprunghafte Anstieg von 2009 zu 2014 methodischen Neuerungen im Studiendesign geschuldet sein kann (Simonson et al. 2021: 11). Doch bevor sich dieser Abschnitt der gegenwärtigen Partizipation sowie Partizipationsbereitschaft in Deutschland widmet, soll erst ein Blick in Studien der beginnenden 2010er Jahre geworfen werden, die sich mit Partizipation und Partizipationsbereitschaft beschäftigen.

In einer Studie der Bertelsmann Stiftung, die 2011 erschienen ist, konstatieren die Autor*innen, dass sich 81 % der Bürger*innen mehr Gelegenheit für politisches Engagement wünschen; allein diese Zahl ist bemerkenswert, wird aber durch eine ebenso interessante Zahl flankiert: 60 % der Bürger*innen wollen über Wahlen hinaus politisch aktiv sein und 30 % bekunden, potenziell einer Partei beitreten zu wollen (Bertelsmann Stiftung 2011: 1 ff.). Dass diese Zahlen womöglich überschätzt sind (insbesondere, was die Parteibeitrittsbereitschaft betrifft), soll im weiteren Verlauf noch diskutiert werden (siehe Abschn. 2.3). Insgesamt sind die Befunde der Bertelsmann Stiftung (2011) aber wohl nicht zu verwerfen, insbesondere mit Blick darauf, dass bereits 2008 die Zahl der in mindestens einer Form politischer Beteiligung aktiven Personen 89 % betrug und etwas mehr als ein Drittel der Befragten drei oder mehr politische Aktivitäten ausübt (Gabriel 2013). So zeigen auch Petersen et al. (2013: 19), dass die Mehrheit der Deutschen politische Partizipation für sinnvoll hält; lediglich ein Viertel der Bürger*innen gibt an, dass politische Beteiligung insgesamt sinnlos sei. Es stellt sich also die Frage, wie dieses Partizipationsreservoir genutzt werden kann; Decker et al. (2013: 61) schlagen vor, dass leicht handzuhabende und direktdemokratische Beteiligungsinstrumente Abhilfe schaffen können. Es ist durchaus kritisch zu hinterfragen, ob das bereits genügt, um Partizipation insbesondere in den unteren sozialen Schichten zu fördern. Zugleich ist aber auch klar, dass Beteiligungsformate, die übermäßig komplex sind, eher abschreckend wirken (Gruber 2012: 33). Ex negativo abzuleiten, dass das Gegenteil davon partizipationsfördernd wirken könnte, ist aber ein zu simpler Kurzschluss.

Daher lohnt sich ein Blick in die Gründe, die Menschen nennen, wenn sie nach ihrer Nichtbeteiligung gefragt werden. Hierbei ist das Bild ausbleibender Partizipation deutlich facettenreicher als lediglich der Rückschluss auf die Komplexität von Beteiligungsverfahren. Menschen, die politische Partizipation scheuen, tun dies, weil sie keine Zeit oder keine Lust dafür haben, sie nicht gefragt wurden, sie keine Aufwandsentschädigung erhalten, sie zu wenig darüber wissen oder sich nicht kompetent genug fühlen, also zum großen Teil motivationale Gründe anführen (Klages, Gensicke 1999: 71). Das heißt, folgt man hier dem bereits ebenfalls etwas in die Jahre gekommenen Beitrag von Klages (1999: 116), dann sind es vier partizipationsverhindernde Gründe, die einen Anreizmangel konstituieren: die erwartete Problembelastung, der Mangel an Informationen und Anstößen aus den sozialen Netzwerken und der Mangel an Zeit.

Insgesamt lässt sich schließen, dass Deutschland im internationalen Vergleich kein Land ist, in dem Partizipation auf einem niedrigen Niveau verharren würde. Wohl aber zeichnet sich das Land dadurch aus, dass es nicht in der Lage ist – oder vielmehr seine politischen Institutionen – niedrigere soziale Schichten zu integrieren. Das wiederum ist insbesondere deswegen bemerkenswert, da eine generelle Politikverdrossenheit in Deutschland nicht existiert. Gerade, weil diese häufig unter Praktiker*innen bemüht wird – so der subjektive Eindruck der Autoren dieses Buches –, soll an dieser Stelle klar entkräftet werden, dass die Politikverdrossenheit in Deutschland übermäßig ausgeprägt wäre.

Bereits 2002 beschäftigte sich Kai Arzheimer in seiner Dissertation mit der Frage, ob Politikverdrossenheit in Deutschland existiert. In seinem Aufriss des

Forschungsproblems beginnt er mit sinkender Wahlbeteiligung, dem Mitgliederverlust etablierter Parteien sowie den Wahlerfolgen von Republikanern, DVU und vor allem der PDS und sinkendem Vertrauen in politische Institutionen als mögliche Symptome von Politikverdrossenheit (Arzheimer 2002: 16 f.). Tauscht man die gegenwärtig irrelevant gewordenen oder in anderen Parteien aufgegangenen DVU, Republikaner und PDS mit der AfD, belässt sinkendes Vertrauen in politische Institutionen in der Analyse und betrachtet Wahlbeteiligungen auf Landes- und kommunaler Ebene, so scheinen die Verdrossenheitsdiagnosen weiterhin zuzutreffen – wären sie denn Ausdruck von Verdrossenheit! Völlig zu Recht gibt Arzheimer an, dass ein Zustand der Verdrossenheit auch einen möglichen Zustand der Unverdrossenheit implizieren müsste, der zumindest theoretisch möglich sein müsste (Arzheimer 2002: 17). Die Dekonstruktion von Politikverdrossenheit als alle negativen Einstellungen von Bürger*innen gegenüber politischen Institutionen oder Objekten (Arzheimer 2002: 293) hilft dabei, den Begriff etwas besser zu fassen. Insgesamt fruchtbarer scheint zu sein, weniger den Verdrossenheitsbegriff zu verwenden, sondern sich stärker mit einzelnen Konzepten wie der Selbstwirksamkeit oder politischer Unzufriedenheit zu beschäftigen (Arzheimer 2002: 296). Deutlich härter als Arzheimer geht Fuchs mit dem Begriff ins Gericht, wenn er Politikverdrossenheit als „Modewort der Massenkommunikation" (Fuchs 2002: 339) beschreibt. Es sei ein „vieldeutiger und unscharfer Begriff und verdankt vermutlich gerade diesen Eigenschaften seine Prominenz" (Fuchs 2002: 339). Empirisch findet Fuchs kein Indiz dafür, dass es eine wie auch immer geartete Krise westlicher Demokratien gegeben haben könnte, deren Ausmaße denen einer möglichen Verdrossenheit entsprochen haben könnten, „[i]m Gegenteil: In allen westlichen Ländern wird die Demokratie als Regierungsform von der ganz überwiegenden Mehrheit der Bürger akzeptiert, und in den meisten Ländern wird auch das Funktionieren der Demokratie des eigenen Landes positiv eingeschätzt" (Fuchs 2002: 341). Es stellt sich vielleicht eher die Frage, ob sich hinter der konstatierten Politikverdrossenheit nicht eine *Sehnsucht nach Zukunftspolitik* (Rudolph 2020: 303) verbirgt oder aber ob Politikverdrossenheit nicht als Zwischenschritt zu Verschwörungserzählungen gelten kann (Voßkuhle 2020: 205). Und, will man den Begriff vollständig ablehnen, Verschwörungserzählungen eben Symptom tiefer *Demokratieunzufriedenheit* sind, nicht aber die nur allzu schwer fassbare Politikverdrossenheit, die entweder Akteurs- oder Systembezug[3] haben kann – je nach Interpretation (Ritzi 2014: 137). Bemerkenswert ist dann auch,

[3] Also entweder in Bezug auf einzelne Politiker*innen oder auf die Demokratie an sich, einmal in der konkreten Form wie sie in Deutschland ausgestaltet ist und einmal als abstrakte Idee, als Ideal.

dass das Vertrauen in die repräsentative Demokratie je nach Parteimitgliedschaft erheblich variiert: Mitglieder der CDU und SPD vertrauen der repräsentativen Demokratie ganz überwiegend, bei Mitgliedern der CSU, Grünen und FDP ist der Wert etwas geringer, bei den Linken und vor allem aber der AfD ganz entschieden niedriger als bei den anderen Parteien (Höhne 2018: 926). „Anzunehmen ist [daher] für die Mitglieder von AfD und Linke, dass viele von ihnen dort eingetreten sind, um ihrer persönlichen politischen Unzufriedenheit Ausdruck zu verleihen" (Höhne 2018: 931).

Nachdem das Thema aber lange genug herausgezögert wurde, soll zuletzt die aktuelle (also zum Zeitpunkt des Abfassens dieses Buches im Jahr 2022) Partizipationsbereitschaft der Deutschen dargestellt werden. Besonders spannend ist, dass sich die Anteile freiwillig engagierter Menschen in Deutschland hinsichtlich der Geschlechterverteilung angeglichen haben (Simonson et al. 2021: 12). Dabei geht es aber um freiwilliges Engagement insgesamt, nicht um spezifisch politisches Engagement. Hier ist festzustellen, dass circa 2,1 Mio. Menschen (ab 14) „sich 2019 freiwillig in der Politik oder politischen Interessenvertretung, beispielsweise in einer Partei, im Gemeinderat oder Stadtrat, in politischen Initiativen, Solidaritätsprojekten oder Ähnlichem [engagieren]" (Kausmann, Hagen 2021: 102). Hier werden nun aber die Geschlechterunterschiede mehr als offenkundig, partizipieren Männer doch in doppelt so hohem Maße wie Frauen. „Besonders Personen im Alter von 50 bis 64 Jahren engagieren sich anteilig häufig in der Politik und der politischen Interessenvertretung" (Kausmann, Hagen 2021: 102). Das sind dann aber durchaus die ‚High-Performer', also diejenigen, die besonders stark innerhalb des politisch-administrativen Systems vernetzt sind und Elitenaufgaben ausüben. Neben diesen ‚Gladiator*innen' (Milbrath, Goel 1977: 21) gibt es aber auch die ‚Normal-Performer', die sich hinsichtlich verschiedener Beteiligungsarten unterscheiden. Dabei ist zuoberst die Wahlbeteiligung zu nennen, die zur Bundestagswahl 2017 76,2 % und zur Bundestagswahl 2021 76,6 % betrug (Der Bundeswahlleiter 2021a). Wahlen haben dabei im Gefüge der Partizipationsforschung zwei besondere Aspekte, die es zu beachten gilt: Zum einen bilden sie gewissermaßen Exoten unter allen Beteiligungsformen, weil ihre Beteiligungsraten deutlich über allen anderen Formen politischer Beteiligung liegen (was unter anderem auf ihre Relevanz, die Mobilisierung vor dem Wahltermin und einem Bürger*innenpflichtbewusstsein für die Wahl zurückgeführt werden kann), zum anderen ist aber Wahl auch nicht gleich Wahl. In der Forschung spricht man dabei auch von *second-order elections,* was nichts anderes als solche Wahlen umfasst, die von vergleichsweise geringerer Bedeutung sind. Dazu gehören Europawahlen, Landtagswahlen und Kommunalwahlen.

Sozialwahlen, Gewerkschaftswahlen sowie Betriebsrats- oder Aufsichtsratswahlen sollen hier außen vorgelassen bleiben, da sie zwar auch eine politische Komponente beinhalten, jedoch keine Wahl in öffentliche Ämter nach sich ziehen, ganz im Gegensatz zu den anderen, vorgenannten Wahlen. Trauriges Beispiel für die geringe Relevanz der Second-Order-Elections bietet die Stadt Herne, die zur Wahl des/der Oberbürgermeister*in 2015 nur 29,9 % Wahlbeteiligung im ersten Wahlgang verzeichnen konnte (Stadt Herne 2015: 2); aufgrund einer absoluten Mehrheit der Stimmen für den SPD-Kandidaten Frank Dudda kam es nicht zu einer Stichwahl, die aber wohl kaum in der Lage gewesen wäre, diese niedrige Beteiligung zu erhöhen. Der gewählte Oberbürgermeister Frank Dudda konnte damit mit 20.119 Stimmen das Amt des Oberbürgermeisters erreichen – bei einer Wahlberechtigtenzahl von 122.295. Es ist an dieser Stelle nicht der geeignete Ort (noch die geeignete Publikation), um über die Einführung einer Wahlpflicht nachzudenken – es zeigt sich jedoch, dass Bürger*innen unterschiedliche Arten von Wahlen auf völlig unterschiedliche Art und Weise ernst nehmen.

Es ist daher sinnvoll, bei politischer Beteiligung nicht bloß auf Wahlen zu schauen, eben weil das Thema an sich äußerst facettenreich ist. Nicht umsonst hat sich mit der Wahlforschung ein Zweig der Beteiligungsforschung in der Politikwissenschaft etabliert, der selbst für den/die interessierte*n Leser*in nicht im Ansatz überschaubar ist, will man die Publikationen der letzten 70 Jahre dazu erfassen. Arriagada, Tesch-Römer (2021: 230) machen daher den sinnvollen Vorschlag, andere Formen der politischen Beteiligung zusammenzufassen, die sie als „bedeutsame Formen" (Arriagada, Tesch-Römer 2021: 230) bezeichnen. Darunter fassen sie die „Mitarbeit in einer politischen Organisation, Teilnahme an einer Demonstration, Kontakt zur Politik, Teilnahme an Unterschriftenaktionen sowie Boykott von Produkten" (Arriagada, Tesch-Römer 2021: 230) zusammen. Hier zählen sie insgesamt 49,2 % der Bevölkerung, die mindestens eine dieser Partizipationsformen bereits ausgeübt hat (Arriagada, Tesch-Römer 2021: 230). Dabei wirken die Unterschriftenaktionen am niedrigschwelligsten, betrachtet man ihre Beteiligungsraten; die Mitarbeit in politischen Organisationen ist hingegen mit den niedrigsten Beteiligungsraten versehen, mit 6,8 % der Befragten aber dennoch keineswegs zu unterschätzen. Männer sind deutlich stärker in politischen Organisationen aktiv, Frauen hingegen bei Unterschriftenaktionen und Produktboykotten stärker vertreten; insgesamt nivellieren sich mittlerweile die Anteile von Männern und Frauen in der politischen Beteiligung (Arriagada, Tesch-Römer 2021: 230).

Nicht unproblematisch ist die bereits genannte Schere zwischen Gebildeten und Nicht-Gebildeten[4], die sich auch gegenwärtig weiterhin in den verschiedenen Partizipationsformen fortsetzt. Sozial schlechter gestellte Schichten sowohl hinsichtlich ihrer Bildung, ihres Einkommens oder auch hinsichtlich ihrer Staatsbürgerschaft sowie ihres Migrationshintergrundes empfinden politische Beteiligung überdurchschnittlich als sinnlos (Petersen et al. 2013: 20). Es ist doch bezeichnend, dass genau diesem Teil der Bevölkerung auch die Selbstwirksamkeit fehlt, sich politisch beteiligen zu wollen bzw. das Gefühl zu haben, dass ‚man doch eh nichts ausrichten könne' – weil sie sich von der Politik anscheinend nicht vertreten fühlen. Die politische Apathie, die diese Bürger*innen empfinden, ist demokratietheoretisch zumindest für die Autoren dieses Buches nicht erstrebenswert. Zudem erschwert es politischen Organisationen, einem deskriptiven Repräsentationsanspruch gerecht zu werden. Wollen Parteien oder Gewerkschaften beispielsweise *Abbild der Gesellschaft* sein, dann muss es ihnen ja gerade gelingen, auch die Teile der Bevölkerung anzuziehen, die Partizipation überdurchschnittlich für sinnlos erachten. In diesem Praxisband darf also durchaus das Plädoyer gestattet sein, dass insbesondere Parteien und Gewerkschaften durch aktive Ansprache die Selbstwirksamkeit der genannten Gruppen fördern müssen. Dass die soziale Ungleichheit sich weiter verschärft hat – und zwar hier bezogen auf die politische Beteiligung und nicht nur auf Einkommen und Vermögen (Walter 2013: 307) – sollte gerade den politischen Großorganisationen als deutlicher Warnhinweis dienen, wollen sie den selbst erklärten gesellschaftlichen Repräsentationsanspruch, den sie haben, authentisch aufrechterhalten. Die aktuellen Zahlen dazu sind frappierend: „Personen mit hoher Bildung beteiligen sich mit 64,9 % an mindestens einer Form politischer Partizipation, Menschen mit mittlerer Bildung mit 45,8 % und Menschen mit niedriger Bildung mit 32,0 %. Dieses Muster der Bildungsunterschiede zeigt sich in sämtlichen Formen der politischen Partizipation" (Arriagada, Tesch-Römer 2021: 230). Insbesondere bei der Mitarbeit in politischen Organisationen ist die Bildungsschere markant: Menschen mit hoher Bildung arbeiten insgesamt zu 9,9 % (anteilig an allen politisch partizipierenden Menschen mit hoher Bildung) in politischen Organisationen mit, Menschen mit mittlerer Bildung nur zu 5,6 %, Menschen mit niedriger Bildung nur zu 4,5 % (Arriagada, Tesch-Römer 2021: 235). Gerade für Parteien sollte ein absolut schlagendes Argument aus der Forschung sein, dass sie es schaffen, diese

---

[4] Wobei diese Differenzierung überhaupt nicht widerspiegelt, was Gebildet-Sein heißt! Gemeint sind lediglich die Unterschiede zwischen den formalen Bildungsabschlüssen. Das hat aber nichts damit zu tun, wie gebildet Menschen letztlich sind. Wer sich mit dem Begriff der Bildung kritisch auseinandersetzen möchte, dem seien Bernhard (2017) und Bieri (2017) empfohlen.

Bildungsunterschiede *innerhalb* der Mitgliedschaft hinsichtlich des Beteiligungsgeschehens zu relativieren (Biehl 2014: 116). In der Außenkommunikation ist das sicherlich schwierig darzustellen, doch wäre Parteien gut daran gelegen, diesen Befund zumindest im Subtext nach außen zu transportieren, zum Beispiel im Werbegespräch mit Bürger*innen, die eine geringe politische Kompetenz und niedrige Selbstwirksamkeit offenbaren.

Nicht zuletzt darf die Partizipationsbereitschaft einer bestimmten Zielgruppe nicht vergessen werden, die für Parteien von außerordentlicher Wichtigkeit zu sein scheint: die der Jugendlichen. Gerade dadurch, dass insbesondere die Parteien überaltern (siehe dazu noch näher Abschn.2.3) und die gegenwärtigen Prognosen nicht gerade Besserung versprechen, was das Absinken der Mitgliedszahlen betrifft (Wiesendahl et al. 2018), sollte es von höchster Wichtigkeit sein, junge Menschen in die Parteiorganisationen zu bringen. Gerade die Jugendorganisationen der Parteien, die ein Maximalalter kennen, nach dessen Erreichen man aus ihnen ausscheidet, leiden unter der Rekrutierungsschwäche der Mutterparteien (Jungblut, Weber 2017: 121). Wenig verwunderlich ist dabei, dass politische Großorganisationen für Jugendliche und Adoleszente nur geringe Reize bieten und eher neuartige Formen politischer Partizipation (auch im online-Raum) attraktiver erscheinen (Gaiser, Gille 2013: 65). Es liegt der Schluss nahe, all dies auf die *Silent Revolution* bzw. einen postmaterialistischen Wertewandel zu schieben (Inglehart 1977), doch ist nicht nur das Konzept von Inglehart mindestens fraglich. Es greift auch der in der Praxis geäußerte Mechanismus von ‚Wir als Parteien sind ja eh unattraktiv für Jugendliche, die machen ja nur noch bei Fridays for Future oder im Internet mit' ein wenig zu kurz – und dient nur allzu häufig als Ausrede dafür, eigene Bemühungen einstellen zu können, weil sie ja ohnehin nicht fruchten würden. Erkläre ich die eigene Arbeit für unfruchtbar, vermeide ich diese Arbeit im Ansatz; ein Prinzip, nach dem bestimmt viele Büros in der Privatwirtschaft funktionieren, das aber nur wenige Früchte trägt, insbesondere bei der Rekrutierung von Neumitgliedern. Es ist aber durchaus nicht falsch, dass Jugendliche, auch im internationalen Vergleich, mehr zu Werten tendieren, die Selbstemanzipation, Individualismus, Gleichberechtigung und Umweltbewusstsein umfassen (Melo, Stockemer 2014: 39). Das bedeutet aber nicht, dass politische Großorganisationen es scheuen müssen, zu diesen Werten in Konkurrenz zu treten, wobei dieses Bild allein schon ein Zerrbild ist. Politische Großorganisationen sollten viel stärker darüber nachdenken, diese Werte in ihr Organisationshandeln zu integrieren. In der Praxis gilt es daher, die genannten Werte durch Mitgliedschaftsangebote und Beteiligungsinstrumente zu bedienen, vor allem diejenigen Werte, die durch inhaltlich-programmatische Elemente bereits ausgefüllt werden können (wie Gleichberechtigung und Umweltbewusstsein). Gegenwärtig mangelt es den meisten deutschen Parteien daran jedoch noch (Vetter, Remer 2017: 147), weswegen die mangelnde Attraktivität einiger deutscher Parteien gegenwärtig nicht verwundert.

Dabei sind Jugendliche politisch interessiert, circa einem Drittel von ihnen war es Mitte der 2010er Jahre wichtig, sich politisch zu engagieren (Schneekloth 2016: 157). Es lässt sich damit nicht behaupten, dass Jugendliche per se nicht für Beteiligungsangebote erreichbar wären. Auch als verdrossen lassen sie sich nicht bezeichnen, im Vergleich zu anderen Altersgruppen zeichnen sie sich weder durch übermäßig geringes Vertrauen in die Demokratie sowie demokratische Institutionen noch durch überdurchschnittlich hohe Systemfeindlichkeit oder Kritik an politischen Akteur*innen aus (Petersen et al. 2013: 19). Zugleich sollte beachtet werden, dass das politische Interesse bei Jugendlichen im Zeitverlauf nicht konstant nach oben gegangen ist, sondern sich Phasen von Mobilisierung und Demobilisierung dergestalt abwechseln, dass eher von oszillierendem Interesse gesprochen werden kann, das unter Jugendlichen für Politik vorherrscht (Gille 2021: 414–415).

Gille (2019: 3) verweist zudem auf die Ungleichzeitigkeit der Bildungsentwicklung sowie der Entwicklung des politischen Interesses von Jugendlichen, was aber für Erwachsene ebenfalls konstatiert werden kann; und nicht zuletzt gibt es anscheinend einen gewissen Deckel hohen politischen Interesses, über den die Werte in allen Jahren seit Datenerhebung (1969) nicht hinausgehen Gille (2021: 415). Blickt man auf die aktuelle Shell-Jugendstudie, die im Jahr 2019 durchgeführt wurde, bestätigt sich das Bild einer zwar interessierten, aber im Zeitverlauf doch sich schwankend verhaltenden Jugend, wobei das politische Interesse in der Erhebung 2002 äußerst niedrig war, 1991 nach der deutschen Wiedervereinigung mit 57 % *starkem Interesse* oder *Interesse* hingegen am höchsten. Laut der aktuellen Shell-Jugendstudie bezeichnen sich noch 45 % der Jugendlichen als *interessiert* oder *stark interessiert* an Politik (Schneekloth, Albert 2020: 49). Auch hier lässt sich jedoch schon der Bildungsunterschied nur allzu deutlich erkennen. Haupt- und Realschüler*innen (angestrebter Abschluss oder noch Schüler*in) sind nur zu 26 bzw. 29 % politisch interessiert, (angehende und abgeschlossene) Abiturient*innen hingegen zu 50 % (Schneekloth, Albert 2020: 51).

Nicht zu ignorieren sind insgesamt auch die Unterschiede zwischen Ost- und Westdeutschland, so es sie denn noch gibt. Unter den Jugendlichen zeigt sich, dass die Kernthemen, die ihnen Angst machen, zwischen West und Ost kaum differieren; es lässt sich durchaus von einer Nivellierung von Ost-West-Unterschieden unter Jugendlichen sprechen (Schneekloth, Albert 2020: 57). Das war längst nicht immer so, im Gegenteil. Erst ab 1990 konnten ostdeutsche

Wähler*innen überhaupt so etwas wie eine Parteibindung aufbauen (Schoen, Weins 2014), die für das Wahlverhalten einen relevanten Erklärungsfaktor darstellt, und zugleich führte das Leben in einem neuen (politischen) System nicht so schnell wie erhofft zu einer Übernahme von Werten der Demokratie. Dass sich mit der PDS eine genuine Ostpartei entwickelt hat, die noch heute als Die Linke Wahlerfolge vor allem in Ostdeutschland feiern kann, zeigt die regionale Differenzierung der verschiedenen politischen Interessen der Bevölkerung auf (Arzheimer, Falter 2013: 132). Insgesamt stellt die Literatur fest, dass sich Unterschiede im Partizipationsverhalten mittlerweile jedoch nivelliert haben und lediglich beim Wahlverhalten Unterschiede bestehen (Holtmann 2020: 329), was dem vorgenannten Faktor geschuldet sein mag. Für die Parteibeitrittsbereitschaft in Ostdeutschland kann das durchaus Konsequenzen haben: Zwar sind Wahlbeteiligung und Mitgliedschaftsbereitschaft konzeptionell auf keinen Fall gleichzusetzen, doch drückt eine insgesamt niedrigere Parteibindung durchaus eine gewisse Distanz zur Institution *Parteien* aus. Dieser Eindruck ist auch empirisch gesichert, da das Vertrauen in Parteien in Ostdeutschland niedriger ausgeprägt ist als in Westdeutschland (Jaeck 2020: 45). „Damit kann *gerade nicht* [Hervorhebung i. O.] angenommen werden, dass sich die Parteiaktivitätsbereitschaft als eine Art der Vorform oder Prämisse zum Parteibeitritt zwischen Ost und West – analog zu [anderen] Partizipationsformen – angeglichen haben könnte“ (Borucki et al. 2021: 31).

Zusammenfassung des Abschnitts

Empirisch gesichert sind Informationen darüber, wie viele und welche Menschen politisch aktiv sind, welche Bildungshintergründe und sozioökonomischen Verhältnisse mit politischer Partizipation der Bürger*innen korrelieren. Das *Civic Voluntarism Model* hat zudem versucht auszubreiten, welche Faktoren diesen Zustand bedingen und dabei drei Säulen als ausschlaggebend identifiziert, und zwar Ressourcen, Motivation und Netzwerke. Im Spannungsfeld dieser Bausteine bewegt sich außerdem die *Efficacy,* das Wirksamkeitsgefühl als subjektives Empfinden darüber, als wie erfolgreich das eigene Engagement bewertet werden darf. Vor dem Hintergrund all dieser Daten könnte man meinen, politische Partizipation sei inzwischen weitestgehend entschlüsselt, kaum etwas liege noch im Verborgenen – doch nichtsdestoweniger leiden Parteien und Gewerkschaften unter ständig sinkenden Mitgliederzahlen. Es scheinen entweder Hemmnisse bei der Rekrutierung von Mitgliedern zu bestehen oder die Anreize für politische Beteiligung in Parteien schlichtweg nicht groß genug zu sein. Vielfach fehlt es den Organisationen bereits jetzt an Nachwuchs, und das, obwohl gerade Jugendliche (über einen längeren

Zeitraum betrachtet) grundsätzlich politisch interessiert sind und für Beteiligungsangebote erreichbar wären. Doch wie kann es gelingen, diese Potenziale abzurufen, wie mobilisiert man Menschen für politische Partizipation? Mit *positivem Druck!* Bürger*innen wollen und müssen *gepushed* werden. Dabei sind Strategien erprobt, wie beispielsweise die (politische) Ansprache, um schlummernde Partizipationsbereitschaft zu aktivieren. Welche Strategien das im Detail sind, wie sie gelingen können, erfahren Sie in diesem Buch, denn praktisches Handwerkszeug hierfür erhalten Sie in Kap. 4.

2.3 Parteimitgliedschaften im Abschwung – aber nicht bei allen!

Mitgliederparteien befinden sich in der Nachwuchskrise[5], das steht wohl fest, wenn man auf die Gesamtzahlen der Mitgliedschaft blickt. Dieser Abschnitt möchte sich, so kurz wie möglich, aber ohne oberflächlich zu geraten, erst dem Absinken der Parteimitgliedschaften nähern und dieses beschreiben, woraufhin die Gründe für ebenjenes Absinken erläutert werden. Vor allem dieser Teil ist für Praktiker*innen unerlässlich, zeigt er doch auf, was Parteien anders machen können, wollen sie neue Mitglieder werben. Das berührt aber eine eher organisationale und strategische Ebene. Diese dient als Blaupause zu den Taktiken, also den einzelnen *Kniffen* der Mitgliederwerbung, die in der Praxis geleistet werden können, wie z. B. innovative Veranstaltungsformate oder die Anwendung von Überzeugungstechniken in Werbegesprächen. Daraufhin wird kritisch diskutiert, *warum* Mitglieder den Parteien stärker nutzen als schaden; es soll aber keineswegs verschwiegen werden, dass Mitglieder aus organisationaler und strategischer Perspektive durchaus in der Lage sind, der Parteiführung das Leben schwer zu machen. Nicht zuletzt werden Anreize und Hemmnisse zum Parteibeitritt vorgestellt, woraufhin das integrative Modell der Mitgliederwerbung (IMM) vorgestellt wird. Es dient Praktiker*innen dazu, politisch-strategisch die Stärken, Schwächen, Gelegenheiten und Risiken (im Rahmen einer SWOT-Analyse) für die eigene Organisation vor Ort zu ermitteln.

Um mit den Parteimitgliedschaften zu beginnen, so lässt sich seit dem Beginn der 1980er Jahre ein stetiger Abwärtstrend erkennen, dessen Trendverlauf zumindest bei den Großparteien nicht enden zu wollen scheint.

[5] Dieser Abschnitt baut auf Jakobs (2021: 75 ff.) auf; die hier vorliegende Version ist gekürzt sowie aktualisiert.

Diese Entwicklungen sind bemerkenswert, insbesondere wenn man die Rolle von Parteien in der repräsentativen Demokratie reflektiert. Parteien erfüllen eine Vielzahl von Funktionen im politischen System wie die Selektion und Rekrutierung von politischem Personal sowie die Integration verschiedener Meinungen und Interessen und vermitteln diese direkt in das politische System, da eben sie die einzigen Organisationen sind, die in öffentliche Ämter gewählt werden können (siehe dazu auch Alemann 2010: 11). Ihren grundgesetzlichen Anspruch, bei der politischen Willensbildung des Volkes mitzuwirken (Art. 21 (1) GG), könnten sie durchaus auch ohne Mitglieder erfüllen, wäre dies in Deutschland rechtlich möglich. Doch auch neben diesen rechtlichen Voraussetzungen dienen die Mitglieder auch als gesellschaftliche Seismographen und tragen gesellschaftliche Interessen in die Partei hinein. Es dient vor allem ihrer Legitimation und Existenzberechtigung, wenn sie argumentieren können, dass sie auf einem stabilen Mitgliederfundament stehen: Da sie verbindliche Entscheidungen für das gesamte politische System treffen wollen (und das durch die Besetzung von Exekutive und Legislative auch tun), ist es durchaus hilfreich für sie, sich einer Legitimation durch Repräsentation zu bedienen. Genau dies ist aber das Problem, erkennen einige Autor*innen doch eine sich bildende Repräsentationslücke, die die Parteien nicht mehr füllen können (Jun 2011).

Dass die Parteien bis 1980 und danach absinkend so einen hohen Zulauf erhielten, ist in der Rückschau keineswegs verblüffend und hat mehrere Gründe. Ein Grund ist, dass das Repertoire an möglichen Partizipationsformen noch sehr limitiert war, an Online-Beteiligung war noch lange nicht zu denken. Demonstrationen, Sit-ins oder ähnliches waren seit dem Aufkommen der Neuen Sozialen Bewegungen seit dem Ende der 1960er Jahre als Partizipationsformen zwar denkbar, aber kaum von der breiten Masse genutzt (siehe auch Kap. 2, wenn Sie dieses übersprungen haben). Die Parteimitgliedschaft war in einer Zeit hoher Politisierung und Polarisierung Ausdruck dessen, die eigene politische Position offen kundzutun und zugleich den Kampf für die eigene politische Sache aufzunehmen (Spier, Klein 2015: 90 f.). 1990 erlebten die Parteien dann teilweise ein kleines Zwischenhoch, vor allem CDU und FDP, da sie ihre ostdeutschen Blockpartei-Pendants in die eigene Organisation übernehmen konnten – etwas, was für die SPD nicht galt, weswegen ihre Mitgliederzahlen weitgehend dem bisherigen Trend folgten. Wie jedoch in den Mitgliedschaften insbesondere der FDP zu erkennen ist, haben äußerst viele Mitglieder einen Austritt unternommen; wie die Literatur zeigt, waren es vor allem die ostdeutschen Mitglieder, die die ‚alte neue' Partei verließen. Noch heute zeigt sich im Übrigen, dass die ostdeutschen Parteilandesverbände deutlich niedrigere Mitgliederzahlen vorzuweisen haben als die westdeutschen (Niedermayer 2022).

Wie in Tab. 2.1 offenkundig wird – und hier widersprechen zumindest einige Parteien dem generellen Trend des vermeintlich unaufhaltsamen Niedergangs der Mitgliederparteien –, sind auch einzelne Mitgliedergewinne zu beobachten. Dazu zählen die *Alternative für Deutschland,* die zwar noch zu jung ist, um von einem generellen Trend sprechen zu können, doch hat sie ihre Mitgliederzahlen von 2013 bis 2019 nahezu verdoppelt. Ob sich das negative Saldo aus dem Jahr 2020 fortsetzen wird, wird sich in den nächsten Jahren zeigen; für 2021 zeichnete sich ein Rückgang um ca. fünf Prozent ab. Die Grünen konnten gerade in den letzten Jahren, insbesondere aber zwischen 2015 und 2021 ihre Mitgliederzahlen verdoppeln – es sage noch eine*r, die Mitgliederparteien wären tot! Auch die FDP schien ihren stetigen Mitgliederniedergang gebremst zu haben bzw. weist in den letzten Jahren leichte Steigerungen nach einem sprunghaften Anstieg in 2017 aus, als die Partei sehr eindrucksvoll aus der außerparlamentarischen Opposition wieder in den Bundestag gelangte. Auch der Zuwachs von 2020 auf 2021 um 17 % ist bemerkenswert. Bei der SPD ist die Mitgliederentwicklung der letzten Jahre interessant, insbesondere, wenn man nicht bloß auf die Gesamtzahlen der Mitgliedschaft blickt, sondern auf die *Eintritte* und *Austritte* im Verhältnis – und hier entwickelt sich ein besonders bemerkenswertes Bild, das vor allem Praktiker*innen immer berücksichtigen sollten! Es ist ja *gerade nicht* so, dass Parteien nicht mehr in der Lage wären, neue Mitglieder zu rekrutieren – es sind die Austritte, die ihnen so zu schaffen machen und zwar die freiwilligen auf der einen Seite und die unfreiwilligen (durch Tod) auf der anderen Seite. Wenig überraschend erlischt mit dem Übertritt von Mitgliedern ins Jenseits auch die Parteimitgliedschaft – es bleibt zu hinterfragen, ob das auch für die 2015 in das *Bündnis C – Christen für Deutschland* übergegangene *Partei Bibeltreuer Christen* gilt.

Mit Blick auf Tab. 2.1 und 2.2 ist offenkundig, dass bei einigen Parteien die Austrittszahlen die Eintrittszahlen überlagern, was zu den andauernden Rückgängen in der Mitgliedschaft führt. Diese Austritte haben jedoch die schon genannten unterschiedlichen Gründe, einmal den freiwilligen Entschluss und einmal den Austritt durch Tod. Um dies voneinander zu unterscheiden, wurden alle Austritte von 2008 bis 2020 summiert, woraufhin wiederum der Prozentsatz der Todesfälle an den Austritten ermittelt wurde.

Aufmerksame Leser*innen werden feststellen, dass das Mitgliedersaldo aus Tab. 2.1 nicht den Zahlen entspricht, die sich aus der Summierung von Tab. 2.2 und 2.3 ergeben. Das liegt nicht nur daran, dass einige wenige Berichtsjahre fehlen, sondern vor allem daran, dass Austritte auch auf andere Art und Weise zustande kommen können, z. B. durch Ausschluss von Mitgliedern, die keine Beiträge mehr zahlen oder durch Karteibereinigungen sowie Datenerfassungsfehler

Tab. 2.1 Mitgliederentwicklung in Deutschland seit 1947. (Quelle: Jakobs (2021: 78)[6], erweitert um das Jahr 2020 nach Niedermayer (2021: 380) und um das Jahr 2021 nach Niedermayer (2022: 387))

Jahr	CDU	CSU	FDP	SPD	GRÜNE	LINKE	AFD
1947	400	82	55	875	–	–	–
1952	200	52	83	627	–	–	–
1960	255	53	80	650	–	–	–
1970	329,3	76,7	56,5	820,2	–	–	–
1975	590,5	132,6	74,0	998,5	–	–	–
1976	652,0	144,0	79,2	1022,2	–	–	–
1977	664,2	159,5	79,5	1006,3	–	–	–
1978	675,3	165,7	80,9	997,4	–	–	–
1979	682,8	169,2	82,5	981,8	–	–	–
1980	693,3	172,4	84,9	986,3	18	–	–
1981	705,1	175,3	86,9	954,1	21	–	–
1982	718,9	178,5	78,8	926,1	25	–	–
1987	705,8	184,3	64,9	910,1	39,5	–	–
1988	676,7	182,7	64,3	911,9	37,9	–	–
1989	662,6	185,9	65,2	921,4	38,0	–	–
1990	777,8	186,2	168,2	949,6	39,9	280,9	–
1991	751,2	184,5	140,0	919,9	38,1	172,6	–
1992	713,8	181,8	103,5	886,0	35,8	146,7	–
2001	604,1	177,0	64,1	717,5	44,1	77,8	–
2002	594,4	177,7	66,6	693,9	43,9	70,8	–
2003	587,2	177,0	65,2	650,8	44,1	65,8	–
2004	579,5	172,9	64,1	605,8	44,3	61,4	–
2005	571,8	170,0	65,0	590,4	45,1	61,2	–
2006	553,9	166,9	64,8	561,2	44,7	60,3	–
2007	563,7	166,4	64,0	539,8	44,3	71,7	–
2008	528,9	162,5	65,6	521,0	45,2	76,0	–

(Fortsetzung)

[6] Hier soll der Hinweis nicht fehlen, dass Jakobs (2021) diese Zahlen nicht selbst erhoben hat. Das erledigt dankenswerterweise Oskar Niedermayer jährlich, der diese in der Regel in der Ausgabe 2 der *Zeitschrift für Parlamentsfragen* veröffentlicht.

Tab. 2.1 (Fortsetzung)

Jahr	CDU	CSU	FDP	SPD	GRÜNE	LINKE	AFD
2009	521,1	159,2	72,1	512,5	48,1	78,5	–
2010	505,3	153,9	68,5	502,1	53,0	73,7	–
2011	489,9	150,6	63,1	489,6	59,1	69,5	–
2012	476,3	148,0	58,7	477,0	59,7	63,8	–
2013	467,1	148,4	57,3	473,7	61,4	63,8	17,7
2014	457,5	146,5	55,0	459,9	60,3	60,5	20,7
2015	444,4	144,4	53,2	442,8	59,4	59,0	16,4
2016	431,9	142,4	53,9	432,7	61,6	58,9	25,0
2017	425,9	141,0	63,1	443,2	65,1	62,3	27,6
2018	414,9	138,4	63,9	437,8	75,3	62,0	33,5
2019	405,8	139,1	65,5	419,3	96,5	60,9	34,8
2020	399,1	136,0	66,0	404,3	107,3	60,4	31,9
2021	384,2	130,4	77,3	393,7	125,7	60,7	30,1

(Niedermayer 2021: 400). Doch allein diese Zahlen sind beachtlich, wenn man sich vergegenwärtigt, dass allein von 2008 bis 2020 ca. 750.000 Mitglieder die beiden Unionsparteien sowie die SPD verlassen haben. Die Austritte durch Tod ähneln sich bei allen Parteien außer bei FDP und Grünen; wenig überraschend ist diese dem deutlich niedrigeren Altersdurchschnitt der beiden letztgenannten geschuldet: Die Mitglieder der Grünen sind im Durchschnitt 48 Jahre alt, die der FDP ebenfalls 48 Jahre, die CSU kommt auf einen Schnitt von 60 Jahren, CDU und SPD erreichen 61 Jahre im Durchschnitt und die Mitglieder der Linken haben sich im Durchschnitt in den letzten Jahren deutlich auf jetzt 52 Jahre verjüngt (Niedermayer 2022: 393 ff.).

Mit Blick auf die Austrittszahlen sollte dieses Buch unbedingt von einem weiteren gefolgt werden, das da heißt: *Mitgliederbindung in Theorie und Praxis;* die freiwilligen Austritte von Mitgliedern, so kann erwartet werden, sind durch ‚Betreuungsaktivitäten' vermeidbar. Zu diesem Thema wäre allerdings eine eigene Publikation notwendig, um der Komplexität, die es mit sich bringt, gerecht zu werden. Nicht zuletzt ist die Kombination aus Bindung und Werbung die beste Grundlage, um das Absinken der Mitgliederzahlen zu hemmen. Wie die SPD gerade in den Phasen um die Abstimmung zu den Koalitionsverträgen durch die Mitglieder nach den Bundestagswahlen 2013 und 2017, vor allem aber innerhalb der ersten Monate nach der Verkündung der Kanzlerkandidatur

Tab. 2.2 Parteieintrittszahlen seit 2008. (Quelle: Eigene Berechnungen/Zahlen entnommen aus Niedermayer (2021: 398 ff.) und Niedermayer (2022: 400 f.))

Jahr	CDU	SPD	CSU	FDP	Grüne	Linke	AfD
2008	20.355	15.046	4332	5953	3261	9806	–
2009	19.904	19.180	4144	10.303	5948	8953	–
2010	13.415	13.067	2844	3480	7012	4910	–
2011	12.349	13.325	3624	2326	8681	3383	–
2012	11.696	12.501	3350	1749	3898	3062	–
2013	14.390	19.316	6560	3371	5379	4901	–
2014	13.823	13.135	3993	2575	3497	4335	–
2015	14.610	10.154	4317	2457	2853	3934	4132
2016	13.788	13.405	3670	4094	5473	5406	–
2017	15.165	31.094	4826	12.362	7221	8515	–
2018	12.987	26.301	4153	5432	13.395	5571	–
2019	13.377	13.315	7214	6647	23.820	4443	–
2020	15.609	10.683	4036	5954	15.860	4958	–
2021	14.694	12.266	2862	13.515	24.752	6545	
Summe	206.162	222.788	59.925	80.218	131.050	78.722	4132

Leider lagen für die AfD nur Daten für das Jahr 2015 vor.

Tab. 2.3 Austritte und Todesfälle in Parteimitgliedschaften seit 2008. (Quelle: Eigene Berechnungen nach Niedermayer (2022: 400 f.))

	CDU	SPD	CSU	FDP	Grüne	Linke	AfD
Austritte von 2008–2021	216.797	244.513	58.718	55.062	36.019	35.137	–
Todesfälle von 2008–2021	101.563	99.960	30.379	7026	2353	15.090	–
Gesamt	318.360	327.725	89.097	62.088	38.372	50.227	–
Anteil der Todesfälle an den Austritten	31,9 %	30,5 %	34,1 %	11,3 %	6,1 %	30,0 %	–

Anmerkungen: Für die Grünen lagen im Berichtsjahr 2012 keine Austrittszahlen vor. Für Die Linke lagen für die Jahre 2008 bis 2010 keine Zahlen vor. Für die AfD lagen gar keine Austrittszahlen vor. Zahlen entnommen aus Niedermayer (2021: 398 ff.) und Niedermayer (2022: 400 f.).

von Martin Schulz beweisen konnte, ist es durchaus möglich, die Eintrittszahlen durch entscheidungszentrierte Beteiligungsinstrumente sowie populäre Personalentscheidungen kurzfristig zu boosten (Grunden et al. 2017: 99). Nicht zuletzt sind diese Momente aber eben sporadischer Natur und können die ‚Magnetwirkung' offensichtlich nicht verstetigen, wie an den ebenso hohen Austrittszahlen abzulesen ist.

Umso interessanter ist also das *Warum* des Absinkens der Mitgliedschaftszahlen bzw. des gesellschaftlichen Relevanzverlustes insbesondere der Großparteien. Ebenso interessant ist die Attraktivitätssteigerung, die Grüne, FDP und anscheinend auch die AfD als Partei erfahren, was gerade bei letzterer erstaunlich ist: Sie versteht sich als Protestpartei, ihre Wähler*innen sind zumeist vom Protestmotiv zur Wahl motiviert (Steiner, Landwehr 2018: 483) und sie verzichtet gar explizit auf den Begriff der Partei im Parteinamen (wie im Übrigen auch die Grünen, was mit Blick auf ihre Gründungsgeschichte nicht verwundert). Dennoch scheint eine Mitgliedschaft in ihr zumindest für gegenwärtig über 30.000 Bürger*innen attraktiv zu sein. Das heißt: Wenn in einem ersten Schritt beleuchtet wird, warum Parteimitgliedschaften einen Niedergang erfahren, muss ein zweiter Schritt untersuchen, warum die gebrachten Erklärungen anscheinend nur für einen Teil der Parteien gilt. Zu berücksichtigen ist aber stets die deutlich geringere Zahl an Todesfällen bei Grünen und FDP, die zumindest aufzeigen, dass insgesamt weniger Eintritte (relativ) notwendig sind, um eine positive Mitgliederbilanz zu erhalten. Andererseits erklärt auch das nicht den dramatischen Mitgliederzuwachs insbesondere bei den Grünen.

Was hier jedoch ebenfalls nicht zu ignorieren ist, ist der hohe soziale *bias* in den Mitgliedschaften der Parteien, die nicht nur weniger Mitglieder als früher haben, sondern deren Mitglieder auch zum großen Teil aus höheren sozialen Schichten stammen. „Da der gesellschaftliche Rückhalt der Parteien schwindet, mehren sich die Zweifel, ob die sozial und ökonomisch bessergestellten Parteimitglieder trotzdem für die Belange der Bedürftigen eintreten" (Angenendt 2021: 35).

Bei der Betrachtung der Gründe des gesellschaftlichen Relevanzverlustes der Parteien[7] sollten allgemeine von spezifischen Gründen unterschieden werden. Die allgemeinen Gründe des Relevanzverlustes von Parteien in Bezug auf die

[7] Wobei diese Aussage, wenngleich sie sich auch in der Literatur findet, eine schwierige ist! Ja, die Wahlbeteiligungen zu Bundestagswahlen sind im Gegensatz zu den 1960er Jahren gesunken, verhalten sich in den letzten Jahren auf Bundesebene aber stabil – was doch Ausdruck dafür ist, dass Parteien vonseiten der Bevölkerung immer noch als maßgebliche Akteure des politischen Systems wahrgenommen und akzeptiert werden.

Mitgliedschaft als politische Partizipationsform sind im gesellschaftlichen Wandel zu finden, also der Individualisierung und Emanzipierung von Bürger*innen, die ihren Niederschlag auch darin finden, dass andere Großorganisationen mit formaler Mitgliedschaft und obligatorischer Beitragszahlung an Attraktivität verlieren. Für die einzelnen Parteien kommen jeweils spezifische Gründe hinzu, die die Mitgliederverluste erklären können. So haben sich die sogenannten gesellschaftlichen Konfliktlinien in gewisser Weise aufgelöst, entlang derer sich die sozial-moralischen gesellschaftlichen Milieus ausbildeten.

Um zu verstehen, was die vorangegangenen Sätze inhaltlich konkret bedeuten, muss der Blick in die Geschichte der westlichen Industrienationen der letzten Jahrhunderte gelegt werden. A propos: Alles, was sie im Folgenden lesen, gilt im Prinzip nur für westeuropäische Staaten und ist nicht einseitig auf andere Staaten zu übertragen. Wegweisend war dazu der Beitrag von Lipset, Rokkan (1967). Seymour Lipset und Stein Rokkan erkannten, dass Parteiensysteme nichts anderes sind „als Produkte eines langen historischen Modernisierungsprozesses" (Detterbeck 2021: 23), im Laufe dessen sich gesellschaftliche Gruppen mit durchaus gegensätzlichen Interessen gegenüberstanden. Den Einsatz dieses Prozesses verorten die Autor*innen bereits im 16. Jahrhundert; hier lässt sich von einer national(staatlichen) Revolution sprechen, weg von einzelnen Kleinstaaten und hin zu gemeinsamen Staaten mit einer gemeinsamen Sprache. Mit der industriellen Revolution im 19. Jahrhundert kam zu der vorgenannten Revolution im soziokulturellen Bereich auch eine Revolution hinzu, die sich im sozioökonomischen Bereich abspielte. Daraus bildeten sich insgesamt vier gesellschaftliche Konfliktlinien zwischen den folgenden Gruppen und Akteuren:

- Soziokulturelle Identitäten:
  - Zentrum versus Peripherie
  - Staat versus Kirche
- Sozioökonomische Interessen:
  - Stadt versus Land
  - Arbeit versus Kapital (Detterbeck 2021: 25)

Für Deutschland finden sich vor allem die Interessengegensätze Staat versus Kirche sowie Arbeit versus Kapital empirisch noch immer gut wieder. Das katholische Milieu hat sich in Deutschland im 19. Jahrhundert scharf gegen das bürgerlich-protestantische Preußen gewandt – und die Zentrumspartei entstand (Wiesendahl 2011: 163), die ihre Fortführung nach dem Zweiten Weltkrieg letztlich in der CDU fand. Die CSU kann dabei als eine Art Besonderheit betrachtet werden, ist sie zwar auch eine christdemokratische Partei, spiegelt aber durchaus auch den Regionalkonflikt wider, der sich zwischen Bayern und dem Rest Deutschlands zumindest in jüngerer Zeit immer mal sporadisch beobachten ließ. Durch das Bündnis mit der CDU zur Union tritt dieser regionale Charakter aber in der Regel nicht offen konflikthaft zutage, da das gemeinsame Regieren auf Bundesebene zumeist erklärtes Ziel ist. Dass die CSU häufig einen Bayernplan zum Wahlprogramm der Union anfügt, lässt erkennen, dass sie sich durchaus als eigenständige Partei betrachtet und nicht bloß als Anhängsel der CDU. Nicht nur unter Franz Josef Strauß, sondern auch im Zuge unterschiedlicher Positionen beim Zuzug von Migrant*innen im Jahr 2015 wurde erneut diskutiert, ob die CSU eigenständige Kraft im Bund sein wollte – auch diese Ansinnen wurden jedoch wieder verworfen. Ansonsten sind Regionalparteien in Deutschland aber eher unspektakulär. Diese Formulierung ist bewusst gewählt: Regionalkonflikte wie diejenigen in Schottland, Katalonien oder im Baskenland sind dem deutschen Parteiensystem in dieser Form fremd (Detterbeck 2021: 24 f.). Interessanterweise waren es aber gerade regionale Parteien, die im ersten deutschen Bundestag Erfolge verzeichneten, unter anderem die Deutsche Partei, die vorher *Niedersächsische Landespartei* hieß und Hannover als souveränes Königreich reorganisieren wollte, Wiedereinsetzung der Welfen inklusive (Alemann et al. 2018: 67). Spannenderweise lässt sich der Konflikt aus Zentrum versus Peripherie, der nichts anderes beinhaltet als diejenigen Spannungen, die eben daraus entstehen, dass gewisse Minderheiten ihre kulturellen Eigenarten eben nicht aufgeben wollen, auch z. B. im Fußball erkennen. Das Fußballspiel Hannover gegen Braunschweig ist Hochrisikospiel, die Fans der Mannschaften gelten als verfeindet; diese Rivalität geht letztlich auf einen Zentrum-Peripherie-Konflikt zurück und zwar „bis ins Jahr 1636, als das Welfengebiet auf zwei Residenzstädte aufgeteilt wurde. Andere […] erklären die Rivalität hingegen mit der Bildung des Landes Niedersachsen im Jahr 1946, als Hannover Landeshauptstadt und die Löwenstadt Braunschweig diesem so untertan wurde“ (Lucius 2013), was die Ordnung von (politischem wie wirtschaftlichem) Zentrum und Peripherie doch erheblich zulasten Braunschweigs verschob. Das ist zwar für das Thema dieses Buches nicht von höchster Wichtigkeit, beschert Ihnen als Leser*in aber eine nette Anekdote für Partys, bei denen die Stimmung ohnehin bereits gekippt ist.

Deutlich gewichtiger ist aber für Deutschland der Konflikt aus Arbeit versus Kapital, wobei das einst erstarkende Milieu von Industriearbeiter*innen und Handwerker*innen von sozialdemokratischen Arbeiter*innenbewegungen und später dann sozialdemokratischen Parteien eingefasst wurde (Wiesendahl 2011: 163). Entlang dieser Konfliktlinie haben sich das Arbeiter*innenmilieu sowie das

Kapital'milieu gebildet, das man auch Bourgeoisie nennen könnte. Egal, welchen Namen man dem Kind verleiht, im Kern geht es um den Verteilungskampf ökonomischer Ressourcen, der zwischen den „Eigentümern von Produktionsmitteln und den abhängig Beschäftigten" (Detterbeck 2021: 27) entstand. Besonders bemerkenswert ist dabei die Verschränkung des in Deutschland doch in nicht unerheblicher Weise ausgeprägten Katholizismus (bzw. des christlichen Glaubens insgesamt) in der Verschränkung damit, Arbeiter*in zu sein. Arbeiter*innen mit christlicher Gesinnung fanden ihre Heimat in Deutschland stärker in der Union, „ein Milieu, in das die SPD nur schwer vordringen konnte" (Detterbeck 2021: 28). Dass diese Parteien aber durchaus ihre politischen Nähen haben, ermöglicht die Bildung von Koalitionen – insbesondere den Großen Koalitionen, die eher Regel als Ausnahme in den letzten beiden Jahrzehnten in Deutschland waren, die es jedoch bereits schon in den 1960er Jahren gab. Wo diese politischen Nähen fehlen – ob sozioökonomisch oder soziokulturell –, sind die Interessensgegensätze zu stark, um eine gemeinsame Regierung zu bilden. Man blicke dazu auf die politische Option auf Bundesebene, dass die Linke mit der AfD koaliert, oder die SPD mit der AfD oder die CDU/CSU mit der Linken oder die FDP mit der Linken, etc. Zu groß ist die Polarisierung untereinander, zu hoch damit die gegenseitige Segmentierung, um gemeinsam zu koalieren. Wie sich diese Konfliktlinien künftig noch entwickeln werden, bleibt abzuwarten. Zumindest scheint sich eine neue Konfliktlinie zwischen Ökonomie und Ökologie herauszubilden (Holtmann 2012: 41), deutlich sichtbar an den elektoralen Erfolgen der Grünen und daran, dass die Umweltpolitik auch in den Wahlprogrammen anderer Parteien an Gewicht gewinnt.

Für die Mitgliederwerbung galt lange Zeit, dass Parteien aus den ihnen zugeordneten (oder von ihnen im Rahmen der Interessenvertretung vertretenen) Milieus ihre Mitglieder und auch Wähler*innen rekrutieren konnten. Diese Milieus brechen jedoch auf, sie zerfasern gewissermaßen. Gerade sozialdemokratische Parteien müssten davon stärker betroffen sein, da der gesellschaftliche Wohlstand angestiegen ist und damit die Schicht des Proletariats langsam ausgedünnt wurde (siehe dazu Wiesendahl 2011: 165; Kölln 2014: 75). Für die Christdemokrat*innen gilt Ähnliches, nur aus einer anderen Richtung: Hier ist es vor allem der gesellschaftliche Wertewandel, der zu einem Rückgang von Kirchenmitgliedern und Kirchgänger*innen führte; gaben die Generationen der 1940er und 1950er Jahre ihre Konfession noch an die Kinder weiter, ebbte dies in den 1970er Jahren ganz entschieden ab (Wiesendahl 2011: 167). Dies erscheint in einer Zeit, in der vor allem elitenkritische Partizipationsformen aufkamen, wenig verwunderlich. Neben dem Verschwinden der genannten Netzwerkverbindungen – die Forschung spricht dabei von *Linkages* (Poguntke 2000) –, sehen sich auch weitere Vorfeldorganisationen und den Parteien grundsätzlich nahestehende Organisationen im Abschwung, wie z. B. die Gewerkschaften. Diese verlieren nicht nur selbst an Mitgliedern, sondern vielmehr kommt noch hinzu, dass sie sich in den letzten Jahren immer mehr von der SPD als sozialdemokratischem ‚Partner' innerhalb der Politik gelöst haben (Schroeder 2017: 716). Was die Gewerkschaften für die SPD sind, ist die Kirche für die CDU/CSU, und auch hier lassen sich die wechselseitigen Effekte feststellen, dass die immer geringere Zahl an Gottesdienstbesucher*innen und Kirchentreuen somit auch nur noch ein geringeres Reservoir an Mitgliedschaftsgeneigten für die Union konstituieren.

Parteien müssen auf solche Wandelphänomene insofern eingehen, dass sie neue Linkages knüpfen oder den gesellschaftlichen Wandel auch inhaltlich begleiten. Das zeigte sich bei der Union sehr eindrucksvoll in der Abstimmung über die Ehe für alle 2017, in deren Rahmen sich 75 Unionsabgeordnete (von 309) unter Aufhebung des sogenannten Fraktionszwangs dafür entschieden haben, die Eheschließung für gleichgeschlechtliche Paare zu ermöglichen (Wenzelburger, Fehrenz 2018) – und damit gegen die von der katholischen Kirche explizite Proklamation, dass die Ehe nur heterosexuellen Paaren gegenüber offen sein sollte, stimmten. Mit Blick auf aktuelle Entwicklungen (Stand: Dezember 2022) des kirchlichen Arbeitsrechts (Rulfs, Kehlbach 2022) scheint die katholische Kirche hier zumindest teilweise ‚nachgezogen' zu haben, indem sie auch queeren Angestellten die Arbeit bei kirchlichen Trägern ermöglicht, ohne die private Lebensgestaltung als Kündigungsgrund zu betrachten.

Um also an dieser Stelle zusammenzufassen: Die Parteien erlebten in den letzten Jahrzehnten einen gesellschaftlichen Wertewandel, der eine gewisse Skepsis gegenüber klassischen Partizipationsformen erzeugt hat. Verbindlichkeit, ob wahrgenommen oder tatsächlich, wirkt dabei partizipationshemmend. Bürger*innen wurden zudem Parteien gegenüber immer kritischer, reflektierter und durchaus skeptischer; so ging mit der Bildungsexpansion zunehmende Kritik an etablierten Institutionen einher (Geißler 2014: 343). Hinzukommt das Aufbrechen sozialmoralischer Milieus, die eng an die Parteien gekoppelt waren und ihnen einen veritablen Rekrutierungspool geboten haben. Nicht zuletzt scheinen neue Konfliktlinien die Gesellschaft zu strukturieren, bei denen sich erst noch herausstellen wird, ob diese in der Lage sind, spezifische Milieus zu konstituieren – oder eben nicht.

Einiges spricht dafür, dass sich ein Umweltmilieu gebildet hat, das in den Grünen seine parteipolitische Entsprechung gefunden hat; auf der anderen Seite stehen FDP und vor allem AfD als diejenigen Parteien, die Umweltpolitik entweder dem Primat der Wirtschaft unterordnen (FDP) oder ihre Notwendigkeit, zumindest in Fragen des Klimawandels, vollständig negieren (AfD; siehe dazu auch Jakobs, Jun 2018). Hier ist dann die Frage zu stellen, inwiefern von ‚Gegenmilieus' gesprochen werden kann. So zeichnen sich die FDP und ihre Wähler*innenschaft letztlich nicht nur dadurch aus, in umweltpolitischen Fragen unvereinbare Interessensgegensätze zu den Grünen zu haben; im Gegenteil, die Sondierungsgespräche und Koalitionsverhandlungen nach der Bundestagswahl 2021 zeigten recht deutlich, dass die inhaltlichen Differenzen der beiden Parteien durchaus überwunden werden konnten. Die AfD hingegen lässt sich als veritabler Gegenpol betrachten, der aber noch weitere Themen aufbietet, die neben ihren umweltpolitischen Standpunkten hinzukommen und die Unmöglichkeit einer Koalitionsbildung konstituieren[8]. Doch egal, wie man es dreht und wendet: Die drei Parteien AfD, FDP und Grüne zeichnen sich im Vergleich zu den übrigen Bundestagsparteien durch Mitgliederzuwächse aus, und das muss gewisse Gründe haben.

An dieser Stelle sollte also nochmal ein Schritt in die Richtung der Nachfrager*innenseite geleistet werden. Das Parteien entgegengebrachte Misstrauen führte, so Biehl (2013: 86), zu einer gestörten Beziehung, die er zwischen Parteien und Bürger*innen erkennt. Zugleich sind die Bürger*innen aber nicht parteienverdrossen. Das wäre im Übrigen ein kategorialer Unterschied zu der bereits besprochenen Politikverdrossenheit, da Politikverdrossenheit sich als (unbrauchbarer) Begriff auf Politik im Gesamten bezieht, Parteienverdrossenheit hingegen nur auf die Institutionen der Parteien. Parteienverdrossen zu sein bedeutet, so wie Niedermayer (2013: 51) es definiert, Parteien *insgesamt* gegenüber negativ eingestellt zu sein. Das lässt sich dann noch weiter auf die Bundestagsparteien eingrenzen, um zu ermitteln, ob es Unterschiede zwischen Verdrossenheit gegenüber *allen* Parteien oder nur gegenüber *allen im Bundestag vertretenen* Parteien gibt. Für Niedermayer (2013: 61) ist dabei klar, dass eine Parteienverdrossenheit in der deutschen Bevölkerung nicht konstatiert werden kann, sondern nur die wenigsten Bürger*innen gegenüber allen im Bundestag vertretenen Parteien als verdrossen bezeichnet werden könnten. Diese Fragestellung ist mitnichten

[8] Wobei sich auch hier mit Blick auf die *Causa Kemmerich* in Thüringen offenkundig Koalitionspotenziale zeigen. So konnte der FDP-Politiker Thomas Kemmerich für genau drei Tage als Ministerpräsident Thüringens amtieren, da CDU und AfD (sowie die FDP) nahezu geschlossen im dritten Wahlgang für ihn stimmten. Der öffentliche Aufschrei war riesig, der Druck auf Kemmerich groß – der Rücktritt damit nahezu erwartbar. Diese politische Finte zeigt aber durchaus die Bereitschaft der CDU auf Landesebene, mit der AfD zu koalieren – und zwar mit einem AfD-Landesverband, der für die Parteienforschung als ein solcher gilt, der sehr stark am rechten Rand, wenn nicht gar darüber hinaus, operiert (siehe auch Tottmann 2022).

neu: Bereits Rieger (1994) untersuchte die Parteienverdrossenheit im geeinten Deutschland und ermittelt vier fundamentale Aussagen der Parteienkritik:

1. Eine Entfremdung der Parteien vom Volk
2. Das Fehlen von Problemlösungskompetenzen
3. Das Unterlaufen der Gewaltenteilung
4. Die missbräuchliche Nutzung des Staates als ‚Beutegut' (Rieger 1994: 464 f.)

Parteienkritiker*innen würden diese Punkte wahrscheinlich weiterhin für aktuell halten; doch so wie Rieger (1994: 470 f.) zwar Ansätze für eine bedenkliche Entwicklung sieht, so wenig kann diese Entwicklung nach den vorgenannten Erkenntnissen von Niedermayer (2013) bestätigt werden. Hilfreich, auch für Praktiker*innen, ist der Blick, die Mitgliederschwemme der 1970er Jahre als Ausreißer zu betrachten, nicht aber den jahrzehntelangen kontinuierlichen Verlauf. So hat bereits Fiorina den schönen Satz geäußert: „…there is nothing wrong with those who do not participate, there is something unusual about those who do" (Fiorina 1999: 416). Er fasst gut zusammen, wie Parteimitglieder – bestehende sowie zukünftige – betrachtet werden sollten: Als Exot*innen, die eine Partizipationsform wählen, bei der sie einen nicht unerheblichen Mitgliedsbeitrag zahlen müssen und zwar in einer Organisation, die erhebliches soziales Misstrauen erlebt. Die Parteienkritik hat sich im Kern nicht wesentlich verändert. Wohl aber muss konstatiert werden, dass nicht *alle* Parteien Mitglieder verlieren und das sollte doch ein klares Signal an all diejenigen Werber*innen setzen, die den Kopf bereits in den Sand stecken wollten. Wo sich die Parteien mit zeitgemäßen Themen und Programmen (Grüne) und/oder schillernden Persönlichkeiten (man denke wiederum an den Schulz-Hype in der SPD oder an die Kampagnen von Christian Lindner (FDP), dessen Attraktivität nachgewiesenermaßen Anteil am Wahlerfolg hatte; siehe Gaßner et al. 2019) ausstaffieren, werden sie als Partizipationsmittel weiter genutzt! Blickt man auf die Eintrittszahlen, stellt man schnell fest, dass auch die anderen Parteien hier keine ‚Nullnummer' vorlegen – gäbe es nur die Todesfälle durch die Überalterung nicht, sähe es nicht allzu schlecht aus. Wer schaut schon Spiele eines Vereins, der es nicht mehr in die erste Liga schafft (Leser*innen, die die eine oder andere norddeutsche Hansestadt bewohnen, dürfen sich gerne angesprochen fühlen)? Es stände sowohl der Forschung als auch der Praxis gut an, nicht immer nur in die Negativreigen einzusteigen, sondern im Gegenteil positive Elemente hervorzuheben.

Sprechen wir also von den Gewinnermannschaften in der Parteienliga. Bündnis 90/Die Grünen ragen hierbei am stärksten heraus, da ihre Mitgliederzuwächse so überraschend stetig sind – und nicht *allein* durch eine niedrigere Zahl an

Todesfällen erklärt werden können. Was bei den Grünen zudem bemerkenswert ist, ist ihre hohe Schlagkraft in urbanen Räumen, wohingegen sie wiederum im Osten Deutschlands nur äußerst wenig vertreten sind (Brunsbach, John 2021: 196). Diese geringe Vertretung spiegelt sich nicht nur in Mitgliederzahlen wider, sondern auch in Wähler*innenanteilen, wobei hier nochmal der Hinweis erfolgen soll, dass die Zahl der Wähler*innen mit der Zahl der Mitglieder in einem Gebiet oder einer Region nicht notwendigerweise korreliert. Brunsbach und John fassen dabei treffend zusammen:

> „Die Stärke der Grünen in den Städten fußt auf einem Ineinandergreifen verschiedener Faktoren: Die Agglomeration von Wissen, Technologien und einer urbanen Lebensweise ziehen gut ausgebildete Menschen an. Diese Menschen teilen überproportional häufig die progressiv-kosmopolitischen Werte, die das Wertefundament der Grünen bilden [...] Das hohe Bildungsniveau geht einher mit einem überdurchschnittlichen Einkommen der grünen Wählerklientel [...]. Nicht zu vernachlässigen ist zudem der hohe Anteil jüngerer Menschen in den Städten. Bereits seit Jahren zeichnet sich bei Landtags- und Bundestagswahlen ab, dass vor allem jüngere Generationen eine wichtige Wählergruppe für Bündnis 90/Die Grünen sind" (Brunsbach, John 2021: 197).

Spannend wird es aber vor allem dann, wenn das Parteiwachstum nur auf den urbanen Raum reduziert wird – hier ist es fast nicht möglich, dass der zu konstatierende Zuwachs *allein* aus dem städtischen Raum kommen soll, sondern es müssen, auf Basis der Struktur der Grünen-Sympathisant*innen eigentlich alle Hochschulstandorte in Deutschland infrage kommen, denkt man an die oben genannten progressiv-kosmopolitischen Werte einer vor allem jungen Sympathisant*innengruppe. Schaut man dazu auf die SINUS-Milieus, so stellt man fest, dass gerade die jugendlichen Sozialökolog*innen sowie die Expeditiven und Hedonist*innen verstärkt Werte teilen, die auch den Bündnisgrünen zu eigen sind, gepaart mit einem recht hohen Bildungsniveau vor allem in den ersten beiden genannten Milieus (Uhlmann, Thomas 2021: 464). Wie nicht zuletzt auch Brunsbach und John zeigen, gelingt es den Grünen nicht nur in urbanen (und nicht so urbanen) Universitätsstädten Mitglieder zu gewinnen, sondern auch auf dem Land und zwar gerade dort, wo sich sozio-ökonomisch Bessergestellte befinden (Brunsbach, John 2021: 203). Bei der AfD scheint die Erklärung des Mitgliederzuwachses einfacher zu sein, hat sich doch gerade in Ostdeutschland ein fulminantes elektorales Reservoir ausgebildet; die Mitgliedschaft der AfD ist aber recht gleichmäßig über Gesamtdeutschland verteilt (Niedermayer 2022: 390).

Doch wollen die Parteien, auch solche, die den Parteienbegriff nicht im Namen tragen (wie z. B. auch Freie Wählergruppen, die sich ebenfalls explizit vom Terminus der Partei abgrenzen), überhaupt noch Mitglieder in sich vereinen? Sind Parteien auf dem Weg zur Kartellpartei (Katz, Mair 1995), deren Ziel es ist, die eigenen Tentakel tief in den Staat hinein auszuwerfen und sich dort zeckenartig festzusaugen, mit dem bloßen Ziel, Ämter zu besetzen und ‚Staatsknete einzustreichen'? „Überall ist Sparen angesagt – nur nicht bei den sechs parteinahen Stiftungen in Deutschland", urteilt Caroline Nokel im Deutschlandfunk bereits 2015 (Nokel 2015). Dass dieser Satz weiterhin Geltung hat, zeigen die Erhöhungen der Stiftungsgelder in den letzten Jahren. Dies wiederum öffnet Tür und Tor für diejenigen Kritiker*innen, die die Parteien als Blutsauger sehen, die sich nur am Staat bereichern wollten. Nicht wenige Autor*innen verweisen bereits seit Jahren darauf, dass sich Parteien über staatliche Quellen ‚querfinanzieren' (siehe z. B. Arnim 2011 oder Wiesendahl 2009) und Mitgliedsbeiträge nur noch ‚Schmankerl' seien. ‚Nun sag', ‚wie hast du's mit den Mitgliedern?', könnte man als Gretchenfrage an die Parteien stellen.

Was also machen Mitglieder in einer Partei noch, außer ihren Mitgliedsbeitrag zu zahlen? In einem ersten Schritt sollen die Mitglieder „am Prozesse der Politikformulierung und Entscheidungsfindung nennenswert beteiligt" (Wiesendahl et al. 2009: 12) sein. Um dieses Recht zu erlangen, hat ein Mitglied auch Pflichten, wie die Zahlung eines Mitgliedsbeitrags. Ebendiese erwirkt ein geradezu fundamentales Mitbestimmungsrecht, wie es im Zitat von Wiesendahl et al. (2009) anklingt. Dieses Mitbestimmungsrecht variiert dabei nicht nur von Partei zu Partei, sondern auch situativ. Ohne allzu tief in die Niederungen der Parteiensatzungen vorzudringen, so haben die Parteien doch unterschiedliche Quorenregelungen (also prozentuale Schwellenwerte, die zu erreichen sind), ab denen Mitglieder ein Mitgliederbegehren oder einen Mitgliederentscheid auslösen können. Diese Methoden sind vergleichbar mit innerparteilichen ‚Volksbegehren' oder ‚Volksentscheiden'. Daneben gibt es noch Urwahlen bzw. Urabstimmungen, mit denen über politisches Spitzenpersonal abgestimmt werden kann. Dazu ist das Parteienrecht in einem Punkt jedoch streng, nämlich in dem, dass Mitglieder über den Vorsitzenden der Partei nicht rechtlich bindend abstimmen können. Sie dürfen aber befragt werden, so wie es bspw. bei der SPD 2019 und bei der CDU 2021 geschehen ist. Die Parteitagsdelegierten können zwar dann immer noch gegen das Votum der Mitglieder stimmen – das aber wäre, gelinde gesagt, politisch unklug.

Andere Abstimmungen, die nicht *bottom up,* also von unten mit der entsprechenden Zahl an Unterschriften und ‚Mitmacher*innen' ausgelöst werden, sondern von der Parteispitze aus lanciert wurden, sind die Abstimmungen über die Koalitionsverträge bei der SPD im Nachgang der Bundestagswahl 2013 sowie

2017 (die Abstimmung fand 2018 erst statt) und nicht zuletzt bei den Grünen 2021 vor dem Eintritt in die Ampelkoalition. Hier wirkt die Macht der Mitglieder geradezu riesig! So hatten bei den Grünen ungefähr 125.000 Mitglieder die Macht, über die Geschicke des ganzen Landes zu entscheiden. Von diesen haben sich wiederum 57 % an der (digitalen) Mitgliederbefragung beteiligt und davon haben 86 % dem Koalitionsvertrag zugestimmt (Grüne.de 2021). In Summe sind es ca. 62.000 Mitglieder, die damit in nicht unerheblicher Art und Weise über das Votum von Millionen von Wähler*innen hinwegbestimmen konnten.

Das sind nur die Beteiligungs' events in Parteien, die zugegebenermaßen selten vorkommen, was, wie bei der SPD, auch finanzielle Gründe hat. So habe die Mitgliederbefragung zum Koalitionsvertrag, die 2018 stattgefunden hat, etwas mehr als eine Million Euro gekostet (Frankfurter Allgemeine Zeitung 28.05.2018) und das in einem Jahr, in dem die SPD ohnehin ca. 1,6 Mio. € weniger aus der staatlichen Parteienfinanzierung schöpfen konnte, weil sie enorme Einbußen der Zweitstimmenanteile bei der Bundestagswahl 2017 hinnehmen musste (Frankfurter Allgemeine Zeitung 28.05.2018).

Wenn's ums Geld geht, wird's interessant. Ein Satz, den Sie nicht nur von Scheidungsanwält*innen hören können, sondern auch von Parteienforscher*innen. Denn die Mitglieder sind finanziell gesehen aus einer doppelten Perspektive interessant: Sie zahlen nämlich Beiträge. Das wiederum hat Effekte auf die staatliche Parteienfinanzierung, was sie eben nicht bloß zu einem, wie oben genannt, ‚Schmankerl' verkommen lässt. Was Poguntke (1994: 204) bereits für das deutsche Parteienrecht feststellte, hat auch heute noch Geltung: Was Parteien an staatlichen Zuwendungen erhalten, darf die Mittel, die sie aus Spenden und Mitgliedsbeiträgen erhalten, *nicht* übersteigen, weswegen letztere essenziell sind. Es käme einer „substantiellen Schwächung der Parteien" (Dose, Fischer 2013: 893) gleich, wenn die Mitgliedsbeiträge stark absinken würden. Und das täten sie ja, umso mehr sich der Mitgliederverlust fortsetzt. Wie jedoch in diesem Buch bereits zitierte Autor*innen anmerken, seien Parteien längst darüber hinaus, sich über die relative Finanzierungsobergrenze Gedanken machen zu müssen, da sie zur Genüge staatliche Quellen erschlossen hätten (dazu weiterhin lesenswert ist der Beitrag von Arnim 2011). Diese Kontroverse kann an dieser Stelle nicht aufgelöst werden. Doch nicht zuletzt verursachen Parteimitglieder auch Kosten, u. a. durch die Parteitage, die abgehalten werden müssen (und das auch auf den ‚unteren' Ebenen wie Kreisen und Städten) sowie bürokratische Kosten, die durch die Pflege der Mitgliederdatenbank entstehen sowie durch den Versand von Briefen sowie Parteizeitungen. Der finanzielle Nutzen der Mitglieder kann dabei nur geschätzt werden; ein eindeutiges Urteil darüber, wie nützlich die Parteimitglieder aus monetärer Perspektive sind, hängt auch davon ab, welche staatlichen Finanzierungsquellen eine Partei zu erschließen in der Lage war.

Klare Vorteile, die durch Parteimitglieder generiert werden, speisen sich aus ihrer Loyalität. Sie sind in Krisenwahlen in der Regel sichere Stammwähler*innen (Beyme 2000: 120 f.) und bilden durchaus das Zünglein an der Waage bei knappen Wahlausgängen (Lees-Marshment, Pettitt 2014: 246). Mitglieder sind aber durchaus ‚extremer' als die Wähler*innen, sie ‚brennen' mehr für ihre Partei. Das wiederum kann dazu führen, dass sie mit eher extremeren Positionen Wähler*innen verschrecken können (Jun 2004: 76). Mitgliederwerber*innen müssen daher in einer gewissen Weise gemäßigt mit ihren Argumenten für die eigene Partei umgehen, wollen sie das potenzielle Neumitglied nicht mit allzu scharfen Positionen im Vorfeld abschrecken. Wie im Praxisteil dieses Buches noch gezeigt werden soll, eignet sich das Zuhören ohnehin besser als das ‚Volltexten', denn Neumitglieder werben lassen sich durch letzteres nur schwer.

Parteimitglieder bieten neben ihrer sicheren Stimme bei Wahlen einen weiteren unersetzlichen Vorteil, der CEOs wie Tim Cook, Sundar Pichai und vor allem Jeff Bezos Freudentränen in die Augen treiben würde: kostenlose Arbeitskraft. Parteimitglieder kleben Plakate für Bewerber*innen um Ämter und Mandate, stellen sich an Infostände und führen dort Gespräche mit Bürger*innen, verteilen Flyer und Giveaways, bezahlen diese zumeist auch aus ihren Ortsverbands- bzw. Ortsvereinsmitteln und überlegen sich interessante Formate für die Öffentlichkeitsarbeit der Partei. Würden die deutschen Parteien auf bezahlte Wahlkampfhelfer*innen zurückgreifen müssen und damit dem US-amerikanischen Modell folgen (Nielsen 2012: 26), hätten die Kassierer*innen schnell ein nicht unerhebliches Finanzierungsloch zu bekämpfen.

Nicht zuletzt ist das Rennen um ‚Wer verliert weniger Parteimitglieder' zwischen SPD und CDU in den letzten Jahren auch einer Legitimierungsfunktion der Parteimitglieder geschuldet. Man kann ohne Einwände behaupten, dass eine große Mitgliederbasis auch eine große Legitimationsinstanz der Parteien bedeutet (Jun 2004: 77). Weist eine Partei eine große Mitgliedschaftsbasis auf, kann sie auf breite gesellschaftliche Vernetzung sowie Präsenz vor Ort hinweisen und damit zeigen: ‚Uns gibt es überall, wir sind nicht wegzudenken'. Dass Parteien also darauf pochen, Mitgliederparteien zu sein, hat ebenjene normativen Gründe (Bukow 2009: 223). Erodiert die Mitgliedschaftsbasis, erodiert das dazugehörige Argument der breiten gesellschaftlichen Vernetzung.

Der letzte, insbesondere für dieses Buch unschlagbare Vorteil, ist dann das Weiterspinnen des – im Prinzip betriebswirtschaftlichen – Bonus, dass Mitglieder kostenlose Arbeitskraft bieten. Das Amt des/der Mitgliederbeauftragten sowohl bei SPD und CDU ist ein Ehrenamt. Aufgaben des/der Mitgliederbeauftragten sind dabei die 1) Mitgliederwerbung, die 2) Mitgliederbindung und das 3) Austrittsmanagement. Wie noch aufgezeigt werden soll, sind von diesen drei Aufgaben zwei zu viel – oder Parteien schaffen hauptamtliche Stellen dafür. Wie die Autoren dieses Buches aber in der Praxis erfahren konnten, ist diese Überlast an Aufgaben für die meisten Mitglieder schlichtweg demotivierend. Hinzukommt, dass das Amt der Mitgliederbeauftragten nur wenig Wertschätzung innerhalb der Partei erfährt, ein Aspekt, der insbesondere in Kap. 3 eine besondere Würdigung erfährt (im Gegensatz leider zu vielen Mitgliederwerber*innen). Denn es sind ja gerade die bestehenden Mitglieder, die potenzielle Neumitglieder von einem Beitritt überzeugen können.

Zusammenfassung des Abschnitts
Die Altparteien als klassische Volksparteien verlieren Mitglieder vor allem – euphemistisch gesprochen – durch natürliches Ausscheiden durch Todesfälle. Demgegenüber stehen im Altersdurchschnitt jüngere Parteien wie exemplarisch Die Grünen, die sich auch für Neumitglieder als attraktiv erweisen. Dabei können Themen sowie Personen gleichermaßen als Zugpferde funktionieren. Dass Auf- oder Abwärts-Trends allerdings nicht zufällig sind, belegen punktuelle Ausschläge aus der erwarteten Kurve: populäre Personalentscheidungen, wie sie beispielsweise durch den „Schulz-Zug" im SPD-Wahlkampf 2017 angestoßen wurden, zeigen, dass politische Aktion zu einer messbaren Reaktion bei den Mitgliederzahlen führen kann. Letztere wiederum bieten vielfältige Vorteile für den Rückhalt der Parteien in der Gesellschaft, aber auch im Rahmen der Sicherstellung der parteipolitischen Arbeit.

2.4 Anreize und Hemmnisse für eine Parteimitgliedschaft

Bevor an dieser Stelle über die Gruppe der Parteiaktivitätsbereiten gesprochen werden soll (ja, die gibt es wirklich!), stellt sich doch erst einmal die Frage, was Parteien *spezifisch* attraktiv oder unattraktiv macht. Wie bereits vorgestellt, gibt es in der Partizipationsforschung *allgemeine* Faktoren der Ausübung bestimmter Partizipationsformen, wobei einige niederschwellig sind (z. B. eine Petition zu unterzeichnen, oder aus Boykott ein Produkt nicht zu kaufen), andere als höherschwellig wahrgenommen werden (Beitritte zu politischen Großorganisationen beispielsweise).

Grundsätzlich kann man annehmen, dass ein Beitritt dann vollzogen wird, wenn die Beitrittsanreize die Hemmnisse zum Beitritt übersteigen. Das klingt mehr nach Rational-Choice-Theorie als es klingen soll, denn zeigt sich in der Parteienforschung, dass durchaus auch gefühlsmäßige Regungen zum Beitritt führen können. Beitrittsfaktoren solcher Art sind nicht spezifisch dem Modell des *homo oeconomicus* zu entnehmen, aber zumindest in ein Entscheidungsmodell zu integrieren, das man sich wie eine Wippe vorstellen kann. Überwiegen die Entscheidungen für einen Beitritt, geht die Wippe nach unten und der Beitritt wird vollzogen. Wie schwer aber die einzelnen Beitrittsanreize auf der Wippe sind, wie viel ein oder mehrere Anreize wiegen, das obliegt der Entscheidung des/der Einzelnen. Und diese individuelle Entscheidung ist in Werbegesprächen immer zu berücksichtigen. Der Mitgliedsbeitrag kann für manche völlig zu vernachlässigen sein, anderen hingegen empfinden selbst den Mindestbeitrag als finanzielle Bürde. Ein: „Naja, aber es sind ja nur sieben Euro im Monat" hilft da wenig, wenn ebendiese sieben Euro Teil eines ohnehin schon knappen Budgets sind. Hilfreich sind hier Mentoringprogramme oder Patenschaften, die diese finanzielle Last tragen.

Trotz der jeweils individuellen Einschätzung des Gewichts von Anreizen und Hemmnissen hat sich die Forschung auf die Suche danach begeben, ob es nicht doch so etwas wie Anreizmuster geben könnte, die den Beitritt aus einer übergeordneten Perspektive, also weg vom Individuum, und hin zur Betrachtung einer Gruppe von Beigetretenen, erklären könne. Dazu haben bereits Niedermayer (1989) und Seyd, Whiteley (1992) die Grundlagen geschaffen. Letztere unterscheiden vor allem zwei Arten von Anreizen: kollektive und selektive. Selektive Anreize umfassen z. B. das Interesse an einem Amt oder Mandat oder aber das Motiv, Geselligkeit zu erleben. Kollektive Anreize können darin bestehen, den Kurs einer Partei unterstützen zu wollen oder aber mit dem Beitritt in eine Partei in Opposition zu anderen Parteien zu treten (Seyd, Whiteley 1992: 64). Dieses Modell bot eine gute erste Grundlage, war aber nicht erschöpfend genug. Über die Jahre haben sich dann auch in Deutschland verschiedene Autor*innen immer mal wieder mit der Frage beschäftigt, was Menschen in Parteien bringt. Aus kleineren regionalen Studien (die geneigten Leser*innen finden einen Überblick bei Jakobs 2021: 97 ff.) entwickelten sich immer größere Untersuchungen, die schließlich in die erste große deutsche Parteimitgliederstudie mündeten, die einen Einblick in die Gedankenwelt von Parteimitgliedern um die Jahrtausendwende gibt.

Im Rahmen der 2009 durchgeführten und 2011 veröffentlichten Deutschen Parteimitgliederstudie wurde dann ein Set gebildet, das insgesamt sieben Anreize unterscheidet[9]:

1. Selektive, ergebnisbezogene Anreize, bei denen es um persönliche Vorteile durch eine Parteimitgliedschaft geht (wie ein Amt oder Mandat zu erlangen oder aber Vorteile im Beruf zu generieren)
2. Selektive, prozessbezogene Anreize, bei denen es um Geselligkeit und Spaß an der Parteiarbeit geht
3. Kollektive politische Anreize, im Rahmen derer gemeinsam mit anderen Parteimitgliedern politische Ziele erreicht werden sollen
4. Normative Anreize, bei denen der Beitritt aufgrund von sozialem Druck vollzogen wird
5. Altruistische Anreize, bei denen es darum geht, die Demokratie erhalten zu wollen
6. Ideologische Anreize, die darin bestehen, dass der politische Kurs der Partei oder gewisse Parteiflügel beeinflusst werden sollen
7. Expressive Anreize, bei denen der Parteibeitritt eine Form der Sympathieäußerung darstellt (Laux 2011a: 65).

Empirisch konnte dabei ermittelt werden, dass die kollektiven, politischen Anreize die größte Rolle spielen und selektive, ergebnisbezogene Anreize die kleinste. Die Unterschiede zwischen den Parteien sind dabei nicht so deutlich, dass man von parteispezifischen Anreizmustern sprechen kann. Nur die Partei Die Linke reißt bei den kollektiven, politischen Anreizen, gemeinsam mit den Grünen, nach oben aus.

Auf die Bedeutung dieser Zahlen in der Mitgliederwerbung geht Kap. 3 noch ein, wenn besprochen wird, welche Anreize in der Mitgliedergewinnung von Werber*innen genutzt (sprich: aktiv kommuniziert) werden. Bedauerlicherweise fehlen die entsprechenden Daten für die Frage danach, welcher Anreiz bei der konkreten Beitrittsentscheidung eine Rolle gespielt hat, und zwar *zum Zeitpunkt des Beitritts.* Wie in der Literatur weithin bekannt, können Verzerrungen durch falsche Erinnerungen entstehen, insbesondere, wenn der Beitritt schon lange Jahre zurückliegt. Das gilt auch für die von Parteimitgliedern genannten *konkreten*

[9] Die Dateien für die Erhebung 2017 liegen zwar seit Kurzem vor, müssen aber erst noch einer gründlichen Analyse unterzogen werden. Daher werden hier die älteren Daten verwendet.

Anlässe für den Parteibeitritt. Hier liegen das politische Interesse sowie der politische Einflusswunsch ganz oben (17 % aller Parteimitglieder nennen dies als konkreten Anlass für den Parteibeitritt), soziale Beziehungen werden in 13 % der Fälle genannt. Nur zwei Prozent der Mitglieder geben „Anwerbung/Überredung“ (Laux 2011a: 73) an. Hier stellt sich nicht nur die Frage nach Verzerrungen durch falsche Erinnerungen, sondern auch danach, ob nun Anwerbung oder Überredung den Parteibeitritt auslöste. Anwerbung sollte, so betrachten es zumindest die Autoren dieses Buches, via Überzeugung stattfinden, nicht aber via Überredung. Mitgliederwerbung ist nicht l'art pour l'art, sondern sollte doch zumindest auch eine gewisse Bindewirkung entfalten. Anderes gilt für Mitgliederwerbung, die politisch-taktischem Kalkül folgt. So können größere Mitgliederzahlen zum Beispiel zu höheren Delegiertengewichten von Städten und Kreisen führen und damit die politische Macht einer Organisationseinheit stärken. Sie können aber auch den Werber*innen politische Ämter bescheren – und da wird es interessant.

Der Journalist Justus Bender weist auf eine Theorie des ehemaligen AfD-Landesvorsitzenden in Rheinland-Pfalz, Uwe Junge hin, der für die Mitgliederzuwächse der AfD in den Jahren 2015 und 2016 den politischen Erfolg der Partei und die guten Aussichten auf Parteiämter verantwortlich macht. „Wer auch eine schöne Diät wollte, musste loyale Mitglieder werben und die Nominierung eines Kreisverbandes kapern. Dort saßen 20 oder 30 Leute, wer fünf bis zehn Freunde mitbrachte, konnte ‚den Laden kippen‘, wie Junge sagt“ (Bender 06.02.2022: 6).

Dieses Phänomen ist mitnichten AfD-spezifisch; dem Erstautor dieses Buches wurde bereits eine ähnliche Vorgehensweise im Rahmen der von ihm durchgeführten Interviews zur Mitgliederwerbung in anderen Parteien geschildert. Dabei handelte es sich um einen lokalen Bauunternehmer, der über eine ‚Kaperung‘ eines Ortsverbandes schließlich in den Gemeinderat einziehen wollte, um sich dort Vorteile bei Baugenehmigungen erschleichen zu können. Das zeigt die ‚dunklen Seiten‘ des selektiv-ergebnisbezogenen Anreizes. Was unter dem Strich viele Neumitglieder bringt, ist nichtsdestoweniger vonseiten der Parteiorganisation unerwünscht. Nicht zuletzt hat diese Art von geworbenen Mitgliedern auch kein Bleibemotiv über die Unterstützung desjenigen hinaus, der damit direkte Vorteile erlangen wollte.

Es stellt sich noch die Frage, was neben den genannten Anreizen zum Beitritt bewegt, etwas gewissermaßen Greifbares, mit dem Parteien besonders locken können, etwas, dass sie von anderen Organisationen maßgeblich unterscheidet! Parteienforscher*innen würden dann unter anderem darauf hinweisen, dass Parteien eben die Institutionen sind, die sich zur Wahl stellen können. Zugegeben, Parteilose können das auch, aber nur im Rahmen von Direktkandidaturen und mit geringen Erfolgsaussichten. Und: Das Motiv, durch eine Parteimitgliedschaft in ein öffentliches Amt oder Mandat gewählt werden zu wollen, geben nur die wenigsten Mitglieder als beitrittsrelevant an (siehe Abb. 2.3). Es muss also etwas anderes sein, wofür das geneigte Mitglied seinen monatlichen Beitrag überweist. Parteienforscher*innen waren sich bald einig: Es sind die Mitmachinstrumente, die Parteien bieten! Doch, so ließ sich vor allem über Gespräche mit Beteiligten der Organisationskommission der SPD vor der Parteireform der Partei 2011 ermitteln, mangele es genau an diesen Mitmachinstrumenten. Die SPD hat daraufhin die Quoren für Mitgliederbefragungen und Mitgliederentscheide gesenkt, um mehr partizipatorische Demokratie zu ermöglichen. Diesem Versuch bescheinigt die Parteienforschung insgesamt wenig Erfolg (Jun 2018a: 41). Das kann drei Gründe haben: 1) Die Quoren für substanzielle Mitbestimmung sind immer noch zu hoch, 2) für Mitglieder sind direktdemokratische oder partizipatorische Verfahren nicht sonderlich relevant oder 3) die Senkung der Quoren wurde nicht ausreichend kommuniziert. Die Frage verdient eine ausführlichere Betrachtung, da es ja durchaus wichtig für alle Mitgliederwerber*innen zu wissen ist, ob ein ‚Mehr' an Mitbestimmungsmöglichkeiten auch einen starken Beitrittsanreiz darstellt.

Nicht zuletzt sind junge Menschen als ‚Sondergruppe' zu betrachten. Studien zu jungen Parteimitgliedern zeigen, dass diese aufgrund ihrer besonderen biographischen Situation in einer Art Spagat leben. Fjellman, Rosén Sundström (2021: 385) sprechen hierbei auch von einem „super-dilemma" und zwar insbesondere dann, wenn junge Menschen, die bereits in Amt oder Mandat sind, merken, dass ihre ideologische Einstellung von der Partei wegdriftet. Sie müssen sich dann entscheiden, ob sie weiter Parteikarriere, auch gegen eigene Überzeugungen, machen wollen oder aber noch rechtzeitig versuchen, ihre berufliche Karriere außerhalb der Partei voranzutreiben – in der Angst, die Parteikarriere könnte bei Arbeitgebern als Hindernis empfunden werden (Fjellman, Rosén Sundström 2021: 386). Gewisse Mechanismen der Parteiarbeit lernen Parteimitglieder aber erst ‚by doing'. Vielen Parteibeitrittsbereiten ist offensichtlich nicht klar, welche Kontextfaktoren sie erwarten, angefangen von der Organisationsstruktur der Parteien über Arbeitsgemeinschaften bis hin zu Ränkelspielen, Intrigen und ‚Senioritätsboni'. Wer der Partei lange ‚gedient' hat, wird meist mit Posten oder Ämtern versehen, einfach, weil es an der Zeit ist – so die in vielen Parteiorganisationen ungeschriebene Regel.

Von dieser Gruppe bestehender Mitglieder auf Parteibeitrittswillige zu schließen, ist aber fernab jeglicher logischer Grundlage. Der Fehlschluss, der hier geleistet wird, ist offenkundig: Von Menschen, die (teils über mehrere Jahre) in einer Parteiorganisation sind, wird auf solche geschlossen, die dies noch nicht sind. Wenn beispielsweise Parteimitglieder den Wunsch nach

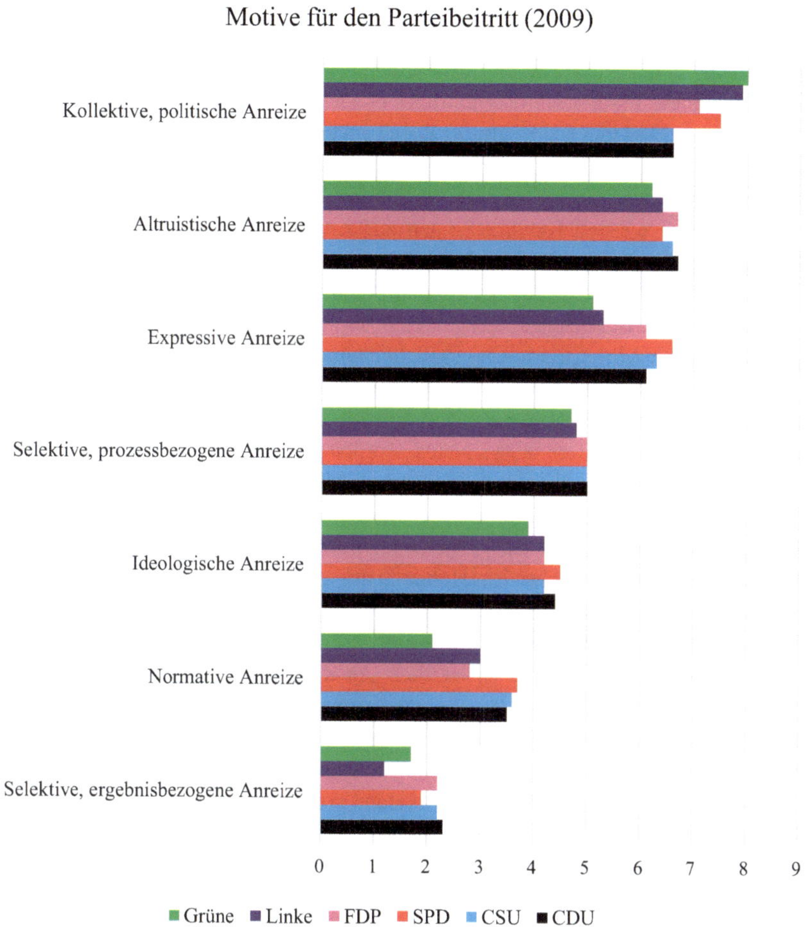

Abb. 2.3 Motive für den Parteibeitritt. (Quelle: Eigene Darstellung nach Daten von Laux (2011a: 65). 0 bedeutet überhaupt nicht wichtig, 10 bedeutet sehr wichtig)

mehr Gehör artikulieren, nach mehr Beteiligung – dann ist das vielleicht Ergebnis einer Unzufriedenheit, die sich über die Parteiarbeit erst ausgebildet hat. Potenziellen Neumitgliedern diesen Beteiligungswunsch ebenfalls zu unterstellen, wäre also völlig verfehlt. Die Parteienforschung ist sich jedoch zumindest für Deutschland einig, dass die Parteien revitalisiert werden können, wenn sie diese Beteiligungsangebote schaffen und wichtige Sach- und Personalentscheidungen von Mitgliedern treffen lasen (Decker 2015: 244). Dieser Ruf nach mehr Beteiligung hat in der Parteienforschung durchaus eine nicht zu unterschätzende Pfadabhängigkeit, findet er sich schon Ende der 1990er Jahre (Becker 1999: 181) in der Literatur. Dabei unterschätzen einige Forscher*innen durchaus die bislang schon in einigen Parteigliederungen vorherrschenden Regelungen beispielsweise zur Kandidat*innenaufstellung für den Bundestag 2017. In vielen Parteien werden Kandidat*innen zur Bundestagswahl über das Mitgliederprinzip bestimmt, heißt: Alle Mitglieder, die zur Nominierungsversammlung kommen möchten und wahlberechtigt sind, können darüber abstimmen, welche*r Kandidat*in zur Bundestagswahl antreten soll (Höhne 2017: 236). Das bietet durchaus große Mitbestimmungsmöglichkeiten, inklusive Eigenkandidatur und (Vor-)Wahlkampf. Konterkariert werden kann dieses Prinzip natürlich dadurch, dass ein*e vorher abgesprochene*r Kandidat*in allein ins Rennen geht und eventuelle Kampfkandidaturen aussichtslos werden. Auch gibt es weiterhin einen massiven Amtsinhaber*innenbonus, der bei Wiederantritt greift. In der Regel werden Amtsinhaber*innen, die erneut antreten wollen, nur dann nicht mehr zur Kandidatur gewählt, wenn sie gröbere Verfehlungen begangen haben oder die Amtsmüdigkeit unübersehbar ist (Höhne 2017: 239).

Mitbestimmen heißt aber nicht Mitentscheiden. Zwischen Mitbestimmung als Prozess, der aus Diskussion, Deliberation und manchmal auch Dissens besteht, und Mitentscheidung, bei der es letztlich um die Entscheidung innerhalb einer Abstimmung geht, liegen partizipationstheoretisch gesehen Welten. Mitentscheidungsformate können beispielsweise Urwahlen sein, in denen Mitglieder über Programme, Spitzenkandidat*innen oder den Vorsitz abstimmen können (wobei letzteres rechtlich gesehen dem Parteivorstand vorbehalten ist, der sich aber in der bisherigen Geschichte der Urabstimmungen über Parteivorsitzende dem Votum der Parteimitglieder angeschlossen hat).

Blickt man auf den Wunsch nach Mit*entscheidung*, so kann aus der Deutschen Parteimitgliederstudie der Wunsch von ca. 50 bis 65 % der Mitglieder erkannt werden, bei Wahlen der Parteivorsitzenden beteiligt zu werden (Laux 2011b: 167). Das heißt, dass 35 bis 50 % das nicht wünschen und damit ausdrücken: ‚Lass' das mal die Expert*innen machen, ich muss mich damit gar nicht beschäftigen. Ein Problem werden solche Mit*entscheidungs*formate vor allem dann, wenn Nicht-Mitglieder mitmachen dürfen sollen, politisches Personal zu selektieren, wofür doch eigentlich die Mitglieder ihren Mitgliedsbeitrag zahlen (Gauja 2012: 655). In Frankreich wurde die Öffnung von Vorwahlen zur Präsidentschaft auch für Nicht-Mitglieder gewährt, doch war ein Beitrag zur Stimmabgabe zu entrichten (zwischen einem und zwei Euro, je nach Partei) (Grillmayer 2016: 10). Das lag dabei nicht daran, dass die Beteiligung ‚erschwert' werden sollte, sondern an den äußerst hohen Kosten, die die Vorwahlen erzeugt haben (durch Bereitstellung von Wahllokalen, die angemietet werden mussten, etc.). Doch: Aktive Mitglieder frustriert eine solche Öffnung (Bernardi et al. 2016: 18 f.). Gerade die aktiven Mitglieder gilt es zu halten, zu motivieren und nicht zu frustrieren! Nicht zuletzt ist auch daran zu denken, dass solche Verfahren die mittlere Führungsebene der Partei ignorieren, also die Entscheidungsmechanismen einseitig auf Parteibasis und Parteiführung verlagern (Seddone et al. 2021). Doch was ist dann mit all denen, die über Jahre die ‚Ochsentour' gegangen sind und jetzt als Kreis- oder Stadtverbandsvorsitzende agieren *und doch eigentlich, formal oder informell, an Entscheidungen über Kandidat*innen (mit)beteiligt sind?* Diejenigen werden übergangen, und das führt wiederum dazu, dass die Parteiführung von den mittleren Parteieliten entkoppelt werden (Seddone et al. 2021) und sich – zumindest im Gedankenexperiment – dann nicht mehr der Unterstützung dieser Parteieliten sicher sein können.

Wenn es also um Entscheidung und Beteiligung geht, dann wäre die wohl ideale Strategie für Parteien, sich ab und an gewissen Entscheidungsevents zu widmen, so wie die Parteivorsitzendenwahl der SPD 2019 und die Abstimmung der Mitgliedschaft über die Koalitionsverträge 2013 und 2018 bei der SPD und den Grünen 2021. Dazwischen sind Parteien als Beteiligungs- und vor allem Diskussionsräume zu gestalten, dann aber mit lokalen Themen und auch auf lokaler Ebene. Die Öffnung der Kandiat*innenaufstellungen für alle Mitglieder, wie auch bei SPD und CDU in Ostdeutschland, aber nur teilweise in Westdeutschland praktiziert, kann der Mitgliedschaft noch einen speziellen Hauch von Exklusivität bieten, wird aber auch nur die besonders interessierten Mitglieder begeistern.

So viel zu den Anreizen. Doch wären nur die spezifischen Beitrittsanreize ausreichend, gäbe es keine Probleme in der Mitgliederrekrutierung. Die geneigten Leser*innen seien hier nochmal an das CVM erinnert: Wer die Ressourcen, die Motivation und die Netzwerke hat, ist grundsätzlich partizipationsbereit und bedarf meist noch eines individuellen Schubsers, wenn der eigenständige Beitritt bisher unterblieben ist. Doch an diesem Unterlassen des Beitritts können Faktoren schuld sein, die hier *Hemmnisse* genannt werden sollen.

Eines dieser Hemmnisse ist die Erwartung, dass die Mitarbeit in Partei kontinuierliches Engagement voraussetzt, wie auch Gaiser et al. (2012: 332) konstatieren. Wenn Sie nun vor diesem Buch sitzen, es entrüstet in die Ecke werfen und sich dabei brüllen hören: ‚Was für ein Quatsch!', dann haben Sie 1) weiterhin konzentriert diesen Text gelesen und 2) vollkommen Recht. Wer sich in Parteien engagiert, kann das auch sporadisch tun – oder gar nicht, und seine affektive Zuwendung zu einer Partei auch schlichtweg mit dem monatlichen Mitgliedsbeitrag kundtun. Das ist übrigens auch das Modell, dem die Mehrheit der Parteimitglieder völlig zufrieden folgt (Spier 2011). Betrachten wir das doch mal aus anderen Perspektiven: Muss jedes Gewerkschaftsmitglied auch Tarifverhandlungen führen und Streiks organisieren? Oder täglich mit den Gewerkschaftssekretär*innen über neue Erschließungsmöglichkeiten sinnieren? Müssen konfessionell gebundene Menschen dem Gottesdienst oder dem Gebet huldigen und in ihrer Glaubensgemeinde eine aktive Rolle dabei übernehmen, Kindern und Jugendlichen die Worte Gottes zu vermitteln? Diese rhetorischen Fragen werden Sie auch hier völlig zu Recht mit ‚nein' beantworten. Mitglieder *können* sich engagieren und die Autor*innen dieses Bandes teilen die normative Überzeugung, dass Parteien ihnen das auch ermöglichen sollten, aber sie *müssen* sich nicht engagieren. Zudem können sie die Parteien jederzeit verlassen, wenn sie die Mitgliedschaft ablegen wollen. Dass eine Parteimitgliedschaft kein Mobilfunkvertrag ist, kann ein Satz in jedem Mitgliederwerbegespräch sein. Das Hemmnis eines Beteiligungs*zwangs* ist also nur ein vermeintliches, das es im Werbegespräch zu entkräften gilt.

Dabei ist stets zu beachten, dass Hemmnisse etwas Subjektives sind. Was wirklich als Hemmnis wahrgenommen wird und was nicht, liegt immer im individuellen Ermessen und ist durch geschicktes Fragen herauszufinden (siehe Kap. 4). Wenn Menschen einer Partei beitreten, kann sie auch das wahrgenommene Image einer Partei abschrecken. Das betrifft beispielsweise Rechtskonservative, die über einen Beitritt zur AfD nachdenken, aber die zunehmend rechtsextremen Einschläge abschreckend finden (Vehrkamp, Merkel 2020). Dies betrifft dann ein Parteiimage *im Speziellen.* Es gibt daneben aber noch das Parteiimage *im Allgemeinen,* das für alle Parteien gilt. Die Mehrheit der Bevölkerung vertraut den Parteien nur in geringem Maße; die Abgabe eines politischen Bekenntnisses zu einer Partei durch Mitgliedschaft bezeichnete Greven daher schon vor über 35 Jahren als „unbequem" (Greven 1987: 55). Das resultiert allein daraus, dass Parteien im Institutionenvergleich stets das geringste Vertrauen in Deutschland genießen, noch deutlich hinter der Öffentlichen Verwaltung oder der Bundesregierung (Angenendt 2018: 106). Zwar ist das Parteienvertrauen in Deutschland noch verhältnismäßig hoch – im internationalen Vergleich –, mit aber nur ca. 37 % der Menschen, die Parteien etwas, eher oder sehr vertrauen jedoch auch in absoluten Zahlen nicht besonders stark ausgeprägt (Angenendt 2018: 107). Zwei von drei Menschen vertrauen Parteien also nicht, und daraus resultierender wahrgenommener oder erlebter sozialer Druck kann dem Gedanken an eine Mitgliedschaft durchaus im Wege stehen.

Weiteres Hemmnis, das es definitiv zu überkommen gilt, sind die als rigide strukturiert und antiquiert wirkenden Ortsvereins- oder Ortsverbandssitzungen. Häufig ploppt dazu das Bild des verrauchten Hinterzimmers auf, mit einem Altersdurchschnitt der Teilnehmer*innen jenseits der 60 Jahre. Gerade für junge Menschen wirkt das nur wenig attraktiv. Das alles führt zum Teufelskreis der Parteimitgliedschaft, den Wiesendahl (2003: 33) aufzeigt. Der Parteibeitritt wirkt unattraktiv, was zu ausbleibendem Mitgliedernachwuchs führt. Der führt wiederum zu einem sinkenden Anteil junger Mitglieder und der Überalterung der bestehenden Mitglieder. Das macht dann wieder den Parteibeitritt unattraktiv, womit der Teufelskreis erneut beginnt/fortgesetzt wird.

Dass die Parteimitgliedschaft aber nicht schwächen-, sondern stärkenorientiert gedacht werden sollte, gebietet allein der Umstand, dass immer noch Zehntausende Menschen jährlich in Parteien eintreten. Hilfreich sind dabei auch Einblicke in Klein(st)parteien. Hier stellt sich ja erst recht die Frage, warum Menschen Mitglied in Parteien werden, die weder kollektiv Großes bewegen können, bei Wahlen kaum eine Chance haben und deren Strukturen teilweise so dünn sind (so sie nicht *regionale* Klein(st)parteien sind), dass es unwahrscheinlich erscheint, hier Geselligkeit erwarten zu können. Es dürfte eher eine Mischung aus Protestmotiven und der Möglichkeit, Ämter zu besetzen und damit zumindest innerhalb der Organisation etwas zu bewegen sein, die die Mitgliedschaft in Klein(st)parteien bedingt (Bartels, Springer 2021: 509). Insgesamt vorherrschend scheint ein Gefühl der Unzufriedenheit zu sein. „Es besteht eine Art U-Form der Bereitschaft einer Partei beizutreten. Menschen, die eher zufrieden oder sehr unzufrieden mit dem System sind, entscheiden sich für den Beitritt in eine Partei. Erste Gruppe tritt eher einer großen Partei bei, letztere Gruppe eher einer Klein(st)partei" (Bartels, Springer 2021: 511)[10]. Man könnte also sagen, dass für jeden ‚Typus' von Zufriedenen oder Unzufriedenen was Parteipolitisches dabei ist. Und gerade das ist ja die eigentliche Stärke von Parteien: einen Raum gleicher und ähnlicher Interessen zu bieten, der nicht trotz, sondern gerade wegen seiner Struktur und rechtlichen Sonderstellung die Möglichkeit der Artikulation und Partizipation bietet. Dabei gilt aber auch: Wer in der Partei mehr Gewicht haben will, muss dazu in höhere Ämter streben. Das setzt wiederum Anstrengung und Fleiß voraus. Parteien entsprechen damit eigentlich genuin dem Prinzip der Leistungsgerechtigkeit, gepaart mit unmittelbarer Demokratie, die bereits dann offenkundig wird, wenn der Ortsverbandsvorstand gewählt wird. Parteien bieten

[10] Hier muss angemerkt werden, dass den Autor*innen der Studie zwar die Daten der Deutschen Parteimitgliederstudie von 2009 vorlagen, aber lediglich 31 darin Befragte Mitglied einer Klein(st)partei sind. Die Schlüsse, die die Autor*innen ziehen, müssten also im Rahmen weiterer Untersuchungen geprüft werden.

damit einen konstanten Erlebnis- und Lernraum der Demokratie, den es auch mit ebendiesem Image darzustellen gilt.

An Relevanz gewonnen hat insbesondere durch die Corona-Pandemie auch die Frage nach einer digitalen Mitgliedschaft sowie digitalen Beteiligungsmöglichkeiten. Mit ebendieser Frage hat sich die Literatur schon vor der Pandemie beschäftigt. Insbesondere das Buch von Susan Scarrow kann hier genannt werden, in dem sie auf Cyber-Mitgliedschaften eingeht (Scarrow 2015). Ihr *Multi-Speed Model* der Parteimitgliedschaft hat dabei in der Forschung hohes Interesse geweckt und soll auch in diesem Buch nicht unerwähnt bleiben, da es für die Praxis relevant ist. Dazu unterscheidet sie in einem ersten Schritt sechs Mitgliedschaftstypen voneinander:

1. Die *traditionelle individuelle Mitgliedschaft.* Sie findet sich in allen deutschen Parteien wieder. *Dass* gerade die Großparteien SPD, CDU und auch CSU über eine hohe Mitgliederzahl verfügen, ist ihrer Geschichte zu verdanken, und zwar in zweierlei Hinsicht: zum einen haben diese Parteien bereits zu einer Zeit existiert, in der die Parteimitgliedschaft ein zentrales Mittel der politischen Beteiligung darstellte, zum anderen war es auch das explizite Anliegen und Organisationsziel dieser Parteien, über eine große Mitgliederbasis zu verfügen.
2. Die *Light-Mitgliedschaft.* Hier befinden sich Sympathisant*innen der Parteien und bilden damit eine Art Mitgliedschaft zweiter Klasse (Scarrow 2015: 30). Es werden zwar geringere Beiträge fällig, doch können diese Light-Mitglieder häufig nicht als Kandidat*innen für Parteiämter antreten und sind, je nach Land, Partei und Organisation, nicht berechtigt, an (manchen oder allen) innerparteilichen Wahlen teilzunehmen (Scarrow 2015: 30). Damit ist diese Art von Mitgliedschaft eher als Probemitgliedschaft zu verstehen. In Deutschland gibt es dieses Modell in unterschiedlicher Ausgestaltung, je nach Partei. Einige nennen dies Gastmitgliedschaft, andere Unterstützer*innenmitgliedschaft und manche verfügen bzw. verfügten über beides.
3. *Cyber-Mitglieder,* die im Rahmen einer traditionellen Mitgliedschaft auch als Online-Mitglieder agieren, also sich beispielsweise online miteinander vernetzen oder über Social Media Botschaften und Sharepics der Parteien teilen. Reine Online-Mitgliedschafen sind hierbei auch denkbar, in Deutschland aber parteienrechtlich nicht vorgesehen.

Neben diese drei Typen von Mitgliedern treten dann noch drei Typen von Nicht-Mitgliedern, die es aber nicht zu unterschätzen gilt. Das erinnert konzeptionell an das Modell der *Ladder of Engagement* (siehe Abschn. 4.2), in dem Engagement nach aufsteigender Beteiligungsbereitschaft strukturiert wird. Die drei Typen von Nicht-Mitgliedern, die eine Partei dennoch unterstützen können, lauten dabei:

1. *Unterstützer*innen,* die die Partei mit Spenden finanzieren, aber daran keine Mitgliedschaft knüpfen, auch nicht als *light*-Modell.
2. *Follower in den sozialen Medien und Freund*innen.* Diese Variante der Unterstützung ist noch niederschwelliger, denn hier reicht es, Beiträge von Parteien online zu liken und zu teilen. Diese Menschen sind es dann auch, die für eine gute Reputation der Parteien sorgen können, indem sie als Multiplikator*innen in ihr persönliches Netzwerk hineinwirken.
3. Das *Nachrichtenpublikum.* Hier ist nicht das allgemeine Nachrichtenpublikum gemeint, sondern nur diejenigen Menschen, die von der Partei mit Informationen versorgt werden (wollen). Sie sind z. B. in Newsletter eingeschrieben oder auf lokalen Mailing-Listen für Parteiveranstaltungen vor Ort vermerkt (Scarrow 2015: 31–32).

Diese verschiedenen Typen können sich in dem Modell von Scarrow überlagern. Es sind also durchaus Kombinationen der genannten Formen von Mitgliedschaft bzw. Unterstützung denkbar.

Konzeptionell ist zwischen den verschiedenen Mitgliedschaftstypen also eine Nähe zu entdecken, die mal stärker, mal schwächer ausgeprägt ist. Die weitesten Entfernungen lassen sich von den Wähler*innen zu den traditionellen Mitgliedern finden. Nichtwähler*innen sind aus nachvollziehbaren Gründen nicht aufgeführt, doch: Sollten Nichtwähler*innen in der Mitgliederwerbung konzeptionell aufgegeben werden? Mit Blick auf rechtspopulistische Parteien in Europa und ihre Entwicklungen in den letzten Jahren lässt sich durchaus konstatieren, dass ein besonderes Mobilisierungspotenzial in den Wähler*innen lag, die sich durch die bestehenden Parteien nicht mehr repräsentiert sahen, in kleinen und Kleinstparteien aber auch nicht ihr politisches Seelenheil vermuteten. Sie sind nicht nur aus der Perspektive eines unerschlossenen Wähler*innenmarktes attraktiv, sondern auch aus Perspektive der Mitgliedergewinnung. Um diese Annahme zu unterstreichen, genügt ein Blick auf die Entwicklung der *Alternative für Deutschland.* Bereits 2013 verfügte die Partei ‚aus dem Stand' über 17.687 Mitglieder. Fast 20.000 Menschen in Deutschland entschlossen sich also frühzeitig, der Partei beizutreten! Ob diese alle aus dem Nicht-Mitglieder-Segment stammten oder bereits andere Mitgliedschaften aufwiesen, ist nicht zu ermitteln (außer durch Befragungen und Selbstberichte der Mitglieder). Diese Zahl sank dann auf 16.385 im Jahr 2015, das auch eine völkische Neuausrichtung der Partei inklusive Personen- und

Flügelstreitigkeiten und damit eine innerparteiliche Zäsur darstellte. Die Mitgliederzahlen stiegen dann wiederum auf einen Höchstwert von 34.751 im Jahr 2019 und sanken auf 30.125 Mitglieder im Jahr 2021 ab (Niedermayer 2022: 387).

Das soll mitnichten bedeuten, dass in den Nichtwähler*innen das größte Mitgliedschaftspotenzial liegt. Sondern, wie Jurist*innen sagen würden, wenn man sie um einen Rat bittet: ‚Es kommt darauf an'. Es muss auch eine Art der Repräsentationslücke geben, die noch durch keine politische Kraft im Parteienspektrum gefüllt wurde. Diese Lücke im Wähler*innen- und Mitgliedermarkt hat die AfD gesehen und ausgeschöpft.

Mit Blick auf das Modell von Scarrow ist noch ein weiterer Trend der Parteimitgliedschaft zu bearbeiten, der durch die Digitalisierung ausgelöst wurde. Konzeptionell gehen Parteienforscher*innen davon aus, dass eine rein digitale Mitgliedschaft auch eine digitale Partei begründe. Diese digitalen Parteien, wie z. B. die Piratenpartei, zeichnen sich durch Transparenz- und Demokratieversprechen aus (Gerbaudo 2019: 4). Digitale Parteien nutzen die Digitalisierung zur Öffnung der parteidemokratischen Strukturen und haben damit auch ein gewandeltes Organisationsbild im Gegensatz zu nicht digitalen Parteien – wie es scheint. Das wiederum erweckt einen „cult of participation" (Gerbaudo 2019: 179), den die Piratenpartei empirisch betrachtet nicht nutzen konnte (Koschmieder 2016). Digitale Mitgliedschafts- und Mitarbeitsformen müssen zumindest ein wenig zur Partei passen und selbst wenn, verspricht das keinen Erfolg. Die Passung als ein Grund und der geringe Erfolg digitaler Mitgliedschaftsformen als zweiter, erklärt, warum man der Aussage von Jun vor über zehn Jahren zustimmen kann, dass sich digitale Beteiligungsmodelle „bei CDU, CSU und SPD nur mit langsamen Schritten" (Jun 2011: 114) entwickeln. Dennis Michels zeigt dabei in seiner Dissertation zum digitalen Wandel der SPD von 2017 bis 2019, dass hier ein *Kurswechsel* auch terminologisch gezielt vermieden wurde, um ein Eingeständnis von Fehlern zu vermeiden. Stattdessen wurden über Online-Umfragen und Debattenportale „lediglich nach Prioritäten der Mitglieder bezüglich der bereits von der Parteiführung festgelegten grundsätzlichen Themen und Positionen gefragt" (Michels 2021: 148). Agenda-Setter und eigentlicher Bestimmer von Themen blieb weiterhin die Parteiführung, sodass sich auch über diese digitalen Beteiligungsmöglichkeiten keine substanziellen Beteiligungsformen ergeben haben, sondern eher *Plattformen* geschaffen wurden, die Meinungsäußerung und Diskussion zuließen. Die starke Rolle der Digitalisierung ist dabei eher in der Kommunikation zu sehen und im Kampf um Aufmerksamkeitsmärkte (Michels 2021: 151), die in hoher Schlagzahl und mit großem Wirkungskreis (also Twitter, Facebook, Instagram, etc.) Inhalte aussenden. Als Beteiligung digitaler Natur wurde dabei in der SPD vor allem verstanden, dass Mitglieder Feedback geben konnten und dieses Feedback wiederum Eingang in Parteihandeln gefunden haben sollte (Michels 2021: 159). Beteiligung lässt sich damit im digitalen Raum (vermeintlich!) kostengünstig, schnell und niederschwellig realisieren – sie ist auf diese Art aber keine Mit*bestimmung* (siehe auch Michels 2021: 160).

In der Forschung wird in diesem Zusammenhang ein Unverständnis gerade jüngerer Mitglieder gegenüber dem Festhalten am Territorialprinzip konstatiert. So lassen sich die Möglichkeiten, die das Arbeiten im digitalen Raum innerhalb einer Partei bietet, nicht in den analogen Raum übersetzen. Wer in eine Partei eintritt, kann letztlich die ersten Ämterstufen, so sie denn erklommen werden wollen, im Ortsverein bzw. Ortsverband *vor Ort* nehmen. Die dort geltenden (sichtbaren und unsichtbaren) Regeln und Normen sind aber für viele Neumitglieder weltfremd, altbacken und treffen auf eine Lebensrealität, aus der andere Regelungen der Abstimmung und Konsensbildung bekannt sind (Michels, Borucki 2021: 138).

Neumitgliederwerbung ist damit auch immer eine Frage des Images und der Bindung vor allem zufriedener Mitglieder. Wer mit Erwartungshaltungen in eine Partei eintritt, die so völlig gegen die strukturelle Wirklichkeit der Parteiorganisation selbst laufen, wird schnell wieder austreten. Den Parteien geht es daher darum, neue Mitglieder möglichst schnell nach dem Eintritt anzusprechen, ihnen Beteiligungsmöglichkeiten zu eröffnen, die für sie attraktiv sind und, noch bevor der Ortsverein oder Ortsverband zu einer seiner (mancherorts seltenen) Sitzungen einlädt, eine digitale Ansprache geleistet zu haben (Michels, Borucki 2021: 138). Wie stark diese digitale Ansprache wirkt, ob in der Bindung oder im Schritt davor, also der genuinen Neumitgliederwerbung, ist fraglich. Die zu diesem Buch geführten Interviews mit Parteivertreter*innen aus den Bundesgeschäftsstellen der Parteien in Abschn. 3.4 geben dazu ein gemischtes Bild ab. Von der direkten Wirkung eines Instagram-Beitrages zum Entschluss einer Person, von da aus auf die Landing-Page des Mitgliedsantrags zu gehen über unterstützende Wirkung bis hin zu keiner Wirkung werden dort diverse Äußerungen zum Thema versammelt. Wie sehr Sie als Leser*in die sozialen Medien zur Mitgliederwerbung nutzen möchten, bleibt Ihnen überlassen. Auf Basis bisheriger Arbeiten und Erkenntnisse scheint es *mindestens fraglich* zu sein, ob one-to-many-Kommunikation über die sozialen Medien zum Parteieintritt mobilisieren kann.

Das leitet zuletzt zu einer Sammlung von Anreizen und Hemmnissen über, die für den Parteibeitritt relevant sind. Ein Modell von Mitgliederwerbung kann dabei wie in Abb. 2.4 dargestellt aussehen und Mitgliederwerbung als Verstärker von bestehenden Beitrittsüberlegungen betrachten. Sicherlich kann aktive Mitgliederwerbung eine Beitrittsüberlegung auch anstoßen, doch gehen die Autoren dieses Buches davon aus, dass 1) die in den erläuterten Partizipationstheorien empirisch hinreichend bestätigten Wirkfaktoren zumindest im Ansatz vorliegen müssen und

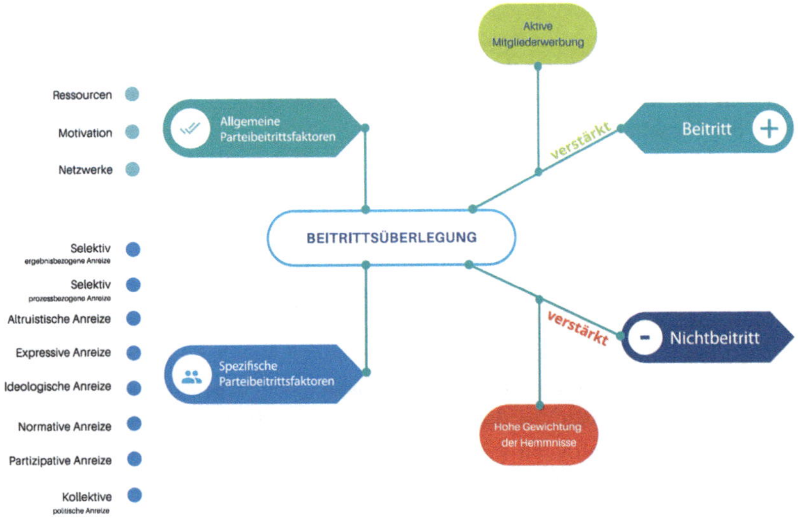

Abb. 2.4 Das integrierte Modell der Mitgliederwerbung (IMM). (Quelle: Eigene Darstellung)

2) eine durch diese Faktoren bedingte unerlässliche intrinsische Motivation zu einer zumindest ernsthaften Beitrittsüberlegung vorhanden sein muss. *Ernsthaft* bedeutet an dieser Stelle jegliche Beitrittsüberlegung, die echtes Grübeln verursacht und keine Beitrittsüberlegung, die als „Ja, vielleicht überlege ich mir das mal“ in einem Werbegespräch geäußert wird, mit dem eigentlichen Ziel, das Thema Mitgliederwerbung im Dialog endgültig abzuschließen.

Das Modell aus Abb. 2.4 setzt eine grundsätzliche Beitrittsüberlegung voraus, bei der die allgemeinen sowie die spezifischen Parteibeitrittsfaktoren individuell gewichtet werden. Es geht aber davon aus, dass in den einzelnen Bereichen *grundsätzliche* Beitrittsfaktoren vorhanden sein müssen. Sprich: Die Ressourcen betreffen nicht das *objektiv* verfügbare Geld oder die *objektiv* verfügbare Zeit, sondern den Umstand, ob Menschen diesen Ressourcen *subjektiv* genügend Gewicht beimessen, sodass sie für eine Parteimitgliedschaft genügen. Ähnlich verhält es sich mit der Motivation und den Netzwerken, wobei die Netzwerke eine Doppelfunktion einnehmen: Auf der einen Seite begünstigen politik- und parteienfreundliche Netzwerke den Parteibeitritt sozusagen als positiver sozialer Druck, der in einem parteienskeptischen oder parteienfeindlichen sozialen Netzwerk ins Negative gekehrt wird. Bei den Anreizen müssen freilich nicht alle

Anreize zutreffen, aber doch zumindest einer oder eine Melange aus mehreren, die dann die Wahl der Partizipationsform *Parteimitgliedschaft* begünstigen, und nicht in andere Beteiligungsformen münden. Den Anreizen, die die Deutsche Parteimitgliederstudie nutzt (Spier et al. 2011), wurde hier noch der partizipative Anreiz hinzugefügt. Wenn Menschen also davon ausgehen, dass sie sich in einer Partei beteiligen können, um ihre konkreten politischen Anliegen einzubringen (ob das nun mitdiskutieren oder mitentscheiden ist, ist auch wiederum individuell bedingt), dann kann auch das als Anreiz dienen. Ob ihre Erwartungen dann erfüllt werden und welche Konsequenzen das hat, ist wiederum eine Frage der Mitgliederbindung. Daraus speist sich insgesamt eine grundsätzliche Parteibeitrittsüberlegung. Wenn weder allgemeine Parteibeitrittsfaktoren noch spezifische Parteibeitrittsfaktoren für Individuen vorliegen, sind sie auch für die Mitgliederwerbung erst mal uninteressant. In einigen von ihnen liegen vielleicht verborgene Potenziale zur Mitgliedergewinnung, die erst noch aktiviert werden könnten; das ist dann aber vergleichbar mit der Kaltakquise im Vertrieb, in der man skeptischen Kund*innen den Nutzen eines Produktes oder einer Dienstleistung erst einmal näherbringen muss. Davon wiederum zu trennen sind „Ja, aber…"-Menschen, die sich zumindest kritisch mit einem Beitritt auseinandersetzen. „Eigentlich hätte ich ja schon Lust, aber mir fehlt die Zeit" ist eine dankbare Einladung für das werbende Gegenüber aufzuzeigen, dass kontinuierliches Engagement mitnichten obligatorisch ist. „Eigentlich hätte ich ja schon Lust, aber mir ist das zu teuer" gibt Anlass zu entgegnen, dass die Angabe des monatlichen Einkommens, an dem sich der Mitgliedsbeitrag bemisst, auf freiwilliger Selbstauskunft beruht. Falsche Angaben werden weder überprüft noch hätte dies eine Konsequenz. Und ein: „Zeit und Geld sind nicht das Problem, aber was kann ich bei Euch denn überhaupt machen" lädt zur Gegenfrage ein, welche Vorstellungen von Parteiarbeit denn überhaupt existieren. Im zuhörenden Dialog kann dann gemeinsam ermittelt werden, welcher spezifische Parteibeitrittsanreiz vorliegen könnte, um dann geschickt darauf zu entgegnen, wie die eigene Partei diesen Anreiz befriedigen kann.

Bei all diesen Beispielen liegt aber zumindest eine grundsätzliche Beitrittsüberlegung vor, die nur darauf wartet, Pro-Argumente zu finden und Contra-Argumente zu entkräften. Da setzt die aktive Mitgliederwerbung als eine Art Verkaufsgespräch an, das den Weg zum tatsächlichen Beitritt verstärken kann. Werden hingegen bei vorhandener Beitrittsüberlegung die Hemmnisse zum Parteibeitritt subjektiv hoch gewichtet, dann wird der Weg zum Nichtbeitritt wahrscheinlicher. Werden also Menschen, die eine Beitrittsüberlegung hegen, nicht im persönlichen Werbegespräch angesprochen, können sie in ihrem eigenen Brüten über eine Mitgliedschaft immer wieder die Hemmnisse dem tatsächlichen Beitritt in den Weg schieben. Die Frage nach einem „Hey, willst Du nicht Mitglied werden" impliziert ja nicht nur eine gewisse Wertschätzung („Wir wollen Dich bei uns haben!"), sondern ist der Startpunkt eines Überzeugungsgesprächs, das den Keim vorhandener Beitrittsanreize und Beitrittsüberlegungen wachsen lassen muss.

2.5 Prinzipiell beitrittsbereit – aber dann doch nicht? Über die Gruppe der ‚Parteiaktivitätsbereiten'

„Parteimitglieder bilden eine Solidargemeinschaft, eine zivilgesellschaftliche Assoziationsform gleichgesinnter Bürger und Bürgerinnen, die sich für gemeinsame politische Ziele und ein politisches Gemeinschaftsprojekt einsetzen", formuliert Elmar Wiesendahl, eine Koryphäe der Parteienforschung (Wiesendahl 2022: 241). Parteimitgliedschaften sind auch Parteinahmen, sind ideologische Bekenntnisse und sind, wenn nicht verpflichtend, dann aber doch konzeptionell und zumindest implizit auf Dauerhaftigkeit angelegt (Wiesendahl 2022: 241). Wenn in diesem Abschnitt über die prinzipiell parteibeitrittsbereiten Menschen gesprochen wird, dann muss all das im Hintergrund mitgedacht werden. Es sind dies letztlich die Aspekte, die als Hemmnisse wahrgenommen werden. Auch muss jedem Mitgliederwerber und jeder Mitgliederwerberin klar sein, dass das Reservoir prinzipiell parteibeitrittsbereiter Menschen nicht besonders groß ist – aber auch nicht so klein, wie in manchen von den Autoren dieses Buches gegebenen Seminaren und Workshops von Teilnehmer*innen geschätzt wird! Zugleich ist der ‚Niedergang' der Parteimitgliedschaften national wie international sehr differenziert zu betrachten. Es gehört auch zur Wahrheit dazu, dass 23 % von 47 untersuchten westeuropäischen Parteien *keinen* Mitgliederschwund erlitten haben, und das zwischen 1960 und 2010 (Wiesendahl 2022: 244; Kölln 2014). Auch für Deutschland wurden diejenigen Parteien in diesem Buch schon ausreichend genannt, die nicht unter einem Niedergang der Mitgliedschaft ächzen.

Leider ist über die prinzipiell Parteibeitrittsbereiten nur wenig bekannt. Wie Wiesendahl zu Recht mahnt, müsste zu diesen Personen eine Untersuchung durchgeführt werden, was jedoch seit Jahren, ja Jahrzehnten ausbleibt (Wiesendahl 2022: 246). Das hängt auch mit den Kosten einer solchen Untersuchung zusammen, die notwendigerweise repräsentativ sein müsste. Wie schon in Abschn. 2.1 dieser Arbeit genannt, sind die Studienergebnisse zu parteibeitrittsbereiten Menschen äußerst widersprüchlich, was auch an den jeweils verschiedenen

Fragestellungen liegt. Eine Möglichkeit, die Parteibeitrittsbereitschaft im Zeitverlauf zu untersuchen, ohne auf verschiedene Studien, Fragentexte und weitere Hindernisse hinsichtlich der Vergleichbarkeit zu stoßen, bietet die Untersuchung der ALLBUS-Daten. Der ALLBUS (die **All**gemeine **B**evölkerungs**u**mfrage der **S**ozialwissenschaften) erhebt in einem zweijährigen Turnus Fragen zu Einstellungen und Haushaltsdaten von Menschen in Deutschland und ist repräsentativ angelegt. Damit lassen sich also auch im Zeitvergleich sehr gut die Entwicklungen von politischen Einstellungen betrachten. Die Frage, ob sich Menschen eine Partei*aktivität* prinzipiell vorstellen können, wird dabei leider nicht im zweijährigen Rhythmus erhoben, sondern nur in unregelmäßigen Abständen. Erhoben wurden die Daten für 1988, 1998, 2002, 2008 und 2018. Die Befragten – und das macht die ALLBUS-Untersuchung so interessant für dieses Buch – erhalten bei der Frage nach einer potenziellen Parteiaktivität ein Kartenspiel mit der Bitte überreicht, die auf den Karten abgebildeten politischen Beteiligungsmöglichkeiten nach ihrer Wahrscheinlichkeit der Ausübung zu bewerten. Sie werden gefragt, ob sie die auf den Karten abgebildeten Möglichkeiten nutzen würden, um bei ihnen wichtigen politischen Anliegen mit ebendiesen Möglichkeiten der eigenen politischen Meinung Gehör verschaffen zu wollen. Die Frage differenziert dabei nur zwischen „Ja" und „Nein". Der Wert schwankt dabei über die Jahre deutlich zwischen ca. zehn und 30 % für die Parteiaktivität als Beteiligungsform, was wiederum zeigt, dass die Frage nach einer potenziellen Parteiaktivität zyklischen Schwankungen unterliegt.

Mit Blick auf die aktuellen Daten von 2018 (Stand: Mai 2022) können 19,2 % der deutschen Bevölkerung als prinzipiell parteiaktivitätsbereit betrachtet werden. Interessante Erkenntnisse sind dabei, dass die Parteiaktivitätsbereiten im Schnitt jünger sind als die Nicht-Aktivitätsbereiten (46,5 im Vergleich zu 52,2 Jahre) und dass sie eher männlich und höher gebildet als die Vergleichsgruppe derjenigen sind, die keine Aktivitätsbereitschaft nennen. Vor dem Hintergrund der auch in diesem Buch erläuterten Partizipationstheorien verwundert das aber nicht; ebensowenig überrascht der Umstand, dass ihr Nettoverdienst deutlich über dem der nicht-aktivitätsbereiten Bürger*innen liegt. Sie sind zudem politisch interessierter, haben ein höheres politisches Wirksamkeitsgefühl und vertrauen Parteien etwas mehr. Auch hier zeigen sich also keine überraschenden Befunde (eine genauere Betrachtung findet sich bei Jakobs 2021: 120 ff.). Die Parteiaktivitätsbereitschaft unterscheidet sich sehr stark zwischen West- und Ostdeutschland. Sind im Westen 21,5 % der Menschen parteibeitrittsbereit, so sind es in Ostdeutschland nur 10,0 % (Borucki et al. 2021: 37). Auch ist bemerkenswert, dass mit anderen Analysearten wie logistischen Regressionen ermittelt werden konnte, dass zwar

Unterschiede im Alter, Einkommen und Bildung zwischen den Gruppen feststellbar sind, aber diese die Wahrscheinlichkeit zur Aktivitätsbereitschaft nicht beeinflussen, zumindest dann nicht, wenn man noch weitere Variablen untersucht. Besonders ‚wirkmächtig' für die Aktivitätsbereitschaft sind das politische Wirksamkeitsgefühl, das politische Interesse und das Vertrauen in Parteien. Was für diese Menschen dann noch zum Beitritt fehlt, ist der *Trigger*, die direkte Ansprache zum Beitritt. Diese steht im Vordergrund des nächsten Kapitels, und wird flankiert von Kampagnenstrategien, Images und dem Begriff des Organizings, mit dem die IG Metall bis vor wenigen Jahren anhaltende Erfolge in der Mitgliedergewinnung verzeichnen konnte. Denn: Die direkte Ansprache zu setzen, ist wichtig, aber sie ist nicht alles. Es muss auch ein Umfeld geschaffen werden, das das Gefühl vermittelt, dass ein Beitritt in eine Partei auch einen Beitritt in eine starke, wirkmächtige Organisation bedeutet, die eine gesellschaftliche Bewegung abbildet und/oder gewisse Politikinhalte mit besonderer Stärke durchsetzen kann.

Zusammenfassung des Abschnitts

Rund 20 % der noch nicht politisch aktiven Bevölkerung gilt als parteiaktivitätsbereit, wie oben gezeigt. Man darf davon ausgehen, dass – unabhängig zu welcher Form das jeweilige Engagement führt, um welchen Mitgliedschaftstypen sich es am Ende handelt – eine aktive eigene Einbringung nur dann vollzogen wird, wenn Anreize dazu die Hemmnisse übersteigen. Ein Hemmschuh hinsichtlich etwaiger Parteimitgliedschaft ist sicher der Mitgliedsbeitrag; Anreize zeigt die *Deutsche Parteimitgliederstudie* auf: politisches Interesse sowie der Wunsch nach politischem Einfluss rangieren hier ganz vorne. Mitmachinstrumente, die Parteien in Aussicht stellen, in Form von Beteiligungsangeboten wie Mitbestimmungsmöglichkeiten bei Kandidaturen, oder sogar die Hoffnung auf eine eigene politische Karriere können zentrale Aspekte sein. Sie gilt es im Prozess der Mitgliederwerbung bei der Parteibeitrittsüberlegung zu berücksichtigen wie ebenso eine starke Mitgliederbindung der Aktiven zu schaffen, indem individuelle Hemmnisse für sie gering gehalten werden. Die Aktiven sind es nämlich, die ein Sendungsbewusstsein für die Partei entwickeln und Mitgliederwerbung aktiv forcieren.

3 Mitgliederwerbung – Konzept und Praxis

In diesem Kapitel widmen wir uns der Mitgliederwerbung für Parteien. Wenn Sie Kap. 2 gelesen haben, wissen Sie, dass Mitgliedergewinnung für Parteien nicht unmöglich ist, im Gegenteil. Wie nun Mitgliederwerber*innen vorgehen können und tatsächlich auch tun, erfahren Sie in den folgenden Abschnitten. Im ersten Teil sprechen wir dazu über Forschungsbefunde zu Menschen, die für ehrenamtliche Organisationen Mitglieder werben und was diese ausmacht. Danach gehen wir zur Besprechung der Vorschläge über, die Parteien selbst zur Mitgliederwerbung machen (Abschn. 3.2). Dann erläutern wir in Abschn. 3.3, wie Mitgliederwerber*innen tatsächlich werben und fassen Ihnen die Abschnitte wieder kurz zusammen. In Abschn. 3.4 finden Sie einen kleinen Exkurs, und zwar eine Sammlung von Interviews mit Bundesgeschäftsstellenmitarbeiter*innen der CDU, CSU, FDP, Linken und Grünen, die uns zu einem Gespräch zum Thema Mitgliederwerbung zur Verfügung standen. Diese Interviews haben wir ‚nach' der Pandemie, also im Jahr 2022 geführt, sodass wir die durch Corona veränderten Gegebenheit für die Mitgliederwerbung einfassen können. Die SPD und die AfD haben einem Interview leider nicht zur Verfügung gestanden. Das ist zwar bedauerlich mit Blick darauf, dass die anderen fünf im Bundestag vertretenen Parteien uns eine Auskunft gegeben haben, aber insgesamt verschmerzbar. Wenn Sie jetzt Mitglied der SPD oder der AfD sind, werden Sie hier keine Informationen erhalten können, wie Ihre eigene Partei Mitgliederwerbung angeht. Sie können diesen Abschnitt aber lesen, um die Aussagen der anderen Parteien zur Kenntnis zu nehmen und eigene Anregungen daraus mitzunehmen. In Abschn. 3.5 beenden wir den theoretischen und konzeptionellen Teil des Buches. Hier gehen wir auf Erfolgsfaktoren der Mitgliederwerbung ein, die direkt zu Kap. 4, unserem Praxisteil, überleiten.

S. Jakobs und V. Schwab, *Mitgliederwerbung in und für Parteien*,
https://doi.org/10.1007/978-3-658-37127-2_3

3.1 Von Ehrenamtlichen und Recruiter*innen – Mitgliederwerber*innen unter Druck

Recruiting ist nicht gleich Recruiting – Headhunter*innen suchen besonders qualifiziertes Personal für Stellen, für die Unternehmen keine geeigneten Bewerber*innen finden. Betriebe im Mittelstand versuchen bereits, mit Employer Branding attraktiv zu sein und passives Recruting zu betreiben (Immerschitt, Stumpf 2014) und Karrieremessen an Universitäten sollen die Noch-Nicht-Graduierten dazu bewegen, möglichst noch während des Studiums ein (unbezahltes) Praktikum zu suchen, das dann in eine Vollzeitstelle übergehen kann. Diese Art von Recruiting hat, mit Vorsicht formuliert, gewisse Nähen zur Rekrutierung von Freiwilligen für Freiwilligenorganisationen, kann aber keineswegs damit gleichgesetzt werden (Oerder 2015: 38). Die Datenlage zur Freiwilligenakquise in ehrenamtlichen Organisationen ist dabei leider mehr als dünn (Oerder 2015: 39). Ein Ansatzpunkt findet sich in gewerkschaftlichem Organizing, das in Abschn. 3.5 noch beleuchtet wird und eine prozessorientierte Werbepraxis in Kap. 4 anleitet.

Der größte und fundamentalste Unterschied bei Werbung in Freiwilligenorganisationen und Werbung für Unternehmen im Sinne von Recruiting liegt nicht unbedingt im *Wie*. Beides hat mit Kommunikation und Argumentation zu tun, mit Zuhören, Überzeugen und Wertschätzen – Aspekte, die ebenfalls in Kap. 4 besprochen werden. Doch: Wer Headhunter*in ist, erhält für erfolgreiche Vermittlung eine Provision. Wer Karrieremessen begleitet, wird vom Unternehmen dafür im Rahmen einer Dienstreise bezahlt. Wer Employer Branding betreibt, ist meist an die Marketing- und Kommunikationsabteilung des Unternehmens angedockt oder arbeitet als externe*r Berater*in, der/die dafür ein Honorar erhält. Wer für Parteien Mitglieder wirbt und dabei nicht hauptamtlich im Parteiapparat beschäftigt ist, macht dies ehrenamtlich. Warum sollte jemand, der über eine ehrenamtliche Mitgliedschaft verfügt – für die er oder sie auch noch einen Beitrag zahlt (!) –, stundenlange Arbeit zur Vorbereitung, Durchführung und Evaluierung von Mitgliederwerbung verrichten? Gleichzeitig stellt sich die Frage dann auch, warum manche genau dies tun – es scheint also mit Motivation, einem Identitätsgefühl und Commitment für die Organisation zusammenzuhängen, Begriffe, die im Folgenden noch erklärt werden.

Beginnen wir zuerst mit der Motivation. Motivation ist nicht gleich Motivation. Lässt sich im Schulunterricht ein Kontinuum von Motivation bilden (Kramer et al. 2000), so ist das hinsichtlich der arbeits- und organisationspsychologisch relevanten Motivation völlig anders. Hilfreich für dieses Buch ist also auf Arbeitsmotivation zu blicken und nicht auf allgemeine Motivationstheorien, die „die

Besonderheiten von Arbeitsmotivation nur unzulänglich auf[greifen]“ (Lehnen 2021: 53). Über Motivation hier zu sprechen, ist unerlässlich – gerade diejenigen Leser*innen, die sich fragen, wie sie ihre Genoss*innen und Parteikolleg*innen zur Mitgliederwerbung anregen können, werden sich die Frage danach stellen, wie sie ebenjene motivieren können. Absichtliches und zielgerichtetes Handeln von Menschen zu untersuchen, ist damit nicht nur vordringliches Ziel der Motivationspsychologie (Rothermund, Eder 2011: 14), sondern auch essenziell für die Mitgliederwerbepraxis. Auf Motivationstheorien soll hier jedoch nicht eingegangen werden, sondern knapp genannt werden, was Motive dafür sind, dass Menschen sich bei der Arbeit – und darunter ist auch das Ehrenamt zu fassen – engagieren. Intrinsische ist hierbei von extrinsischer Motivation zu unterscheiden. Extrinsisch motiviert sind Handlungen dann, wenn Impulse von außen gesetzt werden. Das ist z. B. das Gehalt in Unternehmen, aber auch die Sicherheit, die beispielsweise durch eine unbefristete Beschäftigung vermittelt wird oder aber ein gewisses Prestige, das mit einer beruflichen Position einhergeht (Nicolai 2014: 178–181). In Parteien ist dieses Gehalt außerhalb des Hauptamtes nicht leistbar. Denkbar sind für ehrenamtliche Tätigkeiten Gutscheine, Merchandise oder Bildungsreisen, will man in irgendwie gearteter Weise monetäre oder nicht-monetäre Anreize setzen. Jedoch werden diese extrinsischen Anreize in den Parteien selbst als sehr teuer und häufig nicht verhältnismäßig eingeschätzt. Auch scheint es einem gewissen Parteiorganisationsverständnis zu widersprechen, für Mitgliederwerbung Prämien ausschütten zu wollen. Eher scheint gewissermaßen aus der DNA der Parteien heraus erwartet zu werden, dass bestehende Mitglieder qua Mitgliedschaft neue Mitglieder zu werben hätten. Dazu bedarf es aber einer stabilen, gut ausgebauten intrinsischen Motivation. Sinnvoll scheint es in einem ersten Schritt durchaus zu sein, Mitgliederwerbung entweder sporadisch zu belohnen (wie beispielsweise die SPD im Landkreis Diepholz dies einmal getan hat, siehe SPD Landkreis Diepholz 2022 o. J.) oder ein dauerhaftes Prämienprogramm aufzubauen, das mit der Zahl geworbener Mitgliederwerbung auch den Prämienwert erhöht. Für die ver.di war das vor 20 Jahren schon legitimes Mittel, gepaart mit Belobigungen und Anerkennung (ver.di 2004: 47). Die IG Metall Minden hat für das Jahr 2019 ein Prämienprogramm gestartet, bei dem es bereits für drei geworbene Mitglieder ein Kinderholzlaufrad oder aber einen Raclettegrill gab. Für 20 Aufnahmen gab es dann schon einen Rasenmäherroboter oder eine KitchenAid Küchenmaschine; auch ein Makita Schlagbohrschrauberset war dabei – töricht, wer hier noch in den Baumarkt fährt, anstatt Mitglieder zu werben!

Die eigentlich starke intrinsische Motivation speist sich vor allem aus der Wertschätzung der eigenen Leistung. Leistung motiviert zu neuer Leistung, wenn sie erfolgreich ist. „Erfolg zu haben ist ein elementares Streben des Menschen.

Dabei ist nichts motivierender als der Erfolg selbst. Erfolg ist ein Motivator, denn Verhaltensweisen, die zum Erfolg führen, werden erneut angewandt, um wiederum Erfolg zu haben" (Bullinger 1996: 34). Das Kompetenzmotiv flankiert das Leistungsmotiv noch und besteht letztlich darin, Wertschätzung und Anerkennung für die eigene Arbeit zu erhalten. Weitere Leistungserbringung ist also die stete Suche der Befriedigung nach Anerkennung, einem menschlichen Urbedürfnis, das schon Carl Rogers erkannt hat. Auf ihn wird im Praxisteil noch einzugehen sein, da seine Erkenntnisse auch für die Mitgliederwerbung in Parteien genutzt werden können, insbesondere, wenn es um die Stärkung der Schlagkraft nach innen geht. Dieses Bedürfnis nach Anerkennung zeigt sich nicht zuletzt auch noch im Kontaktmotiv, im Rahmen dessen Beschäftigte einen guten Kontakt zu ihrer Peergroup an der Arbeit, also insbesondere ihrem Team, aufbauen wollen; aus diesem Team wiederum ziehen sie die Anerkennung für ihre Leistungen (Nicolai 2014: 178–181). Im Arbeitskontext haben im Übrigen Mitarbeiter*innen, die diesem Leistungsmotiv folgen, häufig eine solch hohe intrinsische Motivation, dass sie nur wenig Führung bedürfen. Anders ist es mit Beschäftigten, die amotiviert sind oder häufig extrinsisch motiviert sind – sie müssen zumeist besonders eng geführt werden. Von der Motivation von Beschäftigten hängt daher auch der Grad an Führung ab, den diese benötigen (Roth et al. 2010: 38).

Warum sollte es in ehrenamtlichen Organisationen anders sein? Warum sollten nicht auch im Ehrenamt Mitglieder geführt werden? Hier sollte man nochmal auf die scharfen Abgrenzungsmerkmale von Erwerbstätigkeit und Ehrenamtstätigkeit blicken. Wer im Ehrenamt führt, muss das in seiner Freizeit tun. Ihm oder ihr muss auch die Kompetenz, zu führen, übertragen werden. Im Sinne *seichter* Führung ist das aber nicht undenkbar, im Gegenteil! Mit Blick auf die Aufgaben, die Mitgliederbeauftragte ehrenamtlich erfüllen sollen, käme die Schaffung eines Führungspostens gar einer Entlastung gleich. Bei der SPD umfasst der Aufgabenkatalog für Mitgliederbeauftragte nicht nur im Allgemeinen – wie bereits genannt – die Mitgliederwerbung, -bindung und das -rückholmanagement, sondern wird noch deutlich stärker ausdifferenziert. Mitgliederbeauftrage auf der Ortsvereinsebene sollen bei der SPD dafür sorgen, dass „alle Belange der Mitglieder in Bezug auf ihre Parteimitgliedschaft Berücksichtigung finden" (SPD 2012: 2). Das ermitteln Mitgliederbeauftragte beispielsweise über Befragungen, die sie durchführen sollen; damit nicht genug: „Sie sorgen [des Weiteren] für die Umsetzung und Sicherstellung der Standards für Bindung, Betreuung und Rückgewinnung von Mitgliedern" (SPD 2012: 2) und sie entwickeln Vorschläge zur aktiven Mitgliederwerbung. Ehrungen der Parteijubilare obliegen ihrer Organisationsverantwortung und Geburtstagsglückwünsche sollen ebenfalls von ihnen übermittelt werden. Wer das Amt auf höheren Ebenen übernimmt (ebenfalls ehrenamtlich), der bzw. die hat vor allem Controlling-Aufgaben in die unteren Ebenen hinein und dient als Ansprechpartner*in. Die Aufgabenliste liest sich wie eine gut strukturierte, geordnete Stellenbeschreibung in einem Unternehmen. Es fehlt jedoch eine Gehaltsangabe auf den von der SPD publizierten Aufgabenkatalogen. Top-Down wurde also beschlossen, was das Amt des/der Mitgliederbeauftragten beinhalten soll, in der Hoffnung, die Ehrenamtlichen würden sich einfach daran halten. Dass dieser Ansatz nicht fruchtete, wie der Erstautor dieses Buches vor einigen Jahren von einer nicht zu benennenden Quelle aus Parteikreisen erfahren hat, ist wenig überraschend.

Aus motivationstheoretischer Sicht ist es auch völlig unplausibel, ein Ehrenamt mit Aufgaben vollzustopfen, ohne entsprechende Instanzen der Motivierung und Wertschätzung einzubauen. Wer aktiv Mitgliederwerbung macht und dieses Buch liest, weiß, wie arbeitsreich diese Aufgabe bereits ist. Dazu noch die Bindung und das Rückholmanagement hinzuzudenken, wirkt mehr als sportlich. Eine Möglichkeit nun, hier eine Entlastung zu schaffen, bietet die Aufteilung des Amtes auf mehrere Personen auch auf den unteren Organisationsebenen. Ein*e Mitgliedergewinner*in kümmert sich um die aktive Werbung und führt diese auch persönlich in 1:1 Gesprächen durch, ein*e Binder*in ermittelt die Bedürfnisse der Mitglieder und arbeitet an ihrer Befriedigung und ein*e Rücktrittsmanager*in beschäftigt sich mit den ausgetretenen Mitgliedern. Praktikabel ist dabei auch – je nach Größe des Ortsvereins –, die letzten beiden Ämter zusammenzufassen. Entscheidet sich eine Gliederung für diese Dreiteilung, kann sie eine vierte Person benennen, die nur die Koordination der Arbeit dieser drei Personen koordiniert, gemeinsame Austauschtreffen organisiert (z. B. nach Ortsvereinssitzungen) oder einfach nur ein sanftes Controlling leistet und durch Wertschätzung und Anerkennung die notwendige Motivation aufbaut. Die in der Betriebswirtschaftslehre häufig genannten extrinsischen Motivatoren sind nämlich schlichtweg impraktikabel für Parteien, entweder, weil sie auf finanzielle Hürden stoßen oder aber, weil sie zu ehrenamtlichen Organisationen einfach nicht passen. Eine *Verbesserung des Betriebsklimas,* wie in der BWL-Literatur genannt, ist dabei für Parteien noch denkbar – die Autoren dieses Buches haben viele Ortsvereine, Ortsverbände und Bezirke erleben dürfen, denen eine Verbesserung des „Betriebsklimas" nur allzu guttun würde –, doch andere Maßnahmen wie gute Arbeitszeit- und Pausenregelungen oder Aufstiegsmöglichkeiten (Thommen et al. 2016: 400) wirken etwas befremdlich für Parteien. Die Aufstiegsmöglichkeiten in Parteien nach geworbenen Mitgliedern zu strukturieren, wäre ein interessanter Anreiz, ist aber auf Basis einer Vielzahl von Gründen nicht denkbar. So könnte erfolgreiche Mitgliederwerbung zwar *einen* Beitrag dazu leisten, dass sich Parteimitglieder gewissermaßen als würdig für höhere Ämter und Posten erweisen, aber sie können nicht *den* ausschlaggebenden Punkt dafür bieten, da Parteiarbeit mehr bedeutet als nur Mitgliedergewinnung.

Egal aber, welche extrinsischen Motivatoren eingesetzt oder nicht eingesetzt werden, ob also für geworbene Mitglieder Prämien oder kleinere Reisen ausgelobt werden: Sie können zumeist nur einen kleinen Push bieten, der aber schnell verpuffen kann. Der Aufbau und Erhalt intrinsischer Motivation muss oberstes Ziel bleiben, um Mitgliederwerber*innen am Laufen zu halten. Gerade hier kann die Schlüsselstelle gelingender Mitgliederwerbung liegen, die das Thema in eine Bindeperspektive verlagert. Gerade die Mitgliederwerber*innen in Parteien müssen eine besondere Bindung erfahren, ein Commitment aufbauen und ein Gefühl von Wertschätzung erleben können, das ihrer ehrenamtlichen Arbeit einen Sinn verleiht. Einen Sinn auch dafür, immer wieder Frustrationen erleben zu müssen, wenn Anwerbungsversuche scheitern. Im Übrigen: Wenn das Gehalt in Unternehmen als zu niedrig empfunden wird, schafft das dauerhaft Unzufriedenheit (Roth et al. 2010: 28). Wenn das, was die Ehrenamtlichen in Parteien als ‚Gehalt' erhalten, nämlich Respekt, Anerkennung und Wertschätzung, und das wiederum zu niedrig ist, werden auch sie ihre Arbeit einstellen (Jakobs 2021). Ein Mitglied also, das koordinierende Aufgaben der Mitgliederarbeit übernimmt und über Werber*in, Binder*in und Rückholmanager*in in dem Sinne wacht, dass es die Arbeit organisiert, strukturiert und damit führt, kann diese wichtige Anerkennung leisten. Und damit wäre dann die so wichtige Triebfeder menschlichen Handelns – die Wertschätzung – bedient (Bullinger 1996: 35).

Verstärken lässt sich ehrenamtliches Handeln dabei noch über den Aufbau und die Aufrechterhaltung von Commitment. In der Betriebswirtschaftslehre sowie der Arbeits- und Organisationspsychologie wird gerne der starke Zusammenhang zwischen Commitment und Arbeitszufriedenheit hervorgehoben (Kanning 2017: 193). Dieser Zusammenhang ist auch für ehrenamtliches Engagement zu beobachten, insbesondere bei affektivem Commitment und ehrenamtlicher Tätigkeit (Preston, Brown 2004: 233). Affektives Commitment bezeichnet eine „starke Akzeptanz und Identifikation mit den Werten und Zielen der Organisation (Felfe et al. 2002: 5). Das rationale oder auch kalkulatorische Commitment ist eine andere Spielart, bei der die Verbundenheit zu einer Organisation daraus resultiert, dass ein Ausscheiden aus der Organisation negative Konsequenzen hätte. Das gilt dann insbesondere für Erwerbsberufe, bei denen ein Ausscheiden auch bedingt, dass das Gehalt entfällt. Normatives Commitment ist die letzte Variante und drückt eine Art moralischer Verbundenheit aus. Wenn Unternehmen die Ausbildung oder Weiterbildungen finanzieren, entsteht ebenjenes Commitment als eine Art Verpflichtungsgefühl, aus Dank für die Arbeitgeberleistung dem Arbeitgeber weiterhin verbunden zu bleiben (van Dick 2004: 4).

Wenig verwunderlich ist es im Ehrenamt vor allem das affektive Commitment, welches das Engagement begünstigt. Nicht zu unterschätzen ist diese Art von Commitment aber auch im Erwerbsberuf. Affektives Commitment führt dazu, dass Menschen in ihrem Job härter arbeiten und bessere Leistungen als diejenigen erbringen, die über wenig affektives Commitment verfügen (Meyer, Allen 1997: 28). Es gilt also, affektives Commitment neben der Motivation auch im Ehrenamt aufzubauen, um über engagierte Ehrenamtliche verfügen zu können.

Dieses affektive Commitment zu stärken bedarf gewisser Grundvoraussetzungen. Parteiinterner Streit ist dazu abträglich, genauso wie eine Aufgabenüberlast oder das Gefühl des Alleinseins oder gar des Sabotiert-Werdens. Eine Kultur der Anerkennung und der Wertschätzung kann hierbei äußerst hilfreich sein. Mit Blick auf die nicht allzu hohe Zahl der Aktiven unter den Parteimitgliedern ist dabei durchaus zu beachten, dass Parteimitglieder sich darüber bewusst sein sollten, dass sie als Aktive die Minderheit darstellen. In der Gesamtschau sind es lediglich sechs Prozent der Mitglieder über die Parteien hinweg, die sich als sehr aktiv beschreiben würden und weitere 21 %, die angeben, eher aktiv zu sein. Der Rest beschreibt sich als wenig bis überhaupt nicht aktiv. Mit 73 % stellen die Inaktiven die deutliche Mehrheit (Spier 2011: 99). Heruntergebrochen auf einen Ortsverein bzw. Ortsverband mit 100 Mitgliedern bedeutet das, dass 27 Aktive eine Durchschnittsquote darstellen. Und das überschätzt die Zahlen womöglich sogar noch, handelt es sich ja in der Parteimitgliederstudie um eine Selbsteinschätzung von Mitgliedern bei den genannten Aktivitätsquoten. Es ist zu erwarten, dass es in der politischen ‚Wirklichkeit' vor Ort weniger sind. Wer sich also zur Mitgliederwerbung bereiterklärt, sollte möglichst unter den ziemlich Aktiven oder den sehr Aktiven einen Schulterschluss suchen, um die äußerst zeitaufwändige Arbeit der Planung, Durchführung und des Controllings von Mitgliedergewinnung leisten zu können.

3.2 Vorschläge zur Mitgliederwerbung vonseiten der Parteien

Wie die Parteien Mitglieder werben wollen, welche Strategien und Taktiken sie dazu empfehlen und was sie ihren Ehrenamtlichen dazu an die Hand geben, ist nicht mit hundertprozentiger Genauigkeit zu bestimmen. Denn: Was ist ‚die' Partei? Wer entscheidet letztlich über die Ausrichtung von Mitgliederwerbestrategien? Das sind zum einen die Leiter*innen der entsprechenden Freiwilligenabteilungen der Parteien. Diese können sich aber auf Bundesebene von den jeweiligen Landesparteizentralen unterscheiden. Hinzukommen Akteure wie Parteischulen, Kommunalakademien und nicht zuletzt privatwirtschaftlich organisierte Bildungsanbieter*innen, die ihren Input geben. Berater*innen fungieren dabei regelmäßig als Autor*innen oder Redakteur*innen von Handbüchern, die die Parteien für Mitgliederwerbung oder für Wahlen an ihre Mitglieder ausgeben. So scheinen also die entsprechenden Strategiehandreichungen der Parteien zur Mitgliederwerbung durchaus von individuellen Akteur*innen abhängig zu sein. Die lose verkoppelte Anarchie der Parteiorganisation (siehe grundlegend Weick 1976, dann für Parteien Wiesendahl 1984 sowie Lösche, Walter 1992) macht es wahrscheinlich, dass jede einzelne Parteigliederung vor Ort ihre ganz eigenen Rezepte und Ideen verfolgt.

Dennoch kann es keine Option sein, sich strategisch überhaupt nicht zu positionieren. In den letzten Jahrzehnten kam so allerhand Material zusammen, das entweder nach innen gerichtet die eigenen Mitglieder mit Strategien und Techniken versorgen sollte oder nach außen hin der direkten Mitgliederwerbung dienen sollte – zu denken ist hier an die Werbeflyer, die Parteien zur Mitgliedergewinnung verteilen. In einer Vorläuferuntersuchung von Jakobs (2021) wurden die Strategien der Parteien CDU und SPD in der Mitgliederwerbung ermittelt. Sie sollen hier in aller Kürze wiedergegeben werden.

Mitgliederwerbestrategien lagen dabei in systematisierter Form noch nicht vor. Die Magisterarbeit von Stock (2008) diente hier als erster Aufhänger und wurde dann systematisch induktiv erweitert. Das bedeutet, dass mit den Strategien, die Stock entwickelt hat, ein erster Ausgangspunkt gesetzt wurde und dann über die Analyse von Mitgliederwerbematerialien selbst neue Strategien aus dem Material herauskristallisiert wurden. Dabei konnten insgesamt zehn Strategien ermittelt werden, mit denen die Parteien werben. Zum weiteren Verständnis muss aber kurz noch der Strategiebegriff erläutert werden. Strategien können als „erfolgsorientierte Konstrukte, die auf situationsübergreifenden Ziel-Mittel-Umwelt-Kalkulationen beruhen“ (Raschke, Tils 2013: 127), definiert werden. Strategische Akteur*innen sind dann diejenigen, die strategisch denken und agieren, strategisches Handeln ist an den entsprechenden Ziel-Mittel-Umwelt-Kalkulationen orientiert und strategische Politik „meint eine an strategischen Bezügen orientierte und strategisch angelegte Politik“ (Raschke, Tils 2013: 127). Im Kontext von Mitgliederwerbung sind vor allem die strategischen Akteur*innen und das strategische Handeln relevant. Strategische Akteur*innen sind dabei all diejenigen, die erfolgsorientiert Mitgliederwerbung betreiben und dabei die ihnen zur Verfügung stehenden Ressourcen einkalkulieren, gepaart mit einem Blick auf ihr organisationales Umfeld. Wer also als Ortsvereins- bzw. Ortsverbandsvorsitzende*r in einer ländlichen Region darüber nachdenkt, wen er oder sie aus der Partei akquirieren kann, um bei der Mitgliederwerbung zu helfen, wie hoch die Werbepotenziale vor Ort sind und welche Ressourcen für welche Werbemaßnahmen zur Verfügung stehen – der handelt strategisch.

Wissenschaftlich verstanden sollte der Strategiebegriff also nicht unterkomplex betrachtet werden. Praktisch verstanden sollte er nicht überkomplex, weil dann mit abschreckender Wirkung, betrachtet werden. Doch: Wenn Sie dieses Buch lesen, um Ihre Mitgliederwerbung zu verbessern, handeln Sie bereits strategisch. An dieser Stelle führen wir Sie daher in die verschiedenen Strategien ein, die es in der Mitgliederwerbung gibt und führen in Kap. 4 aus, wie Sie wesentliche Elemente politischer Strategie in Ihrer eigenen Arbeit in der Mitgliedergewinnung umsetzen können. Insgesamt lassen sich dazu in der Mitgliederwerbung zehn Strategien voneinander unterscheiden, bei denen Sie gerne anmerken dürfen, dass diese manchmal mehr, manchmal weniger der oben genannten Strategiedefinition zu entsprechen scheinen. Das liegt mitunter daran, dass manche von ihnen einen geringen Ressourceneinsatz bzw. ein (vermeintlich) schnell zu erreichendes Ziel implizieren.

1. Die Ansprachen-Strategie. Sie ist der ‚Klassiker' der Mitgliederwerbestrategien, und wenn Sie bereits Mitglieder geworben haben, werden Sie sie bestimmt kennen. Für Mobilisierung vor Wahlen zeigen u. a. Gerber, Green (2017), dass diese Strategie bedeutende Erfolge verzeichnen kann. Sie besteht darin, mithilfe von direkter Ansprache einen *Trigger* zu setzen, der Beitrittswillige zum Beitrittsvollzug bringt. Wie diese Ansprache gestaltet werden kann, wird übrigens in Kap. 4 noch erläutert.
2. Die Framework-Strategie. Hier gilt es, ganz gezielt die Rahmenbedingungen für Mitgliederwerbung auszuloten und (neu) zu schaffen. Das heißt dann zum Beispiel, die zur Verfügung stehenden finanziellen Mittel klar zu berechnen und zu sondieren, wer von den Parteikolleg*innen Unterstützung leisten kann.
3. Die Incentive-Strategie. In dieser Strategie geht es darum, sich verschiedene Anreize zum Parteibeitritt zu überlegen (oder diese bereits vorgefertigt) zu nutzen und über verschiedene Kanäle auszusenden.
4. Die Issue-Strategie. Hier steht im Vordergrund, mittels der Kommunikation von Politikinhalten und Politikerfolgen gelingende Mitgliederwerbung zu betreiben.
5. Die Linkage-Strategie. Sie sieht vor, dass Vorfeldorganisationen von Parteien wie Vereine, Verbände, Kirchen, Gewerkschaften und die Jugendorganisationen von Parteien zur Mitgliederwerbung genutzt werden sollen.

6. Die Marketing-Strategie. Sie hat den Fokus, die Selbstvermarktung der Partei nach außen zu verbessern. Das kann in der Wahrnehmung von Presseterminen bestehen, durch Zeitungsannoncen, Öffentlichkeitsarbeit und einen modernen Auftritt im Internet.
7. Die Netzwerk-Strategie. In ihr geht es darum, eigene Freundes- und Familiennetzwerke zu nutzen, um Mitglieder zu werben. Diese Strategie kann, wie die anderen auch, mit der Marketing-Strategie oder aber der Ansprachen-Strategie gekoppelt werden und ist letztlich als eine Art Warmakquise zu verstehen. Der Kreis der potenziellen Mitglieder wird dabei auf persönliche Bekannte reduziert, die aber wiederum ein sehr hohes interpersonales Vertrauen gegenüber dem/der Werber*in haben.
8. Die Professionalisierungs-Strategie. Bei ihr steht im Vordergrund, Ausbildungs- und Schulungsmöglichkeiten zur Mitgliederwerbung zu nutzen, um die eigene Arbeit zu professionalisieren.
9. Die Supporter-Strategie. Sie will vor allem Unterstützer*innen, Sympathisant*innen und Gastmitglieder gezielt ansprechen, um aus ihnen Vollmitglieder zu machen. Auch hier handelt es sich letztlich um eine Zielgruppenspezifizierung.
10. Die Kampagnen-Strategie. Sie sieht vor, mehrere der vorgenannten Strategien zu einem Strategie-Paket zu schnüren, ist also eine Art Meta-Strategie. Dabei werden die verschiedenen Strategien in ihren Einsatzbereichen, Einsatzmöglichkeiten und hinsichtlich ihres Ressourcenverbrauchs evaluiert.

Empirisch konnte dabei mit Dokumentenanalysen ermittelt werden, dass die Großparteien CDU und SPD in ihren Dokumenten vor allem die Ansprache-Strategie in der Mitgliederwerbung vorsehen, gefolgt von der Incentive-Strategie, der Professionalisierungs-Strategie sowie der Marketing-Strategie. Am wenigsten verwendet werden die Framework- sowie die Netzwerkstrategie. Wenn es um spezifische Anreize zur Anwerbung geht, dann wird vor allem mit selektiven, prozessbezogenen Anreizen gearbeitet, also solche, die auf Geselligkeit abstellen und mit kollektiven politischen Anreizen, in denen es darum geht, die Ziele der Partei gemeinsam durchzusetzen und ihren Einfluss zu stärken (Jakobs 2021: 185–186). Man kann durchaus subsumieren, dass es Anreize *kollektiven* Charakters sind, die ausgesendet werden sollen, und diejenigen mit individuellem Charakter eine untergeordnete Rolle einnehmen.

Im Vergleich der verschiedenen Strategien zeigt sich zwischen SPD und CDU, dass beide Parteien hauptsächlich ähnliche Strategien verfolgen, die hinsichtlich ihrer Priorität nur in geringem Maße voneinander abweichen. Ansprache, Marketing und Professionalisierung stehen auf der Liste der ‚Top-3', und das bei beiden

Großparteien. Bemerkenswert ist, dass sich beide Organisationen anscheinend unabhängig voneinander angeglichen haben. Zudem zeigt dieser Befund zwei Dinge auf: Erstens scheinen beide Großparteien die Erfolgsrezepte in der Mitgliederwerbung in denselben Elementen zu vermuten. Diese lauten, ein gutes Image auszusenden, die eigenen Mitglieder zu professionalisieren und ihnen Schulungen anzubieten und nicht zuletzt die direkte Ansprache zu forcieren. Zweitens lässt sich jedoch bei beiden Parteien ein stetiger Mitgliederverlust konstatieren, was darauf schließen lässt, dass die genannten Erfolgsrezepte in der Praxis *entweder* keine sind *oder* die Vermittlung dieser an die Ehrenamtlichen, die die Mitgliederwerbung hauptsächlich betreiben sollen, scheitert.

Darin besteht wiederum die Crux aller genutzten Strategien: Sie bauen auf dem ehrenamtlichen Engagement der Mitglieder auf, ohne diesen einen veritablen Lohn zu bieten. Das gilt auch für das Image und die Marketing-Strategie, da sich Aussagen zu dieser innerhalb der Parteimaterialien vor allem darauf beziehen, dass die Ehrenamtlichen für eine gute Außenwirkung ihres Ortsvereins bzw. Ortsverbandes sorgen sollen (Jakobs 2021: 216). Was sich zudem unterscheidet, sind die verschiedenen Beteiligungsangebote und -argumente. Die SPD hat in den letzten Jahren auf Bundesebene innerhalb der Mitgliedschaft über Koalitionsverträge abgestimmt und ihre Vorsitzenden basisdemokratisch gewählt; aber eben nicht konsequent, mit Blick auf den Stand dieses Buches (Ende 2022). Uwe Jun nennt dies treffend eine „Positionssuche zwischen elektoraler und partizipativer Mitgliederpartei" (Jun 2018b: 950), was bedeutet, dass die SPD zwischen einem Parteiverständnis laviert, das auf der einen Seite die Mitglieder als nützliches, aber möglichst stilles Vehikel zur Unterstützung, lokaler Verankerung und zum Wahlkampf nutzt und auf der anderen Seite ein Außenbild propagiert, das auf echte Beteiligung und Partizipation der Mitglieder ausgerichtet ist. Da ist freilich für Mitglieder in der Werbepraxis schwer zu argumentieren, welches Verständnis gerade überwiegt: Wird mit echten Beteiligungsmöglichkeiten von der Parteibasis aus geworben, so ist das allerhöchstens als sporadisch zu begreifen. Leichter ist es daher in der Werbepraxis, auf die klassischen Parteiwege der Beteiligung zu verweisen, also im Ortsverein/Ortsverband zu arbeiten, Anträge für Parteitage zu schreiben und an der Aufstellung von Delegierten beteiligt zu werden – die Frage ist aber, wie attraktiv das auf Menschen wirkt, die sich wirklich substanziell beteiligen wollen. Würden jedoch alle Entscheidungen von der Parteibasis abhängig gemacht, müsste sich die Parteispitze einer möglicherweise immer neu schwankenden Mitgliedermehrheit beugen. Die mittlere Funktionär*innenebene der Partei würde zudem obsolet werden. Aber sagen Sie das mal einem interessierten, potenziellen Mitglied!

Die CDU ist da stringenter: Sie vertritt größtenteils ein diskussionsbasiertes Verständnis von Beteiligung, im Sinne dessen, dass jede*r eingeladen ist mitzudiskutieren (Jakobs 2021: 217). Mag sein, dass eine Partei mit christdemokratischer und damit konservativerer Ausrichtung damit durchaus den Geschmack ihrer Mitglieder und derjenigen, die sich für eine Mitgliedschaft interessieren, trifft – und dass eine Partei mit sozialistischer Wurzel stärker einen Beteiligungs- und Aktionscharakter vertreten muss –, doch ist auch das angesichts der sinkenden Mitgliederzahl infrage zu stellen.

Nach der Analyse von Parteidokumenten der SPD und CDU, die seit 1989 erschienen sind bzw. für den Autor Jakobs verfügbar waren, lässt sich für dieses Buch vor allem ein Tipp ableiten: Loggen Sie sich als Mitglied in den Mitgliederbereich Ihrer Partei ein (oder Ihrer Gewerkschaft, o. ä., sollten Sie das Buch nicht aus Interesse einer Werbung für Parteimitgliedschaften lesen) und laden Sie sich das jeweils aktuelle Material zur Mitgliedergewinnung runter. Es befinden sich gute Tipps drin, die von den Parteistrateg*innen auf Bundesebene selbst stammen! Verlieren Sie sich aber nicht in der Menge an Materialien und lassen Sie sich nicht davon abschrecken, dass die publizierten Handreichungen 60 Seiten durchaus überschreiten können. Sie haben es schließlich schon bis zu dieser Stelle im Buch geschafft, lässt sich mit einem Augenzwinkern sagen. Des Weiteren können Sie die Handreichungen ebenso wie dieses Buch lesen: Indem Sie einfach die Teile und Kapitel durchblättern, die Sie interessieren. Wenn dann doch ein Inhalt mal Kontextinformationen benötigt, so werden Sie darauf verwiesen. Es lohnt sich wirklich, einen Blick in das vorhandene Material zu werfen. Das gilt auch, wenn Sie nicht Mitglied einer der beiden genannten Parteien sind. Vor allem aber: Versuchen Sie ein Gespür für Ihre eigene Partei zu entwickeln! FDP-Mitglieder können vor allem damit werben, den *Wert* der Freiheit in den Vordergrund zu stellen. Linke werden damit punkten können, sich als Sprachrohr zu präsentieren für all diejenigen, die nicht mehr gehört werden. Die Grünen haben als Umwelt*bewegung* einen gewissen Charme, der sich vom Parteiencharakter löst. Und die AfD ist für all jene interessant, die einer Partei beitreten wollen, um sich gegen alle anderen Parteien zu stellen.

3.3 Wie Mitgliederwerber*innen tatsächlich werben

Wie Mitgliederwerber*innen tatsächlich werben, werden Sie selbst beantworten können, wenn Sie in der Mitgliederwerbung tätig sind. Diesen Abschnitt sollten Sie damit aber keineswegs überspringen, im Gegenteil: Hier erfahren Sie in einer Art Gesamtschau, wie andere Parteimitglieder die Mitgliedergewinnung gestalten und erkennen sich darin vielleicht wieder, können aber auch neue Perspektiven gewinnen. Eine (sehr) ausführliche Analyse finden Sie in Jakobs (2021: 244 ff.), wobei der folgende Text als Kurzzusammenfassung der wichtigsten Ergebnisse dienen soll.

Vorab ist ein Blick auf das Hauptamt zu richten und die Perspektive der hauptamtlich beschäftigten Regional- und Kreisgeschäftsführer*innen. Sie sind als Schaltstelle zwischen Ehrenamt und Administration, Organisation und auch Finanzkraft zu betrachten. Mal können Geschäftsführer*innen engagierten Untergliederungen Material kostenfrei zur Verfügung stellen, da die Einnahmen der Ortsvereine/Ortsverbände gewissermaßen ‚gepoolt' werden, mal verfügen sie nur über eine geringe Schlagkraft, die wiederum mit der Autarkie der Ortsvereine/Ortsverbände einhergeht. Das hängt nicht nur mit der Mitgliederdichte vor Ort und Ergebnissen aus Wahlen zusammen, sondern auch damit, wie regionale Regelungen über die Verteilung von Geldern getroffen werden. Mal gibt es Ortsvereine und Ortsverbände, die nur einen geringen Teil ihrer Mittel abführen müssen, mal sind es 90 % der Einnahmen, die an den übergeordneten Kreisverband überwiesen werden müssen. Ob dieser dann überproportional viele Mittel denjenigen Verbänden zur Verfügung stellt, die auch überproportional aktiv sind oder ob die Mittel anders verteilt werden, ist wiederum eine Einzelfrage. Diese Hintergrundinformation ist wesentlich, um unterschiedliche Werbeinitiativen zu verstehen bzw. ihre unterschiedliche Ressourcenausstattung nachvollziehen zu können.

Genuine Aufgabe der hauptamtlichen Geschäftsführer*innen ist die Verwaltung und Organisation der Mitglieder in administrativer Hinsicht sowie die Unterstützung des allgemeinen Parteilebens. Mit der operativen Mitgliederwerbung kommen die Geschäftsführer*innen meist nur sporadisch in Kontakt oder kümmern sich außerhalb ihrer Arbeitszeit um das Thema. Ihre Beobachtungen sind damit zumeist Fremdbeobachtungen, in deren Rahmen den Parteimitgliedern attestiert wird, vor allem mit der Ansprachen-Strategie zu arbeiten (Jakobs 2021: 242). Bei der SPD glaubt nur ein Viertel der Geschäftsführer*innen, bei der CDU hingegen sind es 40 %, dass Mitgliederwerbung wirklich *permanent* ausgeübt wird. Der große Rest entfällt auf die Kategorie, dass Mitgliederwerbung sporadisch, aber nicht nur im Wahlkampf ausgeübt werde; Mitgliedergewinnung nur zu Wahlkampfzeiten oder aber überhaupt nicht erkennt nur eine absolute Minderheit (unter 2 %) (Jakobs 2021: 240).

In der Praxis wird die Mitgliederwerbung von den Ehrenamtlichen mit durchaus erheblichem Zeitaufwand versehen. Gefragt nach der Zeit, die im Monat für die Mitgliederwerbung aufgewendet wird, kann eine Durchschnittszeit von drei bis vier Stunden ermittelt werden (Jakobs 2021: 254; 273). Das ist mit Blick darauf, dass in der Mitgliedergewinnung engagierte Ehrenamtliche meist noch andere Parteiaufgaben übernehmen, schon recht viel. Wenn Sie als Leser*in jemand sind, der bzw. die ein hohes politisches Mandat innehat oder eine herausgehobene Stellung in der Parteiorganisation einnimmt, dann ist Ihnen wärmstens zu empfehlen, den ehrenamtlichen Aufwand Ihrer Werber*innen in regelmäßigen Abständen zu wertschätzen, sei es mit einer kurzen Dankesmail, einem Anruf oder einer spontanen Erwähnung der Leistungen im Rahmen einer Parteiveranstaltung.

Kommen wir damit zu den Werber*innen selbst und dazu, wie sie die Mitgliedergewinnung gestalten. Wenn Sie die Ansprache-Strategie nutzen, also vor allem mittels persönlicher Ansprache interessierte Menschen direkt auf eine Parteimitgliedschaft ansprechen, dann gehören Sie in der SPD zu 68,4 % der in der Mitgliederwerbung tätigen Mitglieder, die dies ebenfalls tun und in der CDU zu 63,1 %. Diese Strategie ist damit ‚Spitzenreiter' in der Nutzung (Jakobs 2021: 287). Es zeigt sich in den Zahlen aber auch, dass immer noch ca. ein Drittel der Werbenden die direkte Ansprache *nicht* nutzt, was auf eine gewisse Passivität innerhalb der Mitgliederwerbung hindeutet. Von dieser wird noch zu sprechen sein, doch schon mal als Spoiler: Mitgliederwerber*innen, die darauf warten, dass ihr Gegenüber den ersten Schritt macht, werben fast keine Neumitglieder. Der Ansprachen-Strategie folgt auf Platz 2 (SPD) und Platz 3 (CDU) die Marketing-Strategie, die immer noch von der Hälfte der Befragten genutzt wird; auf Platz 3 bei der SPD und Platz 4 bei der CDU folgt die Supporter-Strategie, also das gezielte Ansprechen von Menschen, bei den bereits Sympathien zur Partei festzustellen sind (Jakobs 2021: 287). Werber*innen der CDU greifen deutlich häufiger auf die Netzwerk-Strategie zurück als Werber*innen der SPD. Bei der CDU sind es knapp die Hälfte, bei der SPD etwas mehr als ein Drittel (Jakobs 2021: 287). Blickt man darauf, wie viele Mitglieder jeweils von Werber*innen innerhalb eines Jahres geworben werden, die diese verschiedenen Strategien nutzen, lassen sich bemerkenswerte Unterschiede feststellen: Wer die Ansprachen-Strategie nutzt, wirbt signifikant mehr Mitglieder. Was wenig genutzt, aber mit großen Wirkpotenzialen versehen scheint, ist zudem noch die Aktionsstrategie, die darin besteht, strategisch angelegte Neumitgliederwerbeaktionen (wie z. B. Wettbewerbe) laufen zu lassen (Jakobs 2021: 288).

Zur persönlichen Ansprache soll bereits an dieser Stelle ein kleiner Exkurs folgen. Wie später noch auszuführen sein wird, gibt es innerhalb dieser Ansprache einige Erfolgsfaktoren, die sich verhältnismäßig leicht bewerkstelligen lassen. Nicht zuletzt soll betont werden, wie wichtig die direkte Ansprache ist. Ihre Potenziale zu unterschätzen verbietet sich. Deutlich kann man das machen an Frauen in der Kommunalpolitik, die zu diesen Potenzialen erforscht wurden.

Diese gelten ohnehin als unterrepräsentiert, weil aber auch weithin Vorbehalte gegenüber einer männerdominierten Struktur herrschen (Kletzing, Lukoschat 2010: 49). Das gilt nicht zuletzt auch für die Arbeit in Parteiorganisationen und nicht nur in kommunalen Fraktionen. Was hier aber besonders gemessen wurde, ist die Frage nach dem Anstoß zur Übernahme einer kommunalpolitischen Tätigkeit: Nur 38 % der von Kletzing, Lukoschat (2010: 46) befragten Frauen geben an, aus einem eigenen Impuls heraus kommunalpolitisch tätig geworden zu sein. 62 % erhielten also einen Anstoß von Außen, davon 10 % aus der Familie, 25 % von Personen aus dem eigenen persönlichen Umfeld und 65 % von Personen mit politischem Bezug (Kletzing, Lukoschat 2010: 46). Dabei macht die Ansprache in Richtung: „Wir brauchen dich, damit wir hier nicht untergehen“ keinen Sinn. Viel wichtiger ist eine Ansprache in die Richtung dessen, dass ein vorhandenes Beteiligungsbedürfnis einer Person ein Beteiligungsangebot trifft, und zwar im Sinne eines: „Wir brauchen dich, weil du es besser kannst als die anderen“. Das gibt Bestätigung, erhöht das Selbstwertgefühl und animiert so zu Beteiligung (Kletzing, Lukoschat 2010: 47). Und das mündet nahtlos in den Diskurs von Wertschätzung, der weiter unten noch eröffnet wird.

Nach diesem kurzen Exkurs wollen wir Ihnen noch präsentieren, was erfolgreiche von nicht-erfolgreichen Werber*innen unterscheidet. Auf Basis von insgesamt 33 Interviews, die mit Mitgliederwerber*innen geführt wurden, sollen auch hier die wichtigsten Ergebnisse zusammengefasst werden. Wer sich ausführlich informieren möchte, kann bei Jakobs (2021: 307 ff.) weiterlesen. Was erfolgreiche Mitgliederwerber*innen in den Vordergrund stellen, ist neben der Werbung auch die Mitgliederbindung und das -Austrittsmanagement. Mitgliederbindung als Mitgliederwerbung zu begreifen, ist so banal wie einleuchtend: Wer als Mitglied zufrieden mit der Partei ist, äußert über die eigene Partei keinen Unmut, sondern im Gegenteil lobt sie, hebt sie hervor und verweist auf ihre Politikerfolge. Erfolgreiche Mitgliederwerber*innen eint zudem, dass sie über ein hohes politisches Interesse verfügen sowie eine hohe politische Selbstwirksamkeitserwartung haben. Es ist damit zu vermuten, dass sie gewissermaßen enthusiastischer in ein Werbegespräch gehen und hiermit letztlich ansteckender durch ihre Begeisterung von der eigenen Partei wirken. Was sich bei den erfolgreichen Mitgliederwerber*innen auch zeigt – und das bestärkt die Annahme, dass gelingende Werbung stark an den zwischenmenschlichen und kommunikativen Fähigkeiten der einzelnen Werber*innen hängt –, ist die geringe Nutzung von Materialien und Handbüchern zur Mitgliederwerbung (wir empfehlen dennoch den Blick in diese Materialien). Sie werden sogar weitgehend als nicht hilfreich (aber auch nicht als abträglich) bezeichnet. Mit Blick auf die genutzten Strategien in der Mitgliedergewinnung vereint die erfolgreichen Befragten, dass sie mehrheitlich mit der direkten Ansprache arbeiten. Hier von ‚Rampensäuen' zu sprechen, wäre zu viel des Guten, doch zeigte sich in den geführten Interviews durchaus bei dem bzw. der ein oder anderen ein hohes Maß an Charisma, das auch vom Interviewer nicht unbemerkt blieb. Dass dies ein entscheidender Vorteil in der Mitgliederwerbung sein kann, wird angenommen. Erfolgreiche Werber*innen kommunizieren Erfolg auch – aber nicht als Werbeerfolg, sondern im Sinne dessen, dass ihre Partei a) gute Politik macht und b) diese auch gegen Widerstände durchsetzen kann. Ungefähr die Hälfte der in der Mitgliederwerbung erfolgreichen Werber*innen nutzt Seminare und Schulungen, um sich zum Thema weiterzubilden und die eigenen Kompetenzen auszubauen. Erfolgreiche Mitgliederwerbung ist für die Befragten aber keine Frage von komplexen Strategiekombinationen, die erst groß ausgetüftelt werden müssten, was mit Verweis auf Abschn. 4.1.1 dieses Buches nicht bedeuten soll, dass es *keiner* Strategie bedarf, aber doch eine schlanke Strategie genügt. Das wiederum wird dann auch den Anforderungen gerecht, die an das Ehrenamt realistisch gestellt werden können.

Die erfolgreichen Werber*innen werben auch in der Weise, dass sie persönliche Netzwerke nutzen, um darin Mitglieder zu gewinnen sowie mit Vereinen, Vorfeldorganisationen und anderen Organisationen in Kontakt treten. Bei all den Vorgehensweisen und Strategien stechen stets Elemente wie Beständigkeit, Eigeninitiative und Frustrationstoleranz heraus, kombiniert mit einem großen Selbstvertrauen, dass es stets gelingen kann, andere Menschen anzusprechen und vom Wert einer Parteimitgliedschaft zu überzeugen. Nun stellt sich noch die Frage danach, *wie* angesprochen wird, also mit welchen Anreizen in der Praxis geworben wird.

Selektive, ergebnisbezogene Anreize werden mehrheitlich abgelehnt. Die geneigten Leser*innen wissen, dass sich dahinter das Motiv verbirgt, mit einer Parteimitgliedschaft berufliche Vorteile oder aber das Erlangen eines Amtes bzw. Mandates zu erreichen. Was vor allem in der Anwerbung genutzt wird, ist sowohl der kollektive politische Anreiz als auch der altruistische Anreiz. Wer also damit wirbt, dass die Parteimitgliedschaft Möglichkeiten zur Einflussstärkung der Partei bietet, der Einsatz für die Ziele der Partei damit erleichtert werden kann oder aber gewisse parteispezifische Themen verfolgt werden können, verzeichnet damit nach eigener Aussage ebenso mehr Mitgliedergewinne wie diejenigen, die damit werben, dass eine Parteimitgliedschaft einen Beitrag zum Erhalt der Demokratie leistet. Gerade letzteres ist gegenwärtig nicht zu unterschätzen: Wie bereits in der Untersuchung von Jakobs (2021) ermittelt, haben einige Interviewpartner*innen auf diesen Anreiz damit reagiert, dass sie das vor der *Populist Explosion* (Judis 2016) als pathetisch empfunden hätten, mit dem Erhalt der Demokratie zu werben, seit Trump, Brexit und der AfD damit aber ganz offensiv werben würden und dies auch deutliche Erfolge gezeigt hätte.

Nicht zuletzt lässt sich die deutliche Zunahme politischer Polarisierung, also der inhaltlichen Auseinandersetzung im parteipolitischen Raum, auch an Titeln wissenschaftlicher Veröffentlichungen erkennen. So nannten Roßteutscher et al. (2019) ihren Sammelband zur Bundestagswahl 2017: *Zwischen Polarisierung und Beharrung,* Karl-Rudolf Korte wies zusätzlich auf die „Gleichzeitigkeit von Ungleichzeitigkeiten" (Korte 2019: 12) hin. Dabei verweist er auch darauf, dass sich die politische Mitte zum einen repolitisierte, an den Rändern aber zunehmende Fragmentierung offenkundig wurde. „Viele Bürgerinnen und Bürger wollten wieder eine Wahl haben und entschieden sich gegen die Berliner Macht-Monotonie. Anders sind die herben Verluste für die Regierungsparteien nicht zu erklären. Gleichzeitig sympathisierte man mit dem Bekannten, nicht dem Unbekannten" (Korte 2019: 13). Weitere Ungleichzeitigkeiten kommen hinzu: Globalisierungsfurcht auf der einen, Europabefürwortung auf der anderen Seite. Gestaltungswille traf auf Beharrungstendenzen, Protestbewegungen wurden lauter, während andere ein Besinnen auf diskursive Politik im parlamentarischen Raum forderten (Korte 2019: 12). Was Korte die Ungleichzeitigkeit des Gleichzeitigen nennt, ist bei näherer Betrachtung: Polarisierung. Gerade die Parteien der Mitte können von dieser Repolitisierung profitieren, indem sie sich als Bollwerk gegen die Demokratiefeinde inszenieren. Dabei darf, und das ist ein Ratschlag der Autor*innen an diejenigen, die Mitgliederwerbung in diesem Geiste führen möchten, nicht untergehen, dass ein bloßes Dagegensein noch lange keine Gestaltung erzeugt. Roose und Steinhilper schreiben hierbei, dass das Bild einer gespaltenen, in Gräben zerfurchenen Gesellschaft bereits länger Konjunktur habe (Roose, Steinhilper 2022: 265). Problematisch dabei sei, so die Autor*innen – und diese Aussage soll hier gestützt werden –, dass die Vermutung existiere, Gruppen mit unterschiedlichen politischen Interessen und Leitbildern würden sich *unversöhnlich* gegenüberstehen (Roose, Steinhilper 2022: 265). Das wird auch mit Blick auf die Filterblase in den sozialen Medien deutlich, die den analogen Radikalen-Stammtisch genauso in die digitale Sphäre hebt wie sie eine akademische ‚Bubble' unter sich kommunizieren lässt. Brücken bilden diese beiden Gruppen hingegen nicht. Beide eint jedoch, dass sie sich abends nie zum Bier verabreden würden. Die Frage ist aber, wo hier ein Gespräch *über* die anderen und wo ein Gespräch *mit* den anderen stattfindet. Wer tatsächlich als abgespalten gelten kann – und das wundert nicht – sind die Anhänger*innen der AfD (Roose, Steinhilper 2022: 267), deren Partei aber gezielt das Narrativ ausgelegt hat, *gegen* die etablierten Parteien, Organisationen und Institutionen agieren zu wollen und politischen Gestaltungswillen vermissen lässt. Genau diesen Befund stützt auch Roose (2022: 303–304). Zwar haben sich die Einstellungen in der Bevölkerung zu den Themen Immigration sowie Klimawandel an den Rändern (leicht) verändert, doch erklärt das gerade nicht die Zunahme von Polarisierungsnarrativen. Was sich geändert hat, ist die der Umstand, dass durch verschiedene Parteien im parlamentarischen Raum eine Artikulation gewisser Positionen die Polarisierungsdynamiken erst in Gang gebracht hat (Roose 2022: 304). Neu ist also nicht, dass es in der Gesellschaft gewisse Einstellungen gibt, die in sich eine Einstellungspolarisierung aufweisen, sondern neu ist, dass diese Polarisierung insbesondere durch die AfD in den parteipolitischen Raum getragen wurde, und damit wiederum aber ein Zulauf für *beide* Seiten generiert werden kann. Zum einen für diejenigen, die als selbsternannte Alternative demokratische Institutionen möglichst niederreden, wenn nicht gar aushebeln wollen und zum anderen für diejenigen, die sie zu schützen proklamieren. Letzteren ist dabei zu raten, mit Narrativen, die *FÜR* etwas agieren sollen, zu arbeiten. Wer strategisch damit geworben hat, gegen die Feinde der Demokratie kämpfen zu wollen, mag am Anfang damit Erfolg gehabt haben, unterschied sich damit aber schnell nicht mehr von allen weiteren demokratischen Kräften im parteipolitischen Raum. Es gilt also, den altruistischen Anreiz weiterzudenken und ihn gewissermaßen mit Leben zu füllen. Das wiederum lässt sich dann sehr gut mit dem kollektiven politischen Anreiz kombinieren, dessen Markenzeichen ja gerade die Verfolgung parteipolitischer Ziele ist.

Diskutabel ist die Frage nach dem Einsatz direktdemokratischer bzw. basisdemokratischer Entscheidungsmechanismen innerhalb der Mitgliederwerbung. Zwar kennen die Parteien in ihren Statuten die Möglichkeiten zu Mitgliederbegehren und zu Mitgliederentscheiden, doch wurden diese bisher selten genutzt. Besonders prominent waren dabei die Abstimmungen in der SPD zu den Koalitionsverträgen der Großen Koalition(en) sowie zur Auswahl der Parteivorsitzenden. In der Mitgliederwerbung, so schätzen es Werbende an der Parteibasis ein, leiste dies aber keinen allzu großen Beitrag zur Mitgliederwerbung (Jakobs 2021: 371). Was dabei die Parteifunktionär*innen selbst sagen, die von der Bundesebene der Parteien aus Mitgliedergewinnung koordinieren, haben wir Ihnen im nächsten Abschnitt dargestellt. Er lohnt sich vor allem für diejenigen Leser*innen, die wissen wollen, wie die anderen Parteien Mitgliedergewinnung ansetzen.

Zusammenfassung des Abschnitts

Die Akquise von Freiwilligen in ehrenamtlichen Organisationen unterscheidet sich ganz fundamental zum Headhunting oder der Werbung für privatwirtschaftliche Unternehmen im Sinne von Recruiting. Wer in Freiwilligenorganisationen wirbt, tut dies – der Name verrät es – zumeist freiwillig. Mitgliederwerber*innen befinden sich häufig nicht in einem hauptamtlichen Beschäftigungsverhältnis innerhalb der Partei, sondern erledigen dies in ihrer Freizeit. Verwaltung und Organisation der Mitglieder werden auf administrativer Ebene durch eine*n hauptamtliche*n Geschäftsführer*in geleistet, doch die zeitintensive Arbeit der Mitgliedergewinnung an Haustüren, Wahlständen und auf der Straße, das erledigen Freiwillige. Prämienprogramme können diese Aufgabe entlohnen sowie die Aussicht auf den eigenen Aufstieg oder einfach nur die anerkennende Wertschätzung für die geleistete Arbeit. Als die fünf wichtigsten Strategien im Prozess der Mitgliederwerbung haben sich die Ansprache-, die Marketing-Strategie, die Supporter-Strategie sowie die Netzwerk- und Aktionsstrategie herauskristallisiert. Wer diese nutzt, hat mehr Erfolg, als wer sie nicht nutzt – eine empirisch untrügliche Erkenntnis. Neben der strategischen Herangehensweise sind soft skills essenziell. *Charisma* und *Commitment* sind schwammige Konzepte, die sich durch weniger klanghafte, dafür deutlich konkretere Eigenschaften verbalisieren lassen: Beständigkeit, Eigeninitiative und Frustrationstoleranz zeichnen erfolgreiche Mitgliederwerber*innen aus, bestenfalls kombiniert mit großem Selbstvertrauen.

3.4 Exkurs: Mitgliederwerbung ‚from the inside' – Interviews mit Hauptamtlichen

Zwischen Mai 2022 und Oktober 2022 führten die Autoren dieses Buches Interviews auf Bundesebene der zu diesem Zeitpunkt im Bundestag vertretenen Parteien durch. Für die FDP konnte dabei mit Michael Zimmermann der Bundesgeschäftsführer akquiriert werden, für Die Linke in Person von Christoph Kröpl ebenfalls. Ferenc Földesi und Giulia Sommer als Referent*innen für Freiwilligenmanagement und Mobilisierung waren Ansprechpartner*in bei den Grünen, Frank Niebuhr als Koordinator des Mitgliederservices und der Parteireform stand schließlich vonseiten der CDU zu einem Gespräch bereit. SPD und AfD waren für ein Interview leider nicht zu erreichen. Die CSU ist mit einem/einer Interviewpartner/in aus der Landeszentrale der Partei vertreten, der/die anonym bleiben möchte.

Für Zimmermann (FDP) ist der Bundesverband nicht das ausführende oder besser gesagt: anordnende Organ; wenngleich dieser Kampagnen und Aktionen zur Neumitgliederwerbung plant und durchführt, so sind doch die eigentlichen exekutiven Organe die Untergliederungen der Partei vor Ort. Wie in den anderen Parteien auch existieren dazu Mitgliederbeauftragte, „die sich um Werbung und dann auch Betreuung von Neumitgliedern kümmern" (Zimmermann: 15–16). Ein äußerst relevantes Thema ist die Gewinnung von Neumitgliedern in Zeiten der Pandemie. Wie das vorliegende Buch nicht müde wird zu betonen, ist gerade der persönliche Kontakt essenziell zur Werbung von Neumitgliedern. Die Pandemie habe die Kommunikation in der Mitgliederwerbung sehr auf digitale Kanäle, aber auch auf den klassischen Brief verlagert (Zimmermann: 31–32). Zimmermann verkennt dabei nicht, dass unterschiedliche Zielgruppen über unterschiedliche Kanäle angesprochen werden wollen; einige erreiche man gut über Social Media, andere hingegen ließen sich bei einer Veranstaltung zu einem Fachthema anwerben (Zimmermann: 41–46). Mitgliederwerbung ist jedoch nicht alles, so Zimmermann. Gerade nach Wahlkampfjahren, in denen ohnehin Mobilisierungswirkungen entfaltet werden können, die auch zur Generierung von Mitgliederpotenzialen dienen können, muss die Mitglieder*bindung* im Vordergrund stehen. Dazu gelte es, attraktive Formate zu schaffen, die sich aber nicht allein in direktdemokratischen Mitentscheidungsmechanismen finden ließen. Denn: „Direktdemokratische Elemente und attraktive Formate sind ja zwei unterschiedliche Dinge" (Zimmermann: 78). So sei es ohnehin relativ einfach möglich, ein politisches Anliegen in einen Antrag gießen zu können, einmal durch die Mobilisierung von insgesamt drei Kreisverbänden und damit der Antragsstellung zum Bundesparteitag oder über ein Mitgliederbegehren, für das sich die Mobilisierung nach Zimmermann (88–90) per Social Media verhältnismäßig leicht bewerkstelligen ließe. Entscheidungen größerer Tragweite an die Basis zu verlagern sei dabei immer auch eine individuelle Entscheidung, keine generelle (Zimmermann: 112–125).

Gefragt danach, was die FDP in der Mitgliederwerbung richtig mache – auch mit Blick auf die anderen Parteien –, glaubt Zimmermann, dass die FDP Menschen auf einer emotionalen Ebene anspreche. So wie die Grünen eher Umweltbewegung seien und damit durch diesen gefühlten Bewegungscharakter attraktiv wirkten, so ist bei der FDP „das Kernelement des Vertrauens auf die Eigenverantwortung und auf die individuelle Entscheidungsfähigkeit, die viele Menschen auf so einer, sagen wir mal, emotionalen Ebene anspricht, sodass sie das unterstützen wollen" (Zimmermann: 147–149). Anreiz zum Beitritt sei somit auch die Möglichkeit, Teil einer Freiheitsbewegung zu sein (Zimmermann: 211). Auch seien die Möglichkeiten der Beteiligung niedrigschwellig; weiter gebe es noch diejenigen Neumitglieder, die über die Partei auch Karriere machen wollten (Zimmermann: 234–240). Hinzukommt dann noch, dass vor allem junge Menschen erfolgreich von der FDP angesprochen werden können, was den Altersdurchschnitt der Partei weiter senke – und damit die Abgänge durch Tod reduziere (Zimmermann: 158–162). Der Bewegungscharakter dürfe aber nicht überschätzt werden (Zimmermann: 252–281). Was für Zimmermann ebenfalls differenziert zu betrachten ist, ist die (auch parteienrechtlich komplizierte) Frage nach dem

Mitgliedsbeitrag. Auf der einen Seite ist gerade für junge Menschen der Mitgliedsbeitrag kein unerheblicher Ausgabenposten, für den die FDP aber auch Ermäßigungen kennt. Auf der anderen Seite stellt sich die Gefahr nach einem gewissen Missbrauchspotenzial, wenn kein Beitrag erhoben wird. „Ich brauche mal schnell 100 Mitglieder in einem Kreis, um Wahlkreiskandidaten aufzustellen. Da reichen ja teilweise schon wenige, um da die Mehrheit in die eine oder andere Richtung zu kippen" (Zimmermann: 303–307). Dass eine solche Gefahr nicht unterschätzt werden sollte, kann ein Autor dieses Buches (Jakobs) aus seiner empirischen Forschungsarbeit der letzten Jahre stützen. So konnte die Übernahme bzw. das Kapern eines CDU-Ortsverbandes durch einen vermögenden Bauunternehmer nur mit Glück abgewandt werden. Dieser hatte Freunde, Verwandte und Bekannte zur Vollmitgliedschaft in die Partei bewegen können und ist für die anfallenden Beiträge aufgekommen. Bei völliger Beitragsfreiheit könnten solche Szenarien häufiger zu erleben sein.

Zuletzt wurde noch die Frage besprochen, ob in der Mitgliederwerbung das direkte Gespräch oder das Werben über Social Media relevanter sei. Auch hier bat Zimmermann um Differenzierung. Wohl sei aber die junge Zielgruppe gut über soziale Medien zu erreichen, was sich auch an den Konversionen über Aufrufe der Webseite der Partei von Social Media aus und dem anschließenden Online-Beitritt nachvollziehen lasse (Zimmermann: 318–325).

Bei Bündnis90/Die Grünen lassen sich folgende Erkenntnisse bündeln: Wer Mitglied werden will, brauche eine persönliche Ansprache oder zumindest eine*n persönliche*n Ansprechpartner*in. „Und das hat an Wichtigkeit auch während der Pandemie nichts verloren" (Földesi: 50). Zwar sei die Identifikation mit den Werten und Zielen der Partei notwendig, aber die Ansprache sorge für den notwendigen „Stupser" (Földesi: 57). Was die Pandemie hierbei jedoch innerorganisational bewirkt habe, sei die stärkere Forcierung der Nutzung von digitalen Teilhabemöglichkeiten, deren Nutzung sich wiederum über den Verlauf der Pandemie gewissermaßen habitualisiert, also eingewöhnt habe (Földesi: 77–86).

Bei der Frage danach, wie Mitgliederwerbung ehrenamtlich besetzt ist, findet sich auch hier die Antwort in den bereits bekannten Mitgliederbeauftragten. Jedoch komme es auf die Größe des Orts- bzw. Kreisverbandes an, ob Mitgliederwerbung wirklich gelingen könne. „Gut aufgestellte Kreis und Ortsverbände sind natürlich mit ihren Neumitgliederbeauftragten etablierter und erfahrener als Kreis- oder auch Ortsverbände, die aus fünf oder zehn Leuten bestehen und grundsätzlich auch Schwierigkeiten damit haben, neue Mitglieder zu gewinnen" (Sommer: 114–117). Unterstützung von höheren Gliederungsebenen sei aber in jedem Fall notwendig, egal, wie die Größe des einzelnen Verbandes ist (Földesi:

138–139). Dabei gelte es auch, dort engagierte Mitglieder zu entlasten, wo es möglich ist und damit dafür zu sorgen, dass einzelne Mitglieder nicht alles in Eigenregie bearbeiten, sondern an mancher Stelle auch Unterstützung sowohl in der Parteiarbeit als auch in der Mitgliederwerbung erhalten (Földesi: 155–160). Nicht zuletzt sei die Mitgliederwerbung in Teilen vergleichbar mit Haustürwahlkämpfen, bei denen nicht jedes Mitglied bereit sei, an fremden Türen zu klingeln. Diejenigen, die sich nicht trauen würden, könnten dabei erst mal mitlaufen, also diejenigen begleiten, die die Haustürgespräche durchführen. Das wiederum gelte auch für die Mitgliederwerbung (Földesi: 482–488) und gerade hier lässt sich wiederum erkennen, wie wichtig dementsprechend eine gute Personaldecke bei den Ehrenamtlichen ist.

Bemerkenswert ist auch der Hinweis auf die Rolle der Mitgliederbindung in der Mitgliederwerbung. Das „mögen andere Parteien jetzt nicht so gerne hören: Mitglieder zu gewinnen ist jetzt nicht so die Raketenwissenschaft. Mitglieder zu halten, das ist eigentlich die Herausforderung und da beginnen die Eintrittshemmnisse hinter dieser Schwelle" (Földesi 657–660). Neue Mitglieder zu rekrutieren dürfe sich daher nicht mit der Unterschrift auf dem Beitragsformular erschöpfen, sondern sollte ganz klar auch direkt in die Bindung münden, sodass Menschen nicht erleben müssen, „dass sie eigentlich gar nicht wirksam werden können. Dann treten sie wieder aus oder werden schlafende Mitglieder" (Földesi: 172–173). Der Partei gehe es dabei „nicht um unendliches Wachstum in den Mitgliedern, sondern um organisches und nachhaltiges Wachstum" (Földesi: 184–185). Dieses Wachstum kann dabei durch, man könnte vielleicht sagen, eine Feelgood-Atmosphäre angeregt werden. Das spiegelt sich auch in der Beurteilung von Mitbestimmungs- und Mitentscheidungsmöglichkeiten durch die Interviewpartner*innen wider. Wer einen Raum für Veranstaltungen zur Verfügung stelle oder Essen im Rahmen von Wahlkampfaktionen zubereite, der bzw. die sei bereits politisch beteiligt. „Das heißt, politische Beteiligung fängt für uns da nicht an der Stelle an, wo Leute über einen Antrag abstimmen oder den miteinbringen oder Gegenreden halten, sondern sie fängt da an, wo Menschen den tatsächlichen Parteibetrieb und das, was wir politisch erreichen wollen, durch ihre Unterstützung in jedweder Form ermöglichen" (Sommer: 223–226).

Insgesamt aber, so Földesi, sei dennoch ein „großes Partizipationsdilemma" (Földesi: 242) zu erkennen. So gebe es eben auch einige Mitglieder, die sich substanziell beteiligen wollten. Als Partei mit basisdemokratischen Wurzeln sehe sich die Partei dabei auch in der Pflicht, angemessen auf diese Mitglieder einzugehen. Aber „wir haben immer mehrere 1000 Anträge inzwischen für die Parteitage, die können auch nicht mehr alle Delegierten, die letztendlich darüber abstimmen, trotz Filterung durch eine Antragskommission, gar nicht mehr verarbeiten. Also die Frage ist dann, ist es basisdemokratisch, wenn Delegierte über etwas abstimmen, was sie in der Quantität gar nicht mehr fassen können? Aber wir sagen, Mitglieder können so viele Anträge, wie sie stellen wollen, stellen" (Földesi: 248–253). Diese Aussage steht sinnbildlich für die Crux aller Parteien, möglichst substanzielle Beteiligung ermöglichen zu wollen, zugleich damit aber auch an organisatorische, finanzielle, oder wie hier genannt, Kapazitätsgrenzen zu gelangen. Dennoch gelte es, den Gemeinschaftscharakter der Partei hochzuhalten und damit lasse sich dann eben nicht alles top-down steuern, wenngleich alle Parteien dazu tendierten (Földesi 310–322). Dennoch wolle die Partei auch zeigen, dass das Individuum dabei nicht bloß in der Gemeinschaft aufgehe, sondern es stets gelte, das Individuelle auch zu bewahren (Sommer: 330–340). Dazu arbeitet die Partei auch mit Professionalisierungsinstanzen wie Train-the-Trainer-Programmen, bei denen es eben nicht darum geht, Parteiakteur*innen nur zu Fragen der Mitgliederwerbung zu schulen, sondern vor allem zur Mitgliederbindung auszubilden (Sommer: 703–722). Das erklärt auch, warum Mitgliederwerbewettbewerbe für die Partei kein geeignetes Mittel zur *substanziellen* Mitgliederwerbung darstellen (Földesi: 731–738). Dabei profitiert die Partei davon, dass der Zulauf neuer Mitglieder in den letzten Jahren kontinuierlich linear nach oben steigt.

Die Einschätzung der beiden Befragten zu Social Media stützt die Annahme, dass Mitgliederwerbung zu großen Teilen *eben nicht* über die sozialen Medien gelingen kann. Hinsichtlich des Mechanismus, dass Menschen über das Internet Mitglied werden, gibt Földesi (502–504) an, „dass das eine sehr steile Annahme ist, dass wenn Leute schon mal auf einer Webseite sind, dass sie dann auch sehr wahrscheinlich klicken. Also wir haben auch sehr viele Leute, die klicken einfach und öffnen was und das führt dann auch ins Nichts". Es stelle sich dabei auch die Frage, wie viele Menschen überhaupt für eine online-Mitgliederwerbekampagne erreichbar sind – hierzu nimmt Földesi (513–521) an, dass vor allem eine stufenweise konzipierte Mitgliederwerbekampagne über die sozialen Medien wenig zielführend sei, da zwischendrin immer wieder andere Inhalte gespielt werden müssten. Social Media könne dabei flankierend wirken (Sommer: 536–538), aber nicht zielführend in dem Sinne, dass durch soziale Medien *unmittelbar* Mitglieder geworben werden. Zielführender sei eher eine Strategie des Big Organizing, wobei es darin eben nicht darum geht, dass Menschen, die in bzw. besser: für die Partei aktiv werden, automatisch auch Mitglied sein müssen. Eher können sie durch das Mitmachen selbst zur Parteiarbeit verleitet werden, was auch daran liegt, dass das öffentliche Bekenntnis zu einer Partei in Deutschland eher unüblich ist (Földesi: 563–577).

Dabei wiederum am Mitgliedsbeitrag anzusetzen, diesen zu senken und damit die Eintrittshemmnisse zu puffern, hält Földesi nicht für zielführend. Zum einen diene der Mitgliedsbeitrag dazu, dass der Parteiapparat und die Parteiarbeit finanziert werden könnten, zum anderen stellt er auch eine Art Commitment dar. Außerdem sind die Kreisverbände vor Ort individuell in der Lage, eigene Regelungen für diejenigen Mitglieder zu finden, die wirklich Finanzierungsprobleme haben (Földesi: 619–635).

Für Christoph Kröpl von der Linken hat sich die Gewinnung von Neumitgliedern durch die Corona-Pandemie nicht wesentlich verändert. Vor der Pandemie bestand die Hauptstrategie der Linken darin, über Aktivierung und Konfliktorientierung vorzugehen, also vor allem über Kampagnen zu operieren. Dazu gehört, insbesondere Haustürwahlkämpfer*innen darin zu schulen, während dem Haustürwahlkampf auch Mitgliederwerbung aktiv ‚mitzudenken' (Kröpl: 28–31). Hinzukommt eine „klassische Promi-Strategie" (Kröpl: 27), bei der Bekanntheiten mit Testimonials für eine Mitgliedschaft werben. Nicht zuletzt gelte das auch für bekannte Spitzenpolitiker*innen wie beispielsweise Robert Habeck bei den Grünen (Kröpl: 296–300). Des Weiteren wirkt dies auch bei der Linken selbst, wenn prominente Parteifunktionär*innen in Talkshows oder im Rahmen von Veranstaltungen auf eine Mitgliedschaft aufmerksam machen bzw. aktiv dazu anhalten (Kröpl: 304–314). Es gelte aber hauptsächlich, Beitrittsmotivationen der Beitrittswilligen mit den für sie wesentlichen Beitrittsimpulsen zu vereinen (Kröpl: 37–39), was letztlich auch den Hauptthesen dieses Buches entspricht, dass Anreize zur Parteimitgliedschaft immer kompatibel zu dem ausgesandt werden müssen, was potenziell Parteibeitrittswillige artikulieren. So gelte es auch in konkreten Mitgliederwerbegesprächen herauszufinden, was die Beitrittsmotivation des Gegenübers ist (Kröpl: 331–332). Das gelinge am besten, wenn potenzielle Neumitglieder bereits als Unterstützer*innen in die Parteiarbeit integriert wurden. „Und dann ist die Frage nicht mehr, ich muss ein hartes Werbungsgespräch führen, sondern ich kann das schön beim kühlen Getränk abends mal ansprechen" (Kröpl: 340–342). Und dabei gehe es dann nicht um Sonderleistungen der Partei wie der Reiseservice oder Ähnliches, sondern „man muss die Mitglieder politisch überzeugen. Ich will ja auch ihre Ideen und ich will ihre Energie und ich will in ihnen ja das Feuer anzünden, dass sie noch fünf weitere Mitglieder mitbringen" (Kröpl: 357–359).

Was bei der Linken seit Corona, wenn man es so nennen möchte, nicht weggedacht werden kann, ist die „Delle, die wir uns jetzt selbst organisiert haben, in den letzten sechs Monaten. […] Aber das sind wir auch selbst schuld" (Kröpl 93–95). Die Linke, das muss hier genannt werden, hat nicht nur Landtagswahlen teilweise mit desolaten Ergebnissen verloren, sondern ist im Jahr 2022 auch durch nicht enden wollende innerparteiliche Querelen gekennzeichnet. Dadurch ist „Mitgliedergewinnung ein ganz hartes Brot" (Kröpl: 96). Wichtiges Thema sei eher die Mitgliederbindung, was aber nicht heißt, dass die Mitgliedergewinnung ignoriert werden dürfe. „So haben wir während Corona fast zweieinhalbtausend Organizer*innen ausgebildet [...] und über diese Vereinzelungsphase der einzelnen Menschen in Corona festgestellt, dass wir an dem Punkt des Aufsuchens noch viel, viel stärker arbeiten müssen" (Kröpl: 113–115). Zugleich gebe es mit verschiedenen niedrigschwelligen Organisationsportalen die Möglichkeit für Interessierte, sich für die Arbeit der Linken einzusetzen, ohne direkt Mitglied zu werden. Die dort hinterlegten Daten der Interessierten sollen aber von den Kreisverbänden ganz aktiv zur persönlichen Ansprache der potenziellen Neumitglieder genutzt werden (Kröpl: 153–158).

Das deckt sich auch mit dem Selbstverständnis der Partei, sowohl darin, sich als Mitgliederpartei mit basisdemokratischem Anspruch zu verstehen als auch damit, die Mechanismen der repräsentativen Demokratie konstant zu hinterfragen. Dass Menschen in der Linken Politik machen können, und zwar explizit auch die Parteibasis, ist Teil eines Prozesses von „sowohl Empowerment als auch Selbstermächtigung" (Kröpl: 174). Dabei ist die Zielgruppe klar definiert, insbesondere mit Blick auf die steigenden Energiepreise und Lebenshaltungskosten seit dem Krieg in der Ukraine. Es gehe bei der Linken darum, wieder mehr in Richtung „Betroffenen-Organizing" (Kröpl: 186) zu machen, sprich: diejenigen in der Bevölkerung zu aktivieren, die in der Literatur gerne ‚sozial schwach' genannt werden, ein Begriff, der insgesamt diskutabel ist. Dazu sind auch die Ausführungen zu Online-Mitgliederwerbung spannend. Für Kröpl ist es eine Frage sowohl des Alters als auch der sozialen Schichtung, welche Menschen überhaupt über die sozialen Medien oder die Webseite erreichbar sind. Für die potenziellen Mitglieder der Linken gelte es, online und offline geschickt zu kombinieren und Haustürarbeit mit Online-Content zu verbinden (Kröpl: 388–390). Das deckt sich im Übrigen auch mit den Einschätzungen von politischen Akteur*innen im Haustürwahlkampf, die ebenfalls eine Kombination von persönlichen Gesprächen und Online-Content für ideal halten (Jakobs, Minas i. V.).

Dabei stellt sich gerade bei der jungen Zielgruppe die Frage nach der Finanzierbarkeit der Parteimitgliedschaft. Hier gibt auch Kröpl an, dass es dennoch in der Linken Konsens sei, dass nur zahlende Mitglieder auch Mitglieder sein können; zwar werden nicht-zahlende Mitglieder nicht direkt aus der Partei ausgeschlossen, doch geschehe das nach sechs Monaten. Wohlgemerkt findet hier noch ein „Gesprächs-Verfahren" (Kröpl: 264) statt. Nicht zuletzt ist die Mitgliedschaft auch an Beteiligungsrechte gekoppelt. Diese Beteiligungsrechte sind nach Kröpl essenzieller Bestandteil von Parteien und damit auch von Mitgliederwerbung:

„Unsere Erfahrung ist schon auch, dass die, die davon reden und sich dann Politikberater nennen und sagen Beteiligungsangebote, das sind eher Erzählungen aus dem rechten Rand des Parteienspektrums oder aus dem konservativen Rand, weil dort hat natürlich das Bild des Mitglieds bzw. die Aufgabe der Partei eine andere Beschreibung. In der Traditionslinie der Arbeiter*innenpartei, ging es immer um Empowerment und das kann es auch nur in Zukunft geben. So, ob das nun im Betrieb stattfindet, im Wohnort oder im Sportverein oder an der Haustür, spielt da erstmal keine Rolle. Und das ist eine Klassenfrage. Das kann man, glaube ich, auch noch dazu sagen" (Kröpl: 454–461).

Kröpl sieht die Beteiligungsangebote von Parteien auch als Möglichkeit, „Bewegungspositionen im Parlament zu verankern, dort reinzutragen, denen auch eine Stimme zu geben" (Kröpl: 499–500). Dementsprechend sei veritable Basisbeteiligung unerlässlich.

Fragt man in der CDU nach Strategien der Mitgliederwerbung, steht auch hier der persönliche Kontakt vor Ort mit den Menschen im Vordergrund (Niebuhr: 18–20). Das habe sich auch seit der Pandemie nicht geändert (Niebuhr: 20–21). Die in der Partei vor einigen Jahren eingeführten Mitgliederbeauftragten sollen dabei dafür sorgen, dass Mitgliederwerbung, Mitgliederbindung und Rückholmanagement gelingen. Dabei werde aber häufig verwechselt, dass die Mitgliederbeauftragten eben nicht diejenigen sind, die die eigentliche Werbearbeit *allein* leisten können, sondern sie sind eher als Koordinator*innen zu verstehen, die mit guten Beispielen vorangehen, Projekte initiieren oder bei der Implementierung unterstützen (Niebuhr: 42–50). Es bedürfe dabei weiterer Mitglieder, die Mitgliederwerbung als Gemeinschaftsaufgabe betrachten. Denn „ohne ein Team dahinter und ohne Leute, die mitmachen, funktioniert es nicht. Das kann gar nicht gehen" (Niebuhr: 68–69).

Mitgliederwerbung liegt nach Niebuhr in der Verantwortung aller Parteigliederungen. Zwar könne der Bundesverband Unterstützung leisten, Schulungsangebote machen und zu Projekten anregen, doch die eigentliche operative Durchführung obliegt den Untergliederungen. Was jedoch vom Bundesverband aus geleistet werden könne, sei, die Sensibilität für das Thema Mitgliederwerbung zu wecken und dann vor Ort Aktivitäten zur Mitgliedergewinnung zu begleiten (Niebuhr: 79–89). Was der Bundesverband sehr aktiv vorantreiben könne, sei das Schaffen von Partizipationsmöglichkeiten, und zwar auch im digitalen Raum. Weiter ausgebaut werden beispielswiese die Beteiligungssysteme, wie dasjenige zum Grundsatzprogramm-Prozess. Darin konnten Mitglieder über Wildcards Teil der Fachkommissionen werden, die am Grundsatzprogramm mitgearbeitet haben. „Das werden wir auch weiter ausbauen. Da gibt es auch weitere Dinge, um die Mitglieder stark einzubinden. Wir machen unsere CDU Live-Videokonferenzen und viele andere Sachen mehr. Also den direkten Draht zum Mitglied suchen, auch von der Bundesebene über digitale Angebote“ (Niebuhr: 106–109). Niebuhr meint allerdings, dass die verschiedenen Beteiligungsangebote weiterhin nicht die Arbeit vor Ort ersetzen können, wenn es darum geht, neue Mitglieder zu gewinnen (Niebuhr: 108–115). Das gelte im Übrigen auch für Online-Formate, bei denen nicht zu erwarten sei, dass eine Instagram-Kachel alleine ein Mitglied wirbt. „Da muss ein bisschen mehr kommen, da muss vor Ort nach dem Gespräch gesucht werden. Das muss ja nicht an der Haustür sein. Da gibt es ja andere Möglichkeiten. Man kann ja auch ein Telefonat vereinbaren, man kann einen WebEx-Call vereinbaren, es ist ja alles möglich“ (Niebuhr: 131–134).

Was die Mitgliederwerbung über Bewegungen betrifft, so geht Niebuhr nicht davon aus, dass sich eine ebensolche Bewegung von der Partei top-down steuern ließe. Im Gegenteil, solche Bewegungen müssten von unten, also aus der Gesellschaft heraus, kommen. So haben „die Grünen [mit Fridays for Future] dann sozusagen das Glück gehabt, dass sie das dann mit ihren Positionen gut gedeckt haben und man da sozusagen das Auffangbecken nutzen konnte“ (Niebuhr: 199–201). Als Erfolgsgarant für die eigene Mitgliedergewinnung setzt Niebuhr stärker auf die Verankerung im vorpolitischen Raum, also auf die Nähe zu Vereinen, deren Struktur sich jedoch auch wandele (Niebuhr: 211). Zugleich gelte es, die Erwartungshaltung der Menschen befriedigen zu können, in einer Partei auch substanzielle Mitmachangebote vorzufinden: „Das ist heutzutage die Erwartungshaltung, also der stille Beitragszahler, der einfach sagt, er bezahlt seinen Beitrag, um die Parteien zu unterstützen, aber ansonsten reicht es, einmal im Jahr zum Heringsessen eingeladen zu werden, das ist aktuell nur noch selten der Fall“ (Niebuhr: 241–244). Grundsätzlich soll aber das Ideal der repräsentativen Demokratie erhalten bleiben, auch in der Parteistruktur. Was abträglich wirke, seien Mitmachangebote mit Symbolcharakter, bei denen Mitglieder zwar mitdiskutieren, aber nicht mitentscheiden könnten; hier gelte es, Transparenz darüber zu schaffen, was im jeweiligen Beteiligungsangebot der Partei möglich ist (Niebuhr: 250–263). Elemente wie das Grundsatzprogramm der Partei hingegen sollten durchaus basisdemokratisch erarbeitet werden, auch um das Commitment der Mitglieder zum Programm zu stärken (Niebuhr: 261–270). Angebote an Mitglieder zu machen, bedeute aber auch, auf ihre individuellen Wünsche eingehen zu können. „Die einen wollen einfach spannende Veranstaltungsformate, die zweiten wollen sich vernetzen, wollen Kontakt herstellen mit den politischen Verantwortlichen der Partei, wo sie Mitglied sind, die Dritten wollen sich inhaltlich einbringen. Also da gibt es einen bunten Strauß, das muss man abfragen und darauf dann die entsprechenden Angebote ausrichten“ (Niebuhr: 247–251).

Auch Niebuhr sieht die Abschaffung eines verpflichtenden Mitgliedsbeitrags an die Partei kritisch. Für Bedürftige sowie Studierende gäbe es dabei immer wieder auch individuelle Regelungen in den Kreisverbänden, Beiträge zu stunden. Der Fall sei aber insgesamt selten, dass Menschen aufgrund des Beitrages aus der Partei austreten würden oder von der Partei ausgeschlossen würden. „Es scheitert nicht am Geld“ (Niebuhr: 311–312). Zuletzt sei noch auf Mitgliederwerbewettbewerbe hingewiesen, die Niebuhr grundsätzlich für spannend hält, „eine gute Sache, was motiviert“ (Niebuhr: 335–336), bei der aber die Abwägung darüber sorgfältig erfolgen sollte, wie unterschiedliche Verbände belohnt werden. So falle es prinzipiell denjenigen Verbänden leichter, Mitglieder zu rekrutieren, die gerade in einer Wahl sind[1]. Die Überlegung bestehe zwar, künftig noch Mitgliederwerbewettbewerbe abzuhalten, dann müsse aber sorgsam überlegt werden, wie die einzelnen Belohnungsmechanismen ablaufen (Niebuhr: 320–336).

In der CSU gelte die Mitgliederwerbung, zwar nicht in ihrer operativen Durchführung, wohl aber in der technischen sowie organisatorischen Unterstützung auch als Aufgabe der Geschäftsstellenmitarbeiter*innen. Es sei Teil des Selbstverständnisses der Beschäftigten, die Mitgliederwerbung als wichtige Aufgabe internalisiert zu haben (CSU: 21–30). Was die Mitgliederwerbung während der Pandemie betrifft, so habe sich an den grundsätzlichen Elementen nicht viel geändert. „Die direkte Ansprache der CSU-affinen Bürgerinnen und Bürger ist bei uns ja in Summe die Hauptangelegenheit, wenn es darum geht, Mitglieder zu werben“ (CSU: 45–46). So ist auch konsequent, dass die CSU seit der Pandemie bzw. seit Aufhebung von Kontaktbeschränkungen wieder vermehrt Präsenzveranstaltungen anbietet, die mithilfe von „Durchstarterpaketen“ (CSU: 76) flankiert wurden, wobei ebenjene Handreichungen, Ideen und Leitfäden für die Durchführung verschiedener Präsenzangebote beinhalten. Begleitend bietet die Partei auch eine Online-Mitgliedschaft an (mit bisher mehr als 3000 Mitgliedern, die auch über die Pandemie gewonnen werden konnten), fokussiert weiterhin aber die direkte Ansprache. „Um Vollmitglieder zu werben und das ist auch meine persönliche Meinung, spielt Social-Media eine untergeordnete Rolle, eine ganz klar untergeordnete Rolle […]. Es wird schwierig, dass aufgrund eines Postings jemand in die CSU eintritt“ (CSU: 266–269). Sinnvoll ist die Verlagerung auf den persönlichen Kontakt auch daher, da die CSU weiterhin über eine starke lokale Verankerung, Bekanntheit und Netzwerke verfügt. „Wir stellen in Bayern fast jeden zweiten Bürgermeister, wir stellen drei Viertel der Landräte. Wir sind an der Basis mit unseren 2700 Ortsverbänden in Bayern extrem verankert. Und

[1] Hier auch nochmal der Hinweis der Autor*innen an die Praktiker*innen der Mitgliedergewinnung, Mitgliederwerbung in Wahlkämpfen stets mitzudenken.

das sorgt für diese Stabilität unserer Mitgliederzahlen“ (CSU: 131–133). Ortsverbände, bei denen ersichtlich ist, dass sie in der Mitgliederwerbung keine Erfolge haben, erfahren dabei die Ansprache und Unterstützung der Bundeswahlkreisgeschäftsführer*innen sowie der Kreisvorsitzenden, um in der Mitgliederwerbung und -bindung wieder Erfolge zu erfahren (CSU: 250–257). Zudem werden regelmäßig Seminarangebote lanciert, auch zum Thema der Mitgliederwerbung im Spezifischen (CSU: 446–451).

Die Konsistenz der Wertebasis der CSU sei des Weiteren ein wesentlicher Faktor dafür, vorhandene Potenziale zu aktivieren und neue Mitglieder zu gewinnen: „Bei der CSU weiß man, was man hat“ (CSU: 143). Nicht zuletzt sei die Durchlässigkeit der Partei von unten nach oben ein besonderer Anreiz für Mitglieder und solche, die es werden wollen.

> „Zum einen der direkte Draht zu den politischen Entscheidern […]. Wir machen in der CSU Politik aus einem Guss, von der Ortsverbandsebene, von den kommunalen Mandatsträgern, vom Gemeinderat, Kreistagsmitglied, Bezirksrat, dann in die staatliche Ebene, mit den Landtagsabgeordneten und den Bundestagsabgeordneten, bis hin zu Europa- und im Prinzip dann Weltpolitik, bietet die CSU politische Kontakte und dadurch auch exklusive Informationen für die Mitglieder an, wie, glaube ich keine andere Partei. Wir sind in der Fläche komplett präsent mit einer Verbandsstruktur, auch mit einer, dadurch, Vereinsstruktur“ (CSU: 168–175).

Ideen der Basis werden dabei konsequent nach oben durch die Partei hindurch weitergeleitet, regelmäßige Stimmungsumfragen unter den Mitgliedern erheben Beteiligungswünsche und die Zufriedenheit der Mitglieder (CSU: 177–197); auch Videokonferenzen der Parteibasis mit dem Ministerpräsidenten werden regelmäßig abgehalten, um Ideen zu präsentieren und einen Austausch zu bieten (CSU: 328–332). Die CSU dabei mit einer ‚Bewegung' zu flankieren, hält der/die Befragte[2] für nicht hilfreich. „Es ist die Frage, ob es zu unserem Selbstverständnis als CSU auch passt. Aktionistisch, quasi die Dinge nach außen zu tragen, Forderungen aufzustellen. Wir sehen uns immer in der Verantwortung, Prinzip des Regierens und der Umsetzbarkeit. Wir stehen für eine Politik des Machbaren…“ (CSU: 297–300). Eine Bewegung, die von oben herab installiert würde, wäre dabei für die Glaubwürdigkeit der Partei abträglich (CSU: 300–312). Eine solche müsste sich, wenn sie existierte, bottom-up ausbilden. Dass Beteiligungswünsche der Menschen gegenwärtig jedoch nicht mehr so sehr den idealistischen und damit langfristigen Aspekt einer Parteimitgliedschaft fokussieren, erkennt der/die Befragte an, weswegen die Partei versucht, bei strittigen, punktuellen Themen

[2] Aus Gründen der Anonymität gegendert.

(wie dem Bau einer Umgehungsstraße z. B.) Menschen zu aktivieren und danach langfristig an die Partei zu binden. Doch: „Das ist für uns eine Herausforderung“ (CSU: 388–389), jedoch keine Unmöglichkeit. Es gelte dabei, sich als Partei darauf einzustellen, dass Mitglieder gegebenenfalls nicht mehr im Schnitt 20 Jahre Parteimitglied seien, sondern nur noch drei bis vier Jahre und mit entsprechenden Fluktuationen zu rechnen – und zu leben (CSU: 392–400).

3.5 Gibt es Erfolgsfaktoren der Mitgliederwerbung? Aber ja doch!

Sie, liebe Leser*in, sind am Kapitel angelangt, dass Sie vermutlich am meisten interessiert. Daher an dieser Stelle keine lange Rede, sondern direkt zum Punkt: Ja, es gibt Erfolgsfaktoren der Mitgliederwerbung. Wenn Sie die vorangegangenen Kapitel und Abschnitte gelesen haben, werden Sie bereits ein Gespür dafür bekommen haben, was in der Mitgliedergewinnung ‚wirken‘ kann. Wenn Sie parteilich schon lange engagiert sind, werden Sie dafür bestimmt schon ein Bauchgefühl entwickelt haben und sich in einigen Punkten wiedergefunden haben. Wenn Sie die vorangegangenen Teile nicht gelesen haben, empfehlen wir zumindest die (kursorische) Lektüre der Abschn. 2.4, 2.5, 3.3 und 3.4. Doch auch ohne diese Lektüre sollte es Ihnen hier möglich sein, einige neue Erkenntnisse zu erhalten. In Kap. 4 leiten wir Sie dann dazu an, wie die folgenden Inhalte auch in die Praxis umgesetzt werden können.

In einem ersten Schritt bringen wir Ihnen die strategische Planung von Mitgliederwerbung näher. Mittlerweile gibt es eine ganze Reihe kostenloser Tools, die öffentlich einsehbar sind. Fragen Sie, wenn Sie Parteimitglied sind, immer auch bei Ihren Landes- und Bundesverbänden nach Unterstützung. In der Regel liegen dort für Wahlkämpfe Mobilisierungsplaner vor, die Sie auch zur Mitgliederwerbung nutzen können. Sie ermöglichen Ihnen, in Gebiete vorzudringen, in denen eine tendenziell höhere Unterstützung zu Ihrer Partei vorliegt.

In einem zweiten Schritt gehen wir über zu (konzeptionellen) Grundlagen der Gesprächsführung. Die persönliche Ansprache ist und bleibt Mittel der Wahl zur Überzeugung von Nichtmitgliedern dazu, Mitglied zu werden. Ob in Haustürgesprächen, am Infostand oder im Rahmen von Veranstaltungen: Die direkte Ansprache wirkt. Trotz Corona, trotz der sozialen Medien. Letztere stehen nicht im Fokus dieses Buches (eben wegen ihrer sehr begrenzten Wirkung zur Mitgliederwerbung), können aber flankierend genutzt werden, um auf Angebote der Partei, auch lokal, aufmerksam zu machen. Ein Zwischenfazit in Abschn. 3.5.3 fasst die wesentlichen Erkenntnisse zusammen und leitet dann zu Kap. 4 über, in dem Sie direkte Praxistipps für das ‚operative Geschäft' der Mitgliederwerbung erhalten.

3.5.1 Die Grundlegung – Milieus analysieren und Organizing (im Kleinen) schaffen

Bevor Mitgliederwerbung in der Praxis durchgeführt werden kann, gilt es, sich einen Überblick über die Klientel zu verschaffen, die Sie in Ihrem lokalen Nahraum erwartet. Sicherlich werden Sie über persönliche Bekanntheit bereits einige Straßenzüge, Orts- bzw. Stadtteile kennen, bei denen Sie einschätzen können, ob dort Ihnen (bzw. Ihrer Partei) wohlgesonnene Menschen wohnen. Um sich einen noch größeren Überblick zu verschaffen, hilft es, Daten der Landes- bzw. Bundeswahlleiter auszuwerten.

Sie *müssen* dabei nicht datenbasiert arbeiten – es handelt sich lediglich um eine Empfehlung, zu der wir in Abschn. 4.1.1 auch ein konkretes Anwendungsbeispiel anbieten. Datengestützte politische Kommunikation wird in der Politikwissenschaft schon länger untersucht und in Wahlkämpfen eingesetzt. Der Grund: „Die Verringerung von Kosten durch gezielte Ansprache" (Jungherr 2016: 3). Dabei zählt die hier vorgestellte Art und Weise, die Wahlergebnisse der letzten Wahl als Datengrundlage zur Hand zu nehmen, als die „einfachste und älteste Art des Targeting" (Jungherr 2016: 5). Auch Jungherr weist darauf hin, dass diese Daten sehr grob sind, doch haben sie eben den Vorteil, dass ein Budget dafür nicht notwendig ist – bis auf das einzusetzende ‚Humankapital', das es zu ihrer Auswertung benötigt.

Was Ihnen in der Mitgliederwerbung wirklich jede Art des datengestützten Arbeitens bringt, ist ein gewisses Maß an Sicherheit, zumindest hinsichtlich Ihrer Erwartungen. Wenn Sie wissen, dass in einem Stimmbezirk mit 1000 Wahlberechtigten 40 % bei der letzten Wahl Ihre Partei gewählt haben (und hier können Sie ja auch getrennte Analysen nach Kommunal-, Landtags-, Bundestags- und Europawahlen anstellen), dann können Sie Ihre benötigte Frustrationstoleranz ganz anders einschätzen als in einem Stimmbezirk, in dem Ihre Partei nur 10 % erhalten hat. Sie wissen zumindest grob, worauf Sie sich einlassen. Sie können auch Milieukarten kaufen, um die Lebenswelten der Menschen (gar bis auf Häuserblockebene) zu vermessen. Doch ist dies wieder mit einer Geldausgabe verbunden. Auch sei auf die in Deutschland noch recht ‚harten' Datenschutzrechte verwiesen, die ein politisches Micro-Targeting erschweren (Löffler 2022: 83–84). Zögern Sie nicht, bei Ihrer Partei anzufragen, welche Tools zur Datenanalyse in den Geschäftsstellen vorliegen und wie sie diese nutzen können. Dabei können

Sie in aller Regel darauf vertrauen, dass diese auch den datenschutzrechtlichen Regelungen in Deutschland bzw. Europa entsprechen. Davon unbenommen ist die schon genannte Wahlbezirksanalyse. Sie ist in jedem Fall datenschutzrechtlich unbedenklich und arbeitet mit denjenigen Daten, die Ihnen die entsprechenden Wahlleiter und Kommunen ohnehin offen zur Verfügung stellen (müssen).

Weiter gilt es nun, sich zu organisieren. Vielleicht sind Sie dabei schon mal über den Begriff des *Organizings* gestolpert, den sie jedoch besser mit Erschließung denn mit Organisation übersetzen sollten. Die Gewerkschaften, darunter vor allem die IG Metall, die Partei Die Linke und jüngst auch die SPD (Stand: Dezember 2022) nutzen diesen Ansatz, der für Gewerkschaften wie folgt beschrieben werden kann: „Nach der Identifizierung strategischer Ziele (wie z. B. der Gründung von Betriebsräten) werden anhand von Markt- und Betriebsanalysen gezielt Schlüsselbranchen bzw. Betriebe (z. B. Marktführer) ausgewählt, dann eigenständige [...] Kampagnenteams aus Mitgliedern und/oder Beschäftigten (aus-) gebildet“ (Ebbinghaus, Göbel 2014: 235). Wenngleich das die gewerkschaftskonforme Definition ist, lassen sich Grundlagen dieses Ansatzes auch für Ihre Partei nutzen, selbst, wenn Sie sich nicht als gewerkschaftsnahe politische Kraft bezeichnen würden. Der Organizing-Ansatz selbst, das soll hier angemerkt werden, wird im gewerkschaftspolitischen Kontext sehr stark als konfliktorientiert, aber auch als mitglieder- und beteiligungsorientiert verstanden (IG Metall-Vorstand 2018: 12). Was im gewerkschaftlichen Kontext innerbetriebliche Diskurse sind, die einen Konflikt entzünden und das Generieren von Beteiligung (der Betroffenen) erleichtern, können Sie auf politische Konflikte ummünzen, die durch die höhere Polarisierung der letzten Jahre weiter zugenommen haben – sprich: an Konfliktthemen sollte es Ihnen, egal welcher Partei Sie angehören, beileibe nicht mangeln.

Was Sie im Organizing-Ansatz nicht zwingend finden, ist der Vorschlag, dass bestehende Mitglieder neue Mitglieder werben können (und sollten) (Brinkmann et al. 2008: 111). Neuere Konzepte von Organizing beinhalten dies zwar bereits, aber gerade für die Mitgliederwerbung in Parteien sollte es oberstes Ziel sein, die eigenen Mitglieder dazu anzuhalten, neue Mitglieder zu werben. Denn im Gegensatz zu einigen Gewerkschaften, die zum strategischen Organizing spezifische Stellen geschaffen haben, Personal eingestellt und Zielvorgaben zu werbender Mitglieder für dieses Personal vorgegeben haben, fehlen diese organisationsstrukturellen Merkmale bei den Parteien bisher. Nicht zuletzt, und das wissen Sie selbst, wenn Sie Parteimitglied sind, erbringen Sie unentgeltliche Leistungen für die Partei, die diese anderenfalls teuer bezahlen müssten. Wenn Sie dieses Buch vor sich haben und lesen, werden Sie jedoch gute Gründe für Mitgliederwerbung haben: Vielleicht, damit Ihr Ortsverein/Ortsverband/Kreisverband nicht in die

Fusion oder Auflösung gezwungen wird, vielleicht, um bestehendes Wachstum noch anzuheizen oder vielleicht, um auf höhere Parteiebenen mehr Delegierte entsenden können, u. v. m. Was aus dem Organizing-Ansatz für Mitgliederwerbung auch auf den untersten Parteiebenen abzuleiten ist, ist mindestens das folgende Prinzip: „Wenn sich die Beschäftigten zusammentun, sich organisieren und aktiv werden, können sie zusammen etwas bewegen. Die Gewerkschaft unterstützt sie dabei – mit Ressourcen, vor allem aber mit Know-how, Erfahrungen und einem Netzwerk" (IG Metall-Vorstand 2018: 10). Aus Perspektive der Gewerkschaft gelte es, die Beschäftigten zu aktivieren, sodass diese nachhaltig selbst weitere Mitglieder werben. Damit würden wiederum Strukturen geschaffen, auf deren Basis Mitgliedergewinnung gewissermaßen zum Perpetuum Mobile wird. Für Parteien und Ehrenamtliche ist die 1:1-Übertragung durchaus naheliegend: Je mehr Ihrer Genoss*innen bzw. Parteikolleg*innen dazu motiviert sind, mit Ihnen Mitglieder zu werben, je höher die Erfolge in Zahlen absolut gewonnener Mitglieder. Dazu ist auch nochmal die Information hilfreich, dass auf ein Parteimitglied, das angibt, in der Mitgliederwerbung aktiv zu sein, durchschnittlich zwei geworbene Neumitglieder pro Jahr kommen (Jakobs 2021). Am erfolgreichsten ist dabei das gemeinsame Vorgehen, kombiniert mit der persönlichen Ansprache und einem guten Image (Jakobs 2021).

Auf das gute Image wollen wir hier kurz zu sprechen kommen. Empirisch wirksam auch in der Mitgliederwerbung (Jakobs 2021) ist ein gutes Image stets von Vorteil, kombiniert mit dem Verweis auf eigene Politikerfolge. Lassen Sie sich dabei nicht von Kritik abschrecken! Wer sie kritisiert – und zwar sachlich –, ist meist aufgeschlossener als all jene, die nur ‚Ja und Amen' sagen. Kritik bedeutet immer auch gedankliche Auseinandersetzung und kann auch den Willen davon, überzeugt zu werden, implizieren. Auch wenn Ihnen die Diskurse in den sozialen Medien Gegenteiliges suggerieren: Es gibt immer noch genügend Menschen, die Debatten in Form von Aushandlungsprozessen führen möchten. Ihnen sollten Sie Aufmerksamkeit schenken. Ein gutes Image ihrer Partei kann dabei helfen, schneller zum Werbeziel zu gelangen. Denken Sie dabei beispielsweise an die SPD in den Agenda-Jahren, die noch heute auf die Hartz-Politik angesprochen wird oder an die Grünen, die durch die Dringlichkeit von Klimawandel und Klimakrise automatischen Zulauf erhalten. Denken Sie auch an die FDP, die vor allem durch Ihren Spitzenpolitiker Christian Lindner punkten kann. Sollten Sie das Gefühl haben, dass Ihr Image gerade kein Gutes ist, können Sie immer noch versuchen, den Fokus Ihres Gegenübers darauf zu lenken, was Ihre Partei vor Ort alles geschaffen hat und (realistisch!) noch leisten kann. Sie können auch die Polarisierung gegenüber politischen Gegnern nutzen, was in der Erschließungsarbeit der IG Metall unter dem Dreischritt aus *Wut, Hoffnung* und *Aktion* zu finden ist (IG Metall-Vorstand 2018: 11).

Wut schließt hier aktuelle betriebliche Herausforderungen und Probleme ein, zu denen Gesprächsbedarf besteht. In Ihrem Fall wären das wiederum politische Fragen und Probleme. Für Sie ist dann zu hinterfragen, wie Sie an diese Themen anknüpfen können und welche Lösungsvorschläge Sie anbieten können. Das leitet über zur *Hoffnung,* die Sie dadurch wecken können aufzuzeigen, was Ihre Partei für Ihr Gegenüber leisten kann. Dazu gehört gewiss auch ein: „Unterhalten Sie sich gerne in dieser Sache mit Person XY, die sitzt direkt im Rathaus/in der Behörde/etc. – Hier haben Sie die Kontaktdaten. Das ist übrigens auch ein Vorteil unserer Partei: Wir haben stets gute Ansprechpartner*innen in unserer Mitgliedschaft". Und nicht zuletzt soll im Rahmen von *Aktion* vermittelt werden, wie die Angesprochenen selbst tätig werden können. Wie oben im Interview mit Földesi und Sommer von den Grünen klar wurde, heißt das nicht immer nur, im politischen Raum aktiv werden zu müssen, sondern auch im gewissermaßen vorpolitischen Raum unterstützend wirken zu können. Das ist besonders für all jene potenziellen Neumitglieder interessant, die eher das Geselligkeitsmotiv zum Parteibeitritt bewegt. Basierend auf einem Zehn-Schritte-Vorgehen der IG Metall kann hier eine Abwandlung für die Mitgliederwerbung in Parteien vorgenommen werden. Dazu wird in Abschn. 4.1.1 noch ein konkretes Beispiel geliefert. Die zehn Schritte für ein ‚kleines' Organizing an der Parteibasis lauten dann, in Abwandlung des Vorschlags der IG-Metall, wie folgt:

1. Recherche und Analyse (siehe oben sowie Abschn. 4.1.1 für ein konkretes Beispiel)
2. Zugang schaffen (siehe Abschn. 3.5.2 sowie 4.1.1)
3. Bildung eines Erschließungsteams (siehe Abschn. 4.1.1)
4. Erstellung von politischen Landkarten (Datenanalyse Ihres Wahlbezirks, siehe Abschn. 4.1.1.1)
5. Ansprache der Menschen im 1:1-Gespräch (siehe Abschn. 3.5.2, 4.1.2, 4.1.3, 4.1.4 und 4.2)
6. Aufbau des Aktivenkreises (siehe Abschn. 4.1.1)
7. Identifizierung und Auswahl eines Themas (überlassen Sie das Ihrem Gegenüber in der Mitgliederwerbung!)
8. Planung der politischen Themenkampagne (das können Sie unbenommen von Schritt 7 vor Ort für Themen tun, die gerade aktuell sind; dennoch sollten Sie daran denken, in persönlichen Gesprächen stets auf Ihr Gegenüber einzugehen, siehe Abschn. 4.2).
9. Schrittweise Zuspitzung der Themenkampagne
10. Erfolg mitglieder- und strukturwirksam umsetzen (IG Metall-Vorstand 2018: 12 ff.)

Im nächsten Schritt soll es vor allem um das essenzielle Werbeinstrument gehen, das in der Mitgliedergewinnung hilfreich ist: das persönliche Gespräch. Dazu finden Sie in Abschn. 3.5.2 eine theoretisch-konzeptionelle Fundierung und in Kap. 4 eine Sammlung praxistauglicher Tipps und Tricks.

3.5.2 Gespräche führen – eine Grundlegung

„Durch Sprache wird Macht ausgeübt", konstatieren Gerold Behrens und Maria Neumaier (2018: 422). Diese Macht wird zum Beispiel dadurch ausgeübt, dass Menschen mit Argumenten, Argumentationen und Argumentieren andere Menschen von etwas überzeugen (wollen). Dass Überzeugen nicht Überreden ist, soll an dieser Stelle klargestellt werden. Mit Blick auf Kap. 2 soll hier nochmal angefügt werden, dass es zwar einen Anteil an Parteimitgliedern gibt, die angeben, durch Druck ihres sozialen Umfelds bzw. durch Überreden in die Partei gelangt zu sein. Doch sind es auch diese Mitglieder, die mit einer hohen Wahrscheinlichkeit binnen zwei Jahren wieder austreten – so können Sie (eventuell!) durch Überreden ein Neumitglied generieren, doch die Nachhaltigkeit dessen ist äußerst fraglich.

Die Struktur von Argumenten ist letztlich eine recht banale. Es gibt immer eine Behauptung, die mit einem Argument verbunden wird, damit die Behauptung überzeugend klingt. Behrens und Neumaier führen dazu ein Beispiel aus der Werbung an.

> „Folgender Zusammenhang wird als Argument verwendet: ‚Nahrungsergänzungsmittel mit einer bestimmten Mischung aus Mineralstoffen und Vitaminen stärken das Immunsystem'. Es gibt genügend Konsumenten, die überzeugt sind, dass dieses Argument richtig ist. Darum kann die Werbung für einen Müsliriegel mit der folgenden Behauptung wirksam sein: ‚Der Müsliriegel XY enthält Nahrungsergänzungsmittel zur Stärkung des Immunsystems'" (Behrens, Neumaier 2018: 423).

Die Gültigkeit des ersten Argumentes müsste dabei noch empirisch bewiesen werden, um auch Zweifler*innen zu überzeugen. Wie sich jedoch feststellen lässt, ist die faktische Geltung von Argumenten nicht ausschlaggebend, damit Argumente als solche anerkannt werden. Dies lässt sich als Extrembeispiel gut mit Verschwörungstheorien zeigen.

Doch warum verfangen solche Argumente? Ist nicht in Zeiten zunehmender *Fact-Checks* von unterschiedlichen medialen und journalistischen Instanzen jedes Argument, jede Behauptung ohnehin auf dem Prüfstand und wird ausführlich be- oder widerlegt? Eine Studie zu diesen *Fact-Checks* im Rahmen der US-Präsidentschaftswahl zeigt dazu, dass Menschen nach *Fact-Checks* zwar genauer über die tatsächlichen Fakten informiert sind, dies aber keinen Einfluss auf ihre Wahlpräferenz hat. Das heißt: Menschen, die Trump unterstützt haben, haben *Fact-Checks* zu Aussagen von Trump gelesen und danach die Fakten sogar selbst in korrigierter Form wiedergegeben. Dennoch hat das nichts an ihrer Wahlabsicht geändert. Seine Unterstützer*innen nahmen die korrigierten Fakten damit, wie die Autor*innen der entsprechenden Studie konstatieren, *wörtlich,* aber nicht *ernst* (Nyhan et al. 2019: 18–19).

Woraus resultiert das psychologisch? Zum einen ist der sogenannten *Consistency Bias* zu nennen. Ihm zufolge wirkt das, was die eigene Meinung bestätigt, stets glaubhafter. Mit dem *Illusory Truth Effect* gibt es einen dazu ergänzenden Effekt, nach dem Dinge, die man bereits oft gehört hat, ebenfalls glaubhafter wirken (Appel, Doser 2020: 16–17). Diesen Effekt macht sich unter anderem das strategische Framing zunutze, das in Kap. 4 besprochen wird. Hinzutritt dann noch als weiterer wesentlicher Effekt der *Confirmation Bias.* Hierbei werden neue Informationen danach im Gehirn selektiert, ob sie eine bereits vorhandene Präferenz verstärken. Wenn ja, werden sie akzeptiert, wenn nein, dann nicht. Hat eine Person also eine ausländer*innenfeindliche Grundeinstellung, wird sie eher Berichte lesen und wahrnehmen wollen, die eine steigende Kriminalitätsrate von Ausländer*innen dokumentieren. Berichte, die eine sinkende Kriminalitätsrate nennen, werden abgetan oder gar nicht erst wahrgenommen (Weber, Knorr 2020: 103 ff.). Der wiederum dahinterliegende Mechanismus ist die Vermeidung kognitiver Dissonanz (Abendroth et al. 2020: 148). Sie entsteht, wenn in unserem Gehirn zwei Wahrnehmungen existieren, die sich widersprechen. Der/Die Alkoholiker*in beispielsweise, der/die weiß, dass Alkoholismus zu schweren Organschäden bis zum Tod führen kann, befindet sich in einem solchen Zustand. Auf der einen Seite hat er oder sie eine positive Einstellung zum Alkohol (positiv im Sinne dessen, dass er/sie den Alkohol begrüßt und daher gerne exzessiv konsumiert), auf der anderen Seite weiß er/sie um die Schäden, die Alkohol anrichtet. Hier bieten sich drei Möglichkeiten an: Die Information, dass Alkohol schädlich ist, wird geleugnet oder das Verhalten wird geändert und die Information akzeptiert, dass der Alkohol gesundheitliche Folgen bis zum Tod haben kann. Die dritte Option besteht in der Selektion der Informationen, die dabei helfen, die positive Einstellung zum Alkohol zu legitimieren („Mein Vater hat auch getrunken und der wurde 87!"). Hierbei kann man auch an Glücksspieler*innen denken, die ihr Geld verspielen und versuchen, jeden der noch verbliebenen Freund*innen anzupumpen. Jetzt habe der/die Spieler*in nämlich ein System und jetzt gäbe es keine Verluste mehr, daher wäre die nächste Spielrunde ein sicheres Ding und ganz und gar nicht waghalsig – auch hier ein Manöver zur Vermeidung kognitiver Dissonanz.

Wenn Sie also mit Menschen sprechen, bei denen Sie einfach nicht ‚durchkommen', liegt dies womöglich an einem der genannten Effekte. Es wird äußerst schwierig werden jemanden, der sehr stark von einer Meinung überzeugt ist, durch ein einfaches Gespräch vom Gegenteil zu überzeugen. Wir raten nicht davon ab, es zu versuchen. Aber bedenken Sie bitte: Es kann sehr anstrengend und zeitraubend werden.

Dabei ist ein Begriff besonders relevant, der in diesem Buch bereits einige Male genannt wurde, und der Ihnen helfen kann, Gehör zu finden: derjenige der Wertschätzung[3]. Wertschätzung als menschliches Grundbedürfnis findet sich in den unterschiedlichen Disziplinen wieder: in der Betriebswirtschaftslehre in Fragen der Personalführung (Doetsch 2014: 2–3), aber auch in Fragen der Organisation. Unter dem Stichwort der *systeminternen Rückkoppelung* kann Wertschätzung nach außen nur gesendet werden, wenn nach innen eine Kultur der Wertschätzung herrscht. Wenn Führungskräfte also im Unternehmen auf nichtwertschätzende Art und Weise mit ihren Beschäftigten sprechen, werden diese einen ähnlichen Kommunikationsstil auch mit Kund*innen pflegen (Jörg, Steiger 2019: 35). Für Parteien ist Ähnliches zu erwarten: Wenn Mitgliederbeauftragte und Mitgliederwerber*innen in der Organisation nur wenig Wertschätzung und Respekt für die eigene Arbeit erleben, werden diese das auch nach außen dementsprechend kommunizieren. Das ist dann auch dadurch bedingt, weil die Motivation fehlt, der eigenen Organisation wahrlich helfen zu wollen (siehe dazu auch Jakobs 2021). Schreyögg fasst diese Wertschätzungsbedürfnisse dabei gut zusammen als „Wunsch nach Anerkennung und Achtung […]. Dieser Wunsch bezieht sich sowohl auf Anerkennung von anderen Personen als auch auf Selbstachtung und Selbstvertrauen. Es ist der Wunsch, nützlich und notwendig zu sein" (Schreyögg 2016: 120). Nicht zuletzt belohne das menschliche Gehirn ein gelungenes Miteinander dadurch, dass es entsprechende Glückshormone ausschütte (Thielmann et al. 2022: 11).

Diesem Wunsch kann aus kommunikationspraktischer Grundlage vor allem dann entsprochen werden, wenn Wertschätzung durch Zuhören vermittelt wird. Blickt man auf Haustürwahlkämpfe, zu denen die Parteien einige Leitfäden publiziert haben und die bei der Gesprächsführung unterstützen sollen, so sehen sie dieses eher als reines Mobilisierungstool denn tatsächliche *Dialog*instanz an. Hier folgt Haustürwahlkampf einem *quantitativen* Paradigma und wird auf Masse

[3] Der folgende Abschnitt wird aus Jakobs, Minas (i. V.) in leicht abgewandelter Form zitiert.

angelegt. „Ein Gespräch sollte **nicht länger als 3 min** [Hervorhebung i. O.] dauern. Weise für ausführliche Diskussionen auf andere Möglichkeiten hin" (SPD 2020: 7), heißt es dort. Was Individuen *mobilisieren* kann, wird nicht oder nur in geringem Maße das Potenzial entwickeln, Mitglieder zu gewinnen. Doch: Allein der kurze Ausdruck von Dank darüber, dass Menschen bei der letzten Wahl überhaupt gewählt haben, zeigt eine Erhöhung der Wahlbeteiligung um mehr als zwei Prozentpunkte (Gerber, Green 2017: 429). Gespräche, so kurz sie auch sein mögen, haben also einen positiven Effekt! Und nun denken Sie mal an längere Gespräche, an echte *Dia*loge, in denen Sie auf die Belange der Bürger*innen eingehen. Durch Zuhören (siehe auch Kap. 4) schaffen Sie echte Wertschätzung.

Doch: Politik gleitet in solchen Gesprächen leider häufig in die „gelackte Hochglanzsprache" ab, die Bürger*innen abschreckt (Alemann 2012: 44). Ein Gespräch, bei dem Sie kurz angebunden und hektisch wirken, verliert seine Authentizität, bevor es sie überhaupt erst aufbauen kann. Felder (2018: 36) spricht hierbei von einem *Jargon der Anmaßung,* der bei ihm allerdings etwas andere Vorzeichen hat als das, was in diesem Abschnitt besprochen wird. Beides trifft sich aber wieder bei der Frage nach dem *Aptum,* also der Angemessenheit des Textes zu seiner Situation, und damit auch die Aufnahme der „Erwartungshaltung der Sprecher und Hörer" (Felder 2018: 37). Hier ist unter dem Aspekt der Wertschätzung also zu differenzieren, ob Dialogpartner*innen Ihnen dankbar für ein kurzes ‚Fresh-Up' beispielsweise vor Wahlen oder im Rahmen Ihrer Öffentlichkeitsarbeit sind. Sie sollten aber ermitteln, ob Ihren Gesprächspartner*innen tatsächlich ein Thema sprichwörtlich unter den Nägeln brennt, dessen Diskussion sie nun erreichen könnten. Dann werden Menschen auch nicht zunehmend äußern, ‚Politik' höre ihnen nicht mehr zu!

Übrigens: Diese Wahrnehmung, von der Politik gehört zu werden und Politik beeinflussen können, also das Empfinden, politisch effektiv werden zu können, ist auch für Mitgliederwerber*innen selbst überaus essenziell. Nicht zuletzt ist empirisch auch die politische Selbstwirksamkeitsüberzeugung relevant für die Zahl geworbener Neumitglieder. Wer der Aussage zustimmt, dass er oder sie sich *in der Lage fühle, politische Vorgänge auf landespolitischer Ebene zu beeinflussen* sowie *politische Vorgänge auf kommunaler Ebene zu beeinflussen,* wirbt auch mehr Neumitglieder als diejenigen Mitglieder, die diesen Aussagen nicht zustimmen (Jakobs 2021: 285). Wer also davon überzeugt ist, selbst Politik beeinflussen zu können, der kann auch mit Überzeugung vermitteln, dass potenzielle Neumitglieder das auch könnten. Das geht wiederum mit dem berühmten Funken einher, der überspringen muss. So finden Sie in fast jedem Ratgeber zum Thema Kommunikation und Gesprächsführung die Grundregel, dass Sie selbst von etwas überzeugt sein müssen, um andere überzeugen zu können. Das Gefühl, politisch wirksam sein zu können – und zwar durch die Parteimitgliedschaft (!) – ist immer noch genuines Schlüsselelement bei der Gewinnung von Neumitgliedern, insbesondere, wenn zwei Aspekte beachtet werden: 1) Parteien sind noch immer allein die Organisationen, die sich zu Wahlen aufstellen lassen können. Zwar sind empirisch, vor allem bei Kommunalwahlen, steigende Zahlen unabhängiger Kandidat*innen zu erkennen, doch für die Listenaufstellung ist die Parteizugehörigkeit unabdingbar. Sie bieten auf der individuellen Ebene also tatsächlich die größten Mitbestimmungsmöglichkeiten, *wenn man dazu bereit ist, die Ochsentour zu gehen* (von Quereinsteiger*innen hier mal abgesehen). 2) Parteien haben bisher nur mit wenig Initiative an den gesetzlichen Beitragsregelungen gerüttelt. Dass es einen Beitrag geben muss, sieht das Parteiengesetz vor; wie jedes Gesetz wäre es aber veränderbar. Die Parteien haben insgesamt kein Interesse an einer entsprechenden Veränderung (z. B. Beitragsfreiheit im ersten halben Jahr), sodass Parteimitglieder entsprechend verpflichtet sind, nach freiwilliger Selbstauskunft einen monatlichen Beitrag zu entrichten. Und gerade dies gilt es ja in der Mitgliederwerbung mit Sinn zu füllen! Sich selbst als Werbende*r politisch wirksam zu fühlen und diesen Funken überspringen zu lassen, steht auf Basis empirischer Erhebungen in Zusammenhang zum Werbeerfolg (Jakobs 2021, S. 285). Der Mitgliedsbeitrag gerät dann in den Hintergrund. Übrigens: Wenn Sie immer wieder auf das ‚Hindernis' des Beitrags stoßen, dann denken Sie über die Entwicklung von Patenschaftsprogrammen nach. Nicht selten übernehmen vermögendere Mitglieder des Ortsvereins bzw. des Ortsverbandes die Beiträge derjenigen (Neu)Mitglieder, für die auch der Mindestbeitrag schon ein Problem darstellt: Wie lange Sie diese Beiträge dann übernehmen, bleibt Ihnen und Ihren Genoss*innen bzw. Parteikolleg*innen überlassen.

Zurück nochmal zu der Frage, wie wichtig der Aspekt des Zuhörens sein kann. Ein Blick in die Daten des ALLBUS 2018 bietet dazu eine empirische Annäherung: Bei der Frage nach Zustimmung zur Aussage *Die Politiker kümmern sich nicht viel darum, was Leute wie ich denken* stimmen über zwei Drittel der Bevölkerung (gewichtete Daten) der Aussage voll (27,7 %) oder eher (39,3 %) zu (Baumann et al. 2019: 115). Bei manchen Autor*innen finden Sie dann die folgenden Aussagen:

> „Die ‚traditionelle' Art des Werbens von Freiwilligen durch persönliche Ansprache und die anschließenden Überlegungen, wo man die Interessenten am besten in der Organisation einsetzen kann, reichen allein nicht aus, um vorhandenes Engagementpotenzial aufzudecken und auszuschöpfen. Darüber hinaus sollte die Organisation ausgehend vom eigenen Bedarf neue attraktive, an den Bedürfnissen der Freiwilligen orientierte Engagementmöglichkeiten entwickeln" (Matuschek, Niesyto 2013: 9).

Wir stimmen dem letzten Teil dieses Zitates durchaus zu. Sie sollten definitiv Angebote schaffen, die für die Bürger*innen vor Ort interessant sind – aber die Rolle von Gesprächen ist nicht zu unterschätzen! Gerade ‚nach' Corona lässt sich ein gesteigerter Wunsch der Menschen erkennen, wieder persönliche Gespräche zu führen. Das Feedback, das Politiker*innen darauf erhalten, ist mit dem Beispiel des Haustürwahlkampfes im Saarland Anfang 2022 als durchweg positiv zu benennen (Jakobs, Minas i. V.). Wenn Menschen regelmäßig und in hoher Zahl artikulieren, dass Parteien ihnen nicht mehr zuhören würden, dann überzeugen Sie sie vom Gegenteil!

Dazu ist auch der Befund von Geise, Podschuweit (2019: 184) zu nennen, dass die deutschen Parteien Dialoginstrumenten zwar eine hohe Relevanz zuschreiben, doch

> „in realiter gar nicht auf einen interaktiven, unmittelbaren und wechselseitig aufeinander Bezug nehmenden Dialog ausgerichtet sind [...]. Selbst das eigentlich idealtypisch dialogorientierte Wahlkampfinstrument Haustürwahlkampf wird hinsichtlich der Realisation von Dialog mit den Wählern eher als Akt symbolischer Politik verstanden" (Geise, Podschuweit 2019: 184).

Also: Weg von der Symbolpolitik und rein in echte Gespräche! Wenn Sie sich mehr auf das Zuhören konzentrieren,

1. vermitteln Sie Wertschätzung,
2. erhalten Sie wertvolle Informationen darüber, wie Ihr Gegenüber denkt,
3. müssen Sie sich nicht auf das sture Erlernen von Argumenten und Gegenargumenten fixieren, sondern können Gespräche dynamisch gestalten – und denken Sie daran: Nie besserwisserisch oder arrogant auftreten, lassen Sie sich auch ein Lachen entlocken. Weitere Informationen dazu erhalten Sie in Kap. 4. Zögern Sie auch nicht, sich zu diesen Themen schulen zu lassen! Wie Beispielschulungen zur Mitgliedergewinnung aussehen können, erfahren Sie in Abschn. 4.4. Damit können Sie dann auch einschätzen, ob eine solche Professionalisierungsmaßnahme für Sie selbst sinnvoll ist.

Das leitet über zu der Frage nach den Fähigkeiten, die Sie selbst als Werbende*r benötigen. Die Literatur spricht hierbei von den *Politischen Fertigkeiten,* die dazu hilfreich sind. Darunter fallen die Fähigkeit, soziale Netzwerke zu knüpfen, ihr Einfluss auf andere Menschen, ihr sozialer Scharfsinn, um Situationen ‚lesen' zu können und die wahrgenommene Aufrichtigkeit, also die Frage danach, für wie aufrichtig und vertrauenswürdig man Sie hält (siehe dazu z. B. Oerder 2015;

Ferris et al. 2005). Je aufrichtiger Sie wirken, umso mehr Vertrauen erhalten Sie von Ihrem Gegenüber und umso besser können Sie andere Menschen von etwas überzeugen.

A propos Vertrauen: Dieses gilt es nicht zu unterschätzen. In der Wahlforschung lässt sich bereits seit den 1940er und 1950er Jahren die Einsicht erkennen (Berelson et al. 1986), dass Menschen politische Einstellungen eher von denjenigen Menschen übernehmen, die ihnen nahestehen bzw. persönlich gut bekannt sind. Flüchtige Bekannte oder Fremde können diesen Effekt nicht erzeugen (Schoen 2014: 173).

Daher gilt es vor allem, die oben schon genannte Netzwerk-Strategie zu nutzen, im Rahmen derer Sie vor allem Menschen aus dem eigenen Freundes-, Familien- und Bekanntenkreis ansprechen. Diese Menschen vertrauen Ihnen bereits und wissen, Sie einzuschätzen. Die Forschung postuliert dazu übrigens, dass der gute Ruf, den Ihre Partei bei Ihnen (durch die Mitgliedschaft per se) genießt, auch sozial abstrahlen kann. Sprich: Wer Ihnen aus Ihrem sozialen Nahraum sehr zugewandt ist, wird von einer Ihrerseits hohen Meinung Ihrer Partei ebenfalls eine ebensolche Meinung einnehmen können. Das ist zwar, wie bei allen Grundbedingungen menschlichen Verhaltens, kein immer und ohne Ausnahme wirkender Mechanismus, aber es ist einer, der deutlich wahrscheinlicher dann ausgelöst wird, wenn Bekanntheit und Vertrauen vorliegen (siehe dazu weiter Booth 1985 sowie Michel, Gmür 2017).

Die Wirkung dieser Fertigkeiten muss in der Forschung zwar noch weiter untersucht werden, aber erste Untersuchungen im deutschsprachigen Raum zeigen Indizien dafür, dass politische Fertigkeiten in der Mitgliedergewinnung eine positive Rolle spielen (Oerder 2015: 134). Was den Effekt der politischen Fertigkeiten auf die Mitgliedergewinnung betrifft, so kann hier auch die Organisationskultur eine Rolle spielen (Oerder 2015: 134–135). Das haben Sie in Ihrer Praxis bestimmt auch schon kennengelernt: Zwar haben Sie ein Gespräch mit einer interessierten Person, doch verweist diese darauf, von Ihrer Partei vor Ort schon gehört zu haben. Es gebe viel Streit, das lese man auch in den Lokalnachrichten und überhaupt, wie könne ein so zerstrittener Haufen denn überhaupt im Gemeinderat oder Stadtrat gute Politik machen? Und ohnehin seien Parteien nur mit sich selbst beschäftigt, und was in Berlin laufe, dass könne man ja niemandem erklären. Die schauten ja gar nicht ‚nach unten', sondern nur auf ihre Knete.

Was Sie hier vorfinden, ist der typische Ausdruck des schlechten Images, das Parteien leider mehrheitlich haben. Nicht nur wird die Regierungsarbeit im obigen Beispiel kritisiert, sondern auch die interne Struktur und Kultur vor Ort („zerstrittener Haufen"). Das berührt die Frage nach dem Image und der Wahrnehmung Ihrer Partei aus marketingorientierter Perspektive. So wie Sie nach innen agieren, wirken Sie auch nach außen. Ihre Markenidentität nach innen strahlt auf

Ihr Markenimage nach außen aus (Meffert et al. 2019). Wenn Sie also wissen, dass Bürger*innen Ihre Partei auf der lokalen Ebene als zerstritten oder allzu konfrontativ wahrnehmen, dann spiegeln Sie das Ihren Genoss*innen und Parteikolleg*innen. Wir glauben nicht, dass es allein mit einem kleinen Wortbeitrag getan ist, den Sie zur nächsten Sitzung an die anderen Mitglieder richten. Ein jedoch in deutlichen Worten, aber dennoch von Wertschätzung geprägtem vorgetragenen Monolog dazu, wie die Menschen die Partei vor Ort wahrnehmen und wie das Ihnen die Mitgliedergewinnung unmöglich macht, kann einige wachrütteln – Sie sollten es daher zumindest versuchen.

Sollten Sie hingegen ein gutes Innenleben sowie eine gute Außenwahrnehmung vor Ort erfahren, können Sie auf diesem aufbauen und Marketing strategisch angehen. Dazu müssen Sie nicht Betriebswirtschaftslehre studiert haben. Es genügen Info-Broschüren, Zeitschriften, Newsletter, Info-Mailings und Social Media Postings, mit denen Sie immer wieder auf die Leistungen, Forderungen und Erfolge Ihrer Partei, ob vor Ort oder von höheren Organisationsebenen berichten. Je mehr dieser Instrumentarien Sie nutzen, umso besser, aber auch aufwendiger. Vielleicht steht Ihnen dazu bereits ein Team zur Verfügung, das diese Aufgaben ohnehin schon erledigt und gemeinsam mit Ihnen auch Informationen verbreitet, die direkt in den Bereich der Mitgliedergewinnung ragen.

Vor der Praxis liegt immer trockene Theorie: auch im Fall der Mitgliederwerbung. Verschaffen Sie sich zunächst einen Überblick über die Klientel, mit der Sie arbeiten, und passen Sie Ihre Strategien daran an. *Targeting* ist der dafür ausgelobte Fachbegriff, agieren Sie ortsabhängig, personenbezogen und situationsangemessen! Für die jeweiligen Voraussetzungen und erwartbaren Verhältnisse vor Ort kann das im Groben bedeuten, dass sie vorab die letzten Wahlergebnisse studieren; ein viel feineres Instrumentarium liefern demgegenüber Milieukarten. Der wichtigste Schritt besteht schließlich darin, hinauszugehen und aktiv zu werden. Statistisch gesehen gewinnen Sie allein dadurch, dass Sie diese Schwelle überspringen, zwei Neumitglieder pro Jahr. Besonders erfolgreich sind Sie, wenn mit einem *guten Image* auftreten und in Ihrer persönlichen Ansprache wertschätzend kommunizieren. Überzeugen, nicht Überreden, lautet die Zielvorgabe!

3.5.3 Zwischenfazit

Mitgliederwerbung wirkt! Sie haben bisher womöglich den Eindruck gewonnen, dass der Erfolg von Mitgliedergewinnung von vielen Schaltstellen abhängt. Würden wir diesen Eindruck verneinen wollen, wären wir unehrlich. Eine komplexe

Welt mit einfachen Lösungen bearbeiten zu wollen, ist zwar Strategie so mancher Partei, führt aber selten zum Erfolg. Wir empfehlen Ihnen, das bisher Gelesene wie eine Blaupause vor Augen zu halten, aber nicht den Anspruch an sich zu richten, alles davon selbst bearbeiten zu können. Das Wichtigste ist und bleibt die direkte Ansprache. Diese können Sie mit – verhältnismäßig – einfachen Mitteln verbessern. Alles, was dann zum Parteimarketing relevant ist, was zur Organisation vor Ort gehört und was das Image Ihrer Partei betrifft, können Sie nicht über Nacht verändern. Bleiben wir daher im Wesentlichen bei den Vorzügen der direkten Ansprache.

Zum einen konnte dazu festgestellt werden, dass Ihre eigene Überzeugung davon, politisch wirksam werden zu können, auch Ihren Erfolg in der Mitgliederwerbung beeinflusst (Jakobs 2021: 285). Was ebenfalls den Erfolg der Mitgliederwerbung steigert – wenig überraschend –, ist das Commitment der Mitglieder. Wer ein starkes Zugehörigkeitsgefühl zu seiner bzw. ihrer Partei hat sowie dieser eine große persönliche Bedeutung beimisst, der/die wirbt auch mehr Mitglieder als diejenigen, die ein nur geringes Zugehörigkeitsgefühl haben. Das gilt gleichermaßen auch für die Mitglieder, die sich mit ihrer Partei stark sozial identifizieren und es gilt auch für die Mitglieder, deren Arbeit von anderen Parteimitgliedern und höheren Parteiebenen wertgeschätzt wird (Jakobs 2021: 298). Wer also Wertschätzung in seiner/ihrer Parteiarbeit erlebt und zugleich ein hohes Zugehörigkeitsgefühl empfindet, kann das besser und authentischer ausstrahlen. Damit springt dann auch der Funke der Begeisterung für die eigene Partei auf potenzielle Neumitglieder über. Auch hat sich empirisch gezeigt, dass die Zahl an Unterstützer*innen, die Sie in der Mitgliederwerbung haben, die Zahl der von Ihnen geworbenen Mitglieder steigern kann (Jakobs 2021: 286). Dieser Befund ist fast schon als trivial zu bezeichnen, doch von höchster Wichtigkeit. In Abschn. 4.4.1 reißen wir an, wie Sie Ihre Arbeit in der Mitgliedergewinnung gemeinsam organisieren können. Wenn Sie bisher ‚Einzelkämpfer*in' waren, dann sollte Ihr vordringliches Ziel sein, das zu ändern. Suchen Sie sich Unterstützung. Die Praxiserfahrung der Autoren hat gezeigt, dass auch hier die direkte Ansprache wirkt. Häufig haben Menschen aus Ihrem Ortsverein bzw. Ortsverband gar nicht vor Augen, wie viel Sie leisten und dass Sie sich eigentlich Hilfe und Unterstützung wünschen. Was weiterhin wirkt, ist auch die Häufigkeit der Mitgliederwerbung (Jakobs 2021: 286). Und auch dieser empirisch belegte Zusammenhang ist trivial, und auch er ist äußerst wichtig. Je mehr Unterstützung Sie haben, je mehr Wertschätzung für Ihre Arbeit erleben Sie. Je lieber Sie Ihre Arbeit ausführen, umso häufiger machen Sie sie. Und umso häufiger Sie Werbegespräche durchführen, umso mehr Menschen können Sie potenziell erreichen.

Was dann in der korrekten Ansprache wirkt, ist je nach Partei unterschiedlich. Untersucht wurden von Jakobs (2021) die SPD und die CDU. Bei den Werber*innen der SPD war dabei hilfreich, Bürger*innen in einem Gewinnungsgespräch auf die Politikerfolge der Partei hinzuweisen. Bei beiden Parteien war hilfreich, Mitgliederwerbeaktionen in bestimmten Zeiträumen durchzuführen und wiederum bei der SPD war hilfreich, vor Mitgliederwerbeaktionen die finanziellen und organisatorischen Rahmenbedingungen der Mitgliedergewinnung zu klären (und beispielsweise Unterstützung bei Kreis- bzw. Regionalgeschäftsführer*innen zu suchen) (Jakobs 2021: 288). Diese Unterstützung von anderen Organisationsebenen stand dabei insbesondere bei der CDU in Zusammenhang mit der Zahl der geworbenen Mitglieder (Jakobs 2021: 295).

Was weiterhin nützlich in der Mitgliedergewinnung erscheint, ist der Aufbau einer Adresskartei. Fragen Sie Menschen, bei denen Sie ein gewisses Interesse an einer Parteimitgliedschaft verspüren, danach, ob Sie Handynummer oder Mailadresse speichern dürfen. Weisen Sie dann darauf hin, dass sie den Personen gerne Informationen zu aktuellen Veranstaltungen vor Ort zusenden möchten oder einfach mal nachhorchen möchten, welche aktuellen Probleme die Person politisch sieht und welche Lösungsstrategien Sie vor Ort dazu anbieten können (immer bezogen auf die lokale Politik; niemand sollte von Ihnen erwarten können, den Weltfrieden herzustellen). Um hier nicht allzu redundant zu werden, verweisen wir gerne auf die Ausführungen zu Werbestrategien erfolgreicher Werber*innen in Abschn. 3.3 dieses Buches sowie auf die Praxishilfen im nächsten Kapitel.

Ab in die Praxis!

4

Nun sind Sie in unserem Praxisteil angekommen – hier beginnt die eigentliche Arbeit. Auch möchten wir Ihnen vorab wieder einen kleinen Wegweiser geben. In Abschn. 4.1.1 gehen wir einem Thema auf den Grund, das Ihre Mitgliederwerbung stets flankieren sollte: die politische Strategie. Wie eine politische Strategie der Mitgliedergewinnung aufgebaut sein kann, was Sie beachten sollten und wie Sie mit einfachen Mitteln Ihre Zielgruppen analysieren können, zeigen wir Ihnen dort. Im Abschn. 4.1.2 sprechen wir über Kommunikation, insbesondere die politische Kommunikation. In Abschn. 4.1.3 gehen wir der politischen Sprache nach und zuletzt, in Abschn. 4.1.4, sprechen wir über das Thema Priming und Framing. Der gesamte Abschn. 4.1 bietet damit die Grundvoraussetzungen Ihrer Praxisarbeit und erläutert, warum es wichtig ist, sich mit den behandelten Themen auseinanderzusetzen. In Abschn. 4.2 stehen praktische Übungen und Beispiele zum Zuhören, Argumentieren und Überzeugen auf dem Plan. Wir empfehlen Ihnen, Abschn. 4.1 vorher zu lesen – doch auch hier gilt, dass Sie Abschn. 4.2 auch nachvollziehen können, wenn Sie die vorangegangenen Teile übersprungen haben. Wenn Sie mit Ihrem Ortsverein oder Ortsverband ganzheitlich am Thema Mitgliedergewinnung arbeiten wollen, sollten Sie sich allerdings für die Lektüre der ersten Abschnitte Zeit nehmen. In Abschn. 4.3 erläutern wir, wie Sie Frustrationen aushalten und mit schwierigen Gesprächspartner*innen umgehen können, also den Menschen, die bei Ihnen als Parteimitglied Frust und Ärger abladen möchten. Was wir Ihnen dort berichten und nahelegen, verwenden wir auch in unserer eigenen Beratungs- und Trainingsarbeit. In Abschn. 4.4 möchten wir Ihnen dazu ein Beispiel geben und zeigen, wie ein Seminar zur Vermittlung von Techniken zur Mitgliederwerbung ablaufen kann. Wenn Sie dieses Buch komplett gelesen haben, sollten Sie in der Lage sein, ein solches Seminar mit den essenziellen Bausteinen in Ihrem eigenen Verband durchzuführen. Ansonsten sprechen Sie uns gerne an! Zuletzt geben wir Ihnen in Abschn. 4.5 zehn Punkte

S. Jakobs und V. Schwab, *Mitgliederwerbung in und für Parteien*,
https://doi.org/10.1007/978-3-658-37127-2_4

zum Mitnehmen an die Hand – das soll unser Fazit sein, mit dem wir Sie in die praktische Arbeit der Mitgliederwerbung entlassen möchten. Wir danken Ihnen bereits an dieser Stelle für die Lektüre und freuen uns über Erfahrungsberichte Ihrerseits[1]!

4.1 Grundlagen erfolgreicher Praxisarbeit

Es folgen die Erläuterungen zu den Grundlagen erfolgreicher Praxisarbeit. Lassen Sie sich dabei von der Struktur der anschließenden Abschnitte nicht verwirren. In Abschn. 4.1.1 erläutern wir das Konzept der politischen Strategie, in Abschn. 4.1.2 die Grundlagen und Relevanz zur Kommunikation und in Abschn. 4.1.3 kommen wir zu den Besonderheiten der politischen Sprache. Wenn Sie diese gelesen haben, können Sie in Abschn. 4.1.4 das Thema Priming und Framing bearbeiten und versuchen, einen eigenen Frame für Ihre politische Arbeit zu bauen. Wir empfehlen dazu, dass Sie sich mit anderen Parteimitgliedern zusammensetzen. Gute Frames sind häufig das Ergebnis einer Gemeinschaftsarbeit.

4.1.1 Politische Strategie und strategische Zentren

4.1.1.1 Auftrag und Situationsanalyse

In diesem Abschnitt möchten wir auf die politische Strategie und politische Zentren *in der Praxis* eingehen. Nehmen wir zum Ausgangspunkt nochmal den Begriff der *Strategie* also der Ziel-Mittel-Kalkulation mit Erfolgsorientierung (Jun 2004: 94). Diese Definition lässt sich für die Praxis der Mitgliederwerbung mit Leben füllen. Mit den vorhandenen Mitteln (also Parteikolleg*innen/Parteigenoss*innen, eventuell finanziellen Ressourcen, Plakat- und Werbematerial und vor allem Kenntnissen, die Sie und andere haben) soll ein gewisses Ziel erreicht werden, nämlich die Werbung neuer Mitglieder. Die Zielerreichung, beispielsweise eine gewisse Zahl an Mitgliedern, die gewonnen werden sollen, lässt sich dann als *Erfolg* bezeichnen.

Dazu empfehlen wir Ihnen nun, eine zumindest kleine strategische Anlage zu entwickeln, *mit wem* Sie in der Mitgliederwerbung arbeiten können, *wie* Sie vorgehen wollen, *wann* welche Schritte erfolgen sollen und *inwiefern Sie den Erfolg*

[1] Lassen Sie uns gerne Ihre Erfahrungen unter simon.jakobs@die-mitgliederwerber.de zukommen!

der (Zwischen)Schritte kontrollieren können. Nehmen wir an, Sie sind Mitgliederbeauftragte*r in Ihrem Ortsverband bzw. Ortsverein. Ob Sie dieses Amt offiziell bekleiden oder ob Sie inoffizielle*r Mitgliederbeauftragte*r sind, ist hier gleichgültig. Dann gilt in einem ersten Schritt zu evaluieren, ob Sie sich selbst für alle Aufgaben bereit fühlen, die mit dem Amt verbunden sind. Das heißt Mitglieder gewinnen, Mitglieder binden, ausgetretene Mitglieder zurückholen. Wenn Sie feststellen, dass das in der Vergangenheit einfach zu viel war, sollte Ihre erste strategische Überlegung darin bestehen, wer Ihnen helfen könnte. Wem könnten Sie beispielsweise die *Aufgabe delegieren,* die Mitgliederbindung zu übernehmen, wer könnte das Rückholmanagement übernehmen? Zwei von drei Aufgaben hätten Sie dann abgegeben und könnten sich auf die Entwicklung von Werbeaktionen und die Durchführung von Werbegesprächen konzentrieren. Zudem könnten Sie mit der gewonnenen Zeit – es ist ja immer noch ein Ehrenamt – mehr direkte Mitgliedergewinnungsgespräche durchführen.

Sagen wir, Sie stehen an dem Punkt, dass Sie sich von anderen Aufgaben befreit haben und sich in den nächsten Wochen ganz auf die Mitgliedergewinnung konzentrieren können. Ein Zehnschritt der strategischen Vorbereitung nach Schröder (2011: 51 ff.) kann Ihnen dabei sehr helfen.

> „In den zehn Schritten müssen Antworten auf folgende Fragen gegeben werden:
>
> 1. Was soll überhaupt geplant werden und mit welchem strategischen Ziel? (Der Auftrag)
> 2. Wie ist die Situation zu bewerten, aus der heraus der Auftrag durchgeführt werden soll? (Die Situationsanalyse und -bewertung)
> 3. Welche strategischen Entscheidungen müssen getroffen werden, um in der gegebenen Situation den Auftrag erfolgreich durchführen zu können? (Formulierung von Teilstrategien)
> 4. Welche taktischen Teilziele müssen erreicht werden, um den Auftrag durchzuführen? (Die Zielformulierung)
> 5. Was soll das interne und externe Umfeld von uns denken? (Das Zielimage)
> 6. Welche Gruppen (intern und extern) sind für die Erreichung unserer taktischen Teilziele wichtig und welche Gruppen entwickeln aufgrund des Zielimages ein spezifisches Interesse an uns? (Die Zielgruppen)
> 7. Welche spezifischen Imagefaktoren sind für definierte Zielgruppen wichtig? (Zielgruppen-Botschaft)
> 8. Wie erreichen wir unsere Ziele bei unseren Zielgruppen? (Hauptinstrumente)
> 9. Wie überführen wir die Strategie in die Taktikplanung? (Zeit- und Maßnahmenplanung)
> 10. Welche Kontrollinstrumente benutzen wir für die Überwachung der Durchführung der Strategie und für die Erfassung von Umfelddatenänderungen zur Anpassung der Strategie? (Strategiecontrolling)“ (Schröder 2011: 50–51).

Beginnen wir also mit der Auftragsformulierung. Wahrscheinlich wollen Sie formulieren: „Wir wollen Mitglieder gewinnen!“ Besser wäre es aber, direkt eine Zahl anzugeben: „Wir wollen zwanzig Mitglieder gewinnen!“ Das klingt schon greifbarer, sagt aber noch nix darüber aus, in welchem Zeitraum Sie das schaffen möchten. Sagen wir also: „Wir wollen zwanzig Mitglieder in drei Monaten gewinnen!“

Das geistige Ohr der Autoren dieses Buchs hört zwei Einwände von Leser*innenseite. Der eine Einwand lautet, dass das Ziel viel zu hochgesteckt sei, der andere, dass es zu niedrig sei. Eine*r ruft von einem kleinen Ortsverband/Ortsverein aus, der andere von Stadtverbandsebene einer dicht besiedelten Großstadt aus. Es gilt, den Auftrag an das anzupassen, was Sie für realistisch halten. Das ist dann die schon genannte Ziel-Mittel-Kalkulation. Je nachdem, wie Ihre Aktivenstruktur vor Ort ist, ob Ihre Region städtisch oder ländlich geprägt ist, dicht besiedelt oder weniger dicht besiedelt ist und nicht zuletzt, welche politischen Einstellungen vor Ort überwiegen – all das macht einen ganz entschiedenen Teil der Auftragsformulierung aus. Wenn Sie einen ungefähren Schätzwert ermitteln möchten, dann können Sie in den Beitrag von Niedermayer (2022) blicken und dort einen Wert ablesen, der für Ihr Bundesland realistisch zu sein scheint. Beziehen Sie dabei aber immer auch ein, ob Sie in einer Stadt oder in einer ländlichen Region wohnen. Dazu schauen wir uns einmal die Mitgliederzahlen einer ausgewählten Partei an, sagen wir der FDP. Die FDP hat 2021 77.276 Mitglieder in ihrer Kartei zählen können (Niedermayer 2022: 387). Die Rekrutierungsfahigkeit, also der Anteil der Parteimitglieder in Prozent zu allen Menschen, die parteibeitrittsberechtigt sind, betrug damit 0,09. Sprich: 0,09 % der Bevölkerung, oder aufgerundet 0,1 % der Bevölkerung, ist FDP-Mitglied. Das wäre dann in Deutschland jede*r Tausendste aus der Gruppe derjenigen, die alt genug sind, um laut Satzung der Partei beizutreten. In Hessen ist der Rekrutierungsgrad jedoch höher und liegt bei 0,12, in Thüringen beträgt er nur 0,06. Während also in Hessen eine*r unter Tausend Mitglied der FDP ist, ist es in Thüringen nur eine*r unter Zweitausend. Das heißt, wenn Sie jetzt ganz streng nach Zahlen vorgehen wollen: Wenn Ihre Gemeinde oder Stadt in Hessen liegt, 10.000 Einwohner*innen zählt und Sie für die FDP Mitglieder werben wollen, dann können Sie als realistisches Ziel der Mitgliederwerbung zehn Neumitglieder im Zeitraum von 9–12 Monaten setzen. Schauen Sie dabei auch auf die Mitgliederentwicklung vor Ort und überprüfen Sie, wie hoch die Eintritte und wie hoch die Austritte waren. Liegen die Eintritte brach oder fluktuieren Sie? Wie ist die Stimmung gegenüber Ihrer Partei allgemein und wie speziell vor Ort? Blicken wir nochmal auf die FDP. Allein 2021 hat die Partei einen Mitgliederzuwachs von 13.515 Mitgliedern erfahren, das waren mehr als bei der SPD, die doch erheblich größer ist. In Prozentzahlen des Mitgliederbestandes bedeutet das eine Zunahme von 20,5 % in einem Jahr (Niedermayer 2022: 401). Man kann durchaus davon sprechen, dass die Partei insgesamt gut in der Bevölkerung ‚anzukommen' scheint, zumindest mit Blick auf 2021. Für Sie kann das die Werbung im lokalen Nahraum deutlich erfolgreicher machen. Neuere Zahlen werden Sie nur auf Anfrage an Ihre eigene Partei erhalten.

Neben dieser reinen zahlengesteuerten Vorgehensweise müssen Sie berücksichtigen, dass das nur ein ungefährer Näherungswert sein kann. Er bietet Ihnen aber Orientierung sowie den Anreiz, einen bestimmten Wert zu erreichen. Dass eine Person allein diese Zahl an Neumitgliedern pro Jahr werben kann, ist noch nicht einmal unrealistisch (siehe Jakobs 2021). Es ist aber a) ein hohes Ziel und b) eine Gemeinschaftsaufgabe. Zu letzterem kommen wir in den weiteren Schritten.

In einem zweiten Schritt folgen dann die Situationsanalyse sowie die Bewertung der Situation. Hier hilft das IMM, das bereits in diesem Buch aufgezeigt und in Abb. 2.4 wiedergegeben wurde. In Ihrer strategischen Vorbereitung können Sie in der Situationsanalyse evaluieren, welche allgemeinen und spezifischen Parteibeitrittsfaktoren Sie bei Menschen, die Sie bereits kennen und für eine Mitgliedschaft begeistern möchten, erkennen können – und welche Hemmnisse. Ihre aktive Mitgliederwerbung bietet dann den Auslöser, den Push-Faktor, bestehende Beitrittswünsche in einen tatsächlichen Beitritt zu überführen.

In dieser zweiten Phase der Situationsanalyse und -bewertung geht es auch ganz explizit um ihre eigene Schlagkraft vor Ort. Wir erklären Ihnen weiter unten gerne den Ablauf einer beispielhaften Strukturanalyse Ihres Wahlkreises, aber das sagt letztlich nichts darüber aus, wie Ihre Partei von innen aufgestellt ist. Kämpfen Sie im Ortsverein bzw. Ortsverband allein auf weiter Flur oder haben Sie Unterstützung? Wie stark sind auch die politischen Gegner? Agieren Sie in einer Hochburg *Ihrer* Partei oder in einer Hochburg einer der *anderen* Parteien?

Um hier ein wenig Ordnung in Ihre Gedanken zu bringen, empfiehlt sich die Erstellung einer SWOT-Analyse. Dazu schreiben Sie die *Stärken (**S**trengths)*, *Schwächen (**W**eaknesses)*, *Chancen (**O**pportunities)* und *Risiken (**T**hreats)* auf, die Sie vor Ort in Ihrer Partei, aber auch in den anderen Parteien sehen. „Diese Analyse kann z. B. in Form eines World Cafés erfolgen, was durch seinen partizipativen und ungezwungenen Charakter das Mitmachen und den gegenseitigen Austausch fördert" (Unger et al. 2022: 381). Selbiges gilt auch für die Methode des Brainstormings und Brainwritings, mit der Sie und Ihre Parteikolleg*innen bzw. -genoss*innen in den Austausch zur Ideenfindung gehen können. Dabei gibt es auch Verfeinerungen dieser Methode, die ein strukturierteres Vorgehen ermöglichen (Unger et al. 2022: 382 ff.). Nicht zuletzt fördert dies das gemeinsame, partizipative Vorgehen und ermöglicht somit bereits in der zweiten Strategiestufe das Teambuilding en passant – denn wie gesagt: Es ist wichtig, dass Sie das Projekt Mitgliedergewinnung nicht alleine schultern und auch nicht den Eindruck erhalten, dies tun zu müssen.

Neben der Analyse Ihrer eigenen Partei sowie der anderen Parteien gilt es, Potenziale zu entdecken. Dazu können Sie auf die vorhandenen Mobilisierungsplaner Ihrer Parteien zurückgreifen oder selbst einen eigenen kleinen Mobilisierungsplan erstellen. Mit öffentlichen Daten kommen Sie dabei bis auf die Wahlbezirksebene (ca. 1000 Wahlberechtigte) hinunter. Wir zeigen Ihnen im Folgenden, wie das funktionieren kann:

Um Ihnen ein Beispiel zu geben, geben wir hier eine Schritt-für-Schritt-Anleitung vor, wie Sie einen Wahlkreis besser einschätzen können. Nehmen wir dazu als Beispiel den Wahlkreis 296: Saarbrücken im Rahmen der Bundestagswahl 2021. Gewählt im Wahlkreis wurde hier mit 36,9 % der Erststimmen Josephine Ortleb von der SPD. In Zweitstimmen erhielt die SPD 38,1 % der Stimmen. Wir können also feststellen, dass das Potenzial für die SPD, hier Mitglieder zu gewinnen, am größten unter allen Parteien scheint. Mitglieder anderer Parteien müssen aber nicht verzagen, sondern können sich die Daten im Einzelnen anschauen. Dabei lag folgende Erst- und Zweitstimmenverteilung zur Bundestagswahl 2021 vor:

In Abb. 4.1 sehen Sie die einzelnen Stimmverteilungen. Links ist jeweils der Erststimmenanteil angegeben, rechts der Zweitstimmenanteil. Die Wahlbeteiligung lag hier bei 74,0 %, damit wissen Sie also, dass 26,0 % der Wähler*innen im ‚Dunkelfeld' bleiben. Sie können schlichtweg nicht ausmachen, ob es sich um entschlossene Nichtwähler*innen handelt oder um Wähler*innen, die aus für sie guten Gründen am Wahltag nicht wählen konnten und vorherige Briefwahl nicht beantragt/durchgeführt haben. Dass die Grünen hier keinen zweiten Balken erhalten, ist einer besonderen Situation geschuldet: Durch Fehler bei der Listenaufstellung blieben die Grünen von der Bundestagswahl in der Zweitstimme ausgeschlossen. Hier haben Sie als Näherungswert also nur den Erststimmenanteil vorliegen.

Ein weiterer Klick auf der Webseite des Bundeswahlleiters eröffnet Ihnen Einblicke in die Strukturdaten des Wahlkreises (Der Bundeswahlleiter 2021c)[2]. Darin sehen Sie beispielsweise, dass 15,0 % der im Wahlkreis wohnhaften Menschen (die Daten liegen dem Bundeswahlleiter hier für den 31.12.2019 vor) unter 18 Jahren alt sind, zwischen 18 und 24 Jahren 8,3 % der Menschen sind, usw. Wenn Sie dann diese Daten mit den Daten der Gesamtbevölkerung für Ihren

[2] Hier geht es direkt zu den Strukturdaten: https://www.bundeswahlleiter.de/bundestagswahlen/2021/ergebnisse/bund-99/land-10/wahlkreis-296.html.

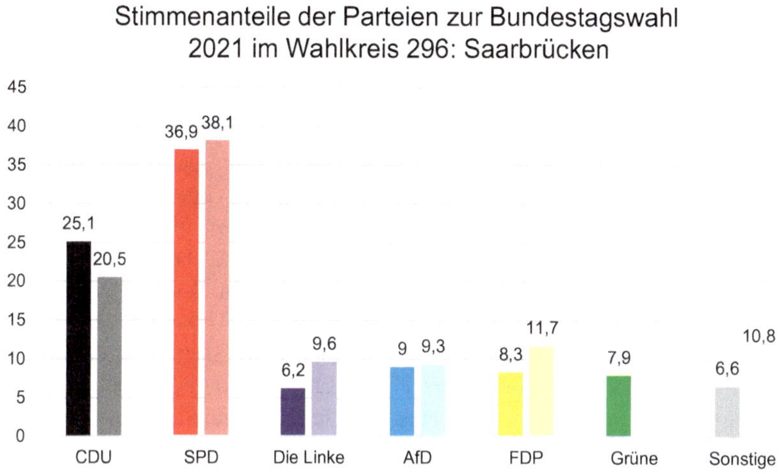

Abb. 4.1 Stimmenanteile der Parteien zur Bundestagswahl 2021 im Wahlkreis 296. (Quelle: Eigene Darstellung nach Daten von Der Bundeswahlleiter (2021b)[3])

Wahlkreis abgleichen (die Sie auch beim Bundeswahlleiter einsehen können), erhalten Sie ein Gespür dafür, wie Ihr Wahlkreis (ungefähr!) in Relation zur Gesamtbevölkerung ausgestaltet ist. Neben den Strukturdaten zum Alter gibt es auch die Daten zum Durchschnittseinkommen, zum PKW-Bestand, zu den Schulabschlüssen der Menschen, zur Branchenverteilung der Arbeitnehmer*innen, zur Arbeitslosenquote und vieles mehr. Wie Sie aus Kap. 2 wissen, sind diese Daten äußerst hilfreich: Ressourcenstärkere Menschen sind leichter zur Partizipation zu bewegen als ressourcenschwächere Menschen. Daraus können Sie wiederum ableiten, ob es in Ihrem Wahlkreis ‚leichter' oder ‚schwieriger' wird, Menschen für eine Parteimitgliedschaft zu begeistern und welche Frustrationstoleranz Sie entsprechend aufbauen müssen.

Gehen wir davon aus, dass Sie als Leser*in zufällig Saarbrücker*in sind und jetzt denken: „Aber Saarbrücken ist doch viel diverser als es die Daten für einen gesamten Wahlkreis mit 193.000 Wahlberechtigten angeben! Wie soll ich denn wissen, wie die Menschen bei mir vor Ort ‚ticken'?" Das ist eine berechtigte Frage; kostenfreie Daten können uns jedoch noch etwas tiefer führen. Dazu benötigen Sie lediglich rudimentäre Excel-Kenntnisse.

[3] Hier geht es direkt zum Ergebnis: https://www.bundeswahlleiter.de/bundestagswahlen/2021/ergebnisse/bund-99/land-10/wahlkreis-296.html.

Gehen wir exemplarisch tiefer hinein in die Daten. Dazu verlassen wir den Bundeswahlleiter und suchen beim Landeswahlleiter des Saarlandes die entsprechenden Daten für die Bundestagswahl 2021. Auch hier werden Sie feststellen, dass Sie schnell an Grenzen geraten. Doch die Kommunen bieten in der Regel eine Aufbereitung der Daten einzelner Stimmbezirke. Für die Stadt Saarbrücken finden Sie dazu einige Dateien auf der Webseite der Stadt, die Ihnen weiterhelfen (Stadt Saarbrücken 2021)[4]. Sagen wir, Sie wohnen im Gebiet St. Johann und wollen dort Mitglieder werben. Hier können wir über das Wahlbezirksverzeichnis zur Landtagswahl (ein anderes war bei einfacher Recherche, die auch Sie betreiben wollen, ohne Ämter kontaktieren zu müssen) ermitteln, dass der Wahlbezirk St. Johann die Nummer 13 trägt (Stadt Saarbrücken 2022)[5]. Diese Nummer wird gleich noch wichtig sein. In der Datei „Bundestagswahl-Stadtteil" (Stadt Saarbrücken 2021) können Sie die unterschiedlichen Stimmverteilungen erkennen. Den Prozentwert muss man dabei selbst errechnen. In einer Spalte sehen Sie dabei den Wert der Wähler*innen, der hier bei 17.774 lag (nicht zu verwechseln mit der Zahl der Wahlberechtigten, die bei 22.101 lag). Für die CDU beträgt die Zahl der Wähler*innen in der Zweitstimme 2745, was ein Ergebnis von 15,4 % bedeutet. Bei der SPD – wir kürzen an dieser Stelle ab – sind es 37,0 %, für Die Linke 17,1 %. Die AfD kam auf 3,8 %, die FDP auf 13,1 % und bei den Grünen finden Sie eine 0 in der entsprechenden Spalte, da die Partei nicht zur Listenwahl antreten durfte. Sie können aber auch die Erststimmenanteile ablesen. Diese lagen für die Grünen bei 18,2 %.

Damit wissen Sie, mit Blick auf das Wahlergebnis im Wahlbezirk St. Johann (im Wahlkreis Saarbrücken) schon mal einiges mehr: Die CDU schnitt unterdurchschnittlich ab, die SPD lag fast genau im Schnitt. Die AfD schnitt deutlich unterdurchschnittlich ab, die FDP hingegen leicht überdurchschnittlich. Linke und Grüne schnitten deutlich überdurchschnittlich ab. Für diese beiden Parteien liegen damit in St. Johann deutlich überdurchschnittliche Mitgliederpotenziale, wobei Sie immer davon ausgehen müssen, dass die Wahl einer Partei noch lange keine Mitgliedschaftsbereitschaft bedeutet.

Nun sind Sie aber immer noch nicht zufrieden und rufen diesem Buch entgegen: „Ja aber St. Johann hat doch auch über 20.000 Wahlberechtigte! Das ist doch immer noch zu grob!" Sie haben weiterhin völlig Recht. Wir können nun mit öffentlichen Daten noch eine Ebene tiefer gehen.

---

[4] Hier geht es direkt zu den Daten: https://www.saarbruecken.de/rathaus/stadtpolitik/wahlen/wahlergebnisse_bundestagswahl_2021.

[5] Hier geht es direkt zum Verzeichnis: https://ffmop.de/media/download-5cd557c2ebce9.

Im Wahlbezirksverzeichnis finden Sie zu **jeder Straße** den entsprechenden Wahlbezirk (Stadt Saarbrücken 2022). Sagen wir, Sie wohnen in der Straße „Am Hügel". Ihr Wahllokal wäre dann die *Katholische Kirchengemeinde Maria-Königin* (Stadt Saarbrücken 2022: 44). Auf der Webseite der Stadt Saarbrücken laden Sie sich dann die Datei „Bundestagswahl – Wahlbezirk" herunter (Stadt Saarbrücken 2021). Da Sie wissen, dass St. Johann die Nummer 13 trägt, können Sie direkt dorthin scrollen. Sie sehen dann für die Bundestagswahl 2021 unter der Nummer 1362 die *Katholische Kirchengemeinde Maria-Königin*. Hier wiederum können Sie dann die einzelnen Wahlanteile für den Wahlbezirk ermitteln. Gewählt haben dort insgesamt 402 Menschen bei 1071 Wahlberechtigten. Ihnen wird in dieser Liste auffallen, dass die Wahlbeteiligung in den Wahlbezirken extrem niedrig ist – und zwar bei allen Bezirken. Das liegt unter anderem an der sehr hohen Zahl an Briefwähler*innen, deren Stimmverteilungen Sie leider nicht auf Wahllokalebene auswerten können. Nutzen Sie die Daten dennoch als Näherungswert. Dabei wird Ihnen auffallen, wir kürzen hier erneut ab, dass auf die CDU 29,1 % der Stimmen entfielen, auf die SPD 30,1 %. Die Linke kommt auf 8,7 %, die Grünen in der Erststimme auf 13,9 %. Die AfD hingegen kommt auf 2,7 %, die FDP auf 20,4 % (dass die Gesamtzahl jetzt nicht 100 ergibt, liegt auch daran, dass für die Grünen die Zweitstimmen nicht erhoben werden konnten, aus den oben genannten Gründen).

Damit wissen Sie, dass der Hochburgeneffekt in diesem Stimmbezirk für Die Linke und die Grünen nicht so ausgeprägt ist wie für St. Johann insgesamt. Sie wissen auch, dass die CDU hier überdurchschnittlich stark ist. Solche Berechnungen können Sie für jeden Wahlbezirk anstellen. Sie wissen über das Straßenverzeichnis, welche Straßen im Wahlbezirk sind und Sie können auf ca. 1000 Wahlberechtigte genau die Stimmenanteile herunterbrechen. Näher kommen Sie mit öffentlichen Daten aber nicht ran. Wenn Sie als Leser*in nun nicht Saarländer*in sind – oder gar Saarbrücker*in sind, und die Wahrscheinlichkeit dafür ist groß –, müssen Sie für Ihr Bundesland und Ihre Kommune die jeweiligen Daten selbst recherchieren. Das ist aber ein verhältnismäßig geringer Aufwand dafür, was Sie danach über Ihre Wahlbezirke wissen können. Es hilft Ihnen vor allem bei Haustürgesprächen oder im Rahmen von Infoständen ungefähr einzuschätzen, wie hoch der Zuspruch zu Ihrer Partei tendenziell ist. In der Regel lohnt es sich dabei, erst in die Webseite des Bundeswahlleiters zu schauen, dann einen Blick auf den zuständigen Landeswahlleiter zu werfen und schließlich die Einzelergebnisse über die Webseite Ihrer Kommune zu ermitteln.

Weitere Daten erhalten Sie in der Regel auf Anfrage bei den Landes- bzw. Bundesverbänden Ihrer Partei. Diese verfügen teilweise auch über (kostenpflichtige) Sinus-Milieu-Daten, die bis auf die Häuserblockebene herunterskalierbar sind. Sie haben den Vorteil, dass sie Ihnen einen Einblick in die Lebenswelten der Menschen geben können, was Ihre Themensetzung zielgruppenadäquat steuerbar macht. Denken Sie dabei auch immer daran, dass die Menschen nicht von Ihnen mit Informationen überworfen werden wollen, sondern meist ihre eigenen Probleme (die ihren Lebenswelten entspringen) besprechen möchten.

Auch andere Tools zur Datenanalyse werden von den Parteien gegenwärtig eingesetzt (Löffler 2022: 198). Fragen Sie daher nach allem, was Ihnen helfen kann und versuchen Sie nicht, so unser Tipp, in der Mitgliederwerbung alles alleine zu stemmen.

In Ihrer Situationsanalyse können Sie dann zuletzt noch sondieren, wer aus Ihren persönlichen Netzwerken und den Netzwerken Ihrer Genoss*innen bzw. Parteikolleg*innen eventuell für eine Parteimitgliedschaft zu begeistern wäre. Damit Sie das richtige Angebot schaffen, können Sie hierzu die *Ladder of Engagement* durchdeklinieren. Wie diese aufgebaut ist und welche unterschiedlichen Angebote Sie im Rahmen dieser *Ladder* schaffen können, finden Sie mit Blick auf ein Praxisbeispiel in Abschn. 4.4.

4.1.1.2 Strategische Entscheidungen

Gehen wir weiter zu den strategischen Entscheidungen. Hier sind wir bei der „Formulierung von Teilstrategien" (Schröder 2011: 57) angelangt, sprich: Ihre Situationsanalyse ist abgeschlossen, Sie kennen die Hochburgen in dem Bereich, für den Ihre Parteigliederung gewissermaßen ‚zuständig' ist und Sie wissen, wer von Ihren Genoss*innen bzw. Kolleg*innen Ihnen in der Mitgliedergewinnung helfen wird und wer nicht. Sie wissen auch, wen Sie persönlich kennen, der oder die parteiaffin ist und wie Sie, mit Blick auf die *Ladder of engagement,* ein entsprechendes Beteiligungsangebot machen können. Denken Sie stets daran, dass Beteiligungsangebot und Beteiligungsbedürfnis sich zueinander verhalten wie der Schlüssel zum Schloss. Bedenken Sie auch, dass Sie **bloß nicht mitteilen, dass Sie ja niemanden für Ämter finden würden!** Damit vermitteln Sie den Eindruck, Ihr Gegenüber sei ein bloßer Partizipations-Notnagel. Kommunizieren Sie besser, dass Sie insgesamt gut aufgestellt sind, dass aber die besondere Expertise Ihres Gegenübers noch fehlt. Sprich: Teilen Sie Ihrem Gegenüber mit, dass es etwas weiß, was alle anderen nicht wissen und dass dieses Wissen von hohem Wert für die gemeinsame politische Arbeit ist.

An erster Stelle gilt es aber, die eigenen Aufgaben auf Basis der Analyse zu formulieren. Welche Schwächen haben Sie erkannt, auch in Ihrem eigenen Ortsverein oder Ihrem Ortsverband? Wie können diese Schwächen beseitigt werden? Welche Stärken haben Sie ermittelt? Und wie können Sie diese schlagkräftig nutzen? Sind Sie beispielsweise in der Lage, Ihre Parteigenoss*innen bzw.

-kolleg*innen dazu zu animieren, dass diese ihre tiefe Verwurzelung im Sportverein zur Mitgliederwerbung nutzen? Dann wäre das eine Teilstrategie. Halten Sie die Durchführung einer Veranstaltungsreihe für sinnvoll? Dann sollten Sie auch diese formulieren und planen. Kalkulieren Sie dabei auch Abweichungen ein, wenn Ihr Plan A nicht aufgehen sollte.

Und dann wiederum sind Sie bei der Teilzielformulierung angelangt (Schröder 2011: 60). Hier legen Sie fest, wie viele Mitglieder in welchem Zeitraum der bzw. die genannte gut vernetzte Parteikolleg*in bzw. Parteigenoss*in werben sollte. Sie setzen auch eine Zielmarke dafür, wie viele Menschen Sie im Rahmen von politischen Veranstaltungen anwerben wollen. Und wenn Ihnen die Anwerbung an dieser Stelle zu überrumpelnd klingt und Sie lieber Interessierte langsam ‚anfüttern' wollen, ist das auch in Ordnung. Setzen Sie sich dann beispielsweise als Ziel, von wie vielen interessierten Bürger*innen Sie Email-Adressen erhalten wollen und in welchen Zeiträumen Sie diese darauf aufmerksam machen, eine Parteisitzung oder ähnliches zu besuchen, um das Engagement stetig zu erhöhen.

Nicht zuletzt sollten Sie in diesem Schritt auch ein Zielimage definieren. „Das Zielimage beschreibt das gewünschte Image, das nach einer Kette von Maßnahmen der Öffentlichkeitsarbeit in den Zielgruppen erreicht werden soll" (Schröder 2011: 61). In der SWOT-Analyse haben Sie bereits festgestellt, ob das Image Ihrer Partei vor Ort eine Stärke oder eine Schwäche ist. Werden Sie als jung, frisch und mit klarem Profil sowie einer offenen Beteiligungskultur wahrgenommen? Oder als überaltert, zerstritten und nicht zeitgemäß? Wenn letzteres vorliegt, wird es Ihnen die Mitgliederwerbung maßgeblich erschweren und dem ist ultima ratio durch einen Wechsel des politischen Personals zu begegnen. Aus unserer Arbeit kennen wir als Autoren dieses Buchs selbst diese Ortsvereine und Ortsverbände, in denen die Vorstände und Vorsitzenden unter quasi autokratischer Führung jeden Wandel verhindern wollen, auch Mitgliederwerbung. Denn die bringt ja potenziell neue Kräfte in die Partei, die vielleicht selbst irgendwann nach dem Vorsitz ‚greifen' wollen. Wie realitätsfern diese Annahmen vielleicht sein mögen, so sehr sitzen sie fest in manchen Köpfen. Dann bleibt in der Tat in der so strukturkonservativen Organisation der Partei nichts anderes übrig, als diese Angst zur selbsterfüllenden Prophezeiung zu machen und durch Mobilisierung eigener Mehrheiten einen neuen Vorstand zu wählen. Wir hoffen aber, dass Sie in einem solchen Ortsverein bzw. Ortsverband nicht Mitglied sind, sondern im Gegenteil Freude darüber herrscht, dass Sie Mitgliedergewinnung strategisch angehen wollen.

Das macht relevant, welche Zielgruppen Sie eigentlich im Rahmen ihrer Strategie anvisieren müssen. Innere Zielgruppen, wie diejenigen Mitglieder, die teilweise aktiv sind und die Sie vielleicht zu gemeinsamem Engagement in der

Mitgliederwerbung bewegen können, haben Sie bereits in Ihrer SWOT-Analyse ermittelt. Jetzt geht es stärker um die externen Zielgruppen, also die Menschen, die Sie gerne als Mitglied binden wollen. Sie können dabei nach gewissen Repräsentationsmerkmalen unterscheiden, z. B., indem Sie vor allem junge Menschen gewinnen wollen, Frauen verstärkt in die Parteimitgliedschaft bringen wollen oder mehr Menschen mit Migrationshintergrund für Ihre Partei begeistern möchten. Sie können auch nach anderen Merkmalen selektieren, z. B. Menschen mit niedriger formaler Bildung zu gewinnen oder Menschen mit geringem Einkommen. Auch an bestimmte Berufsgruppen ist zu denken. Nicht zuletzt haben Sie vielleicht auch Menschen mit gewissen Parteibeitrittsanreizen im Fokus, die Sie in Kap. 2 kennengelernt haben. All das kann Ihre Überlegungen anleiten, welche Zielgruppen Sie für eine Parteimitgliedschaft gewinnen wollen. Ihnen bleibt auch immer die Option, einfach jede*n willkommen zu heißen, also keine Zielgruppe einzugrenzen. Diese Entscheidung kann das vorliegende Buch nicht abnehmen – hier müssen Sie selbst wissen, welche Zielgruppen Sie anvisieren wollen. Ein Blick auf Ihre örtliche Struktur kann helfen. Sie wissen, welche Potenziale Sie vor Ort haben und wie die Bürger*innen in Ihren Wahlbezirken soziodemographisch aufgestellt sind. Unser Tipp jedoch: Versuchen Sie, eine Zielgruppe einzugrenzen, zumindest nach den Parteibeitrittsanreizen. Wenn Sie vor allem Geselligkeit in Ihrem Ortsverband bzw. Ortsverein großschreiben, dann fokussieren Sie auch diejenigen Menschen, die im Gespräch sichtlich auf diesen Anreiz ‚anspringen', denn: Diesen Anreiz können Sie, wenn Sie ihn selbst nach innen leben, am authentischsten kommunizieren. Stimmigkeit und Authentizität sollten Sie ohnehin zu den Grundprinzipien Ihrer Kommunikation in der Mitgliedergewinnung erheben.

Die Eingrenzung auf eine bestimmte Zielgruppe oder bestimmte Zielgruppen kann Ihnen zudem dabei helfen, klare Zielgruppen-Botschaften festzulegen. „Die […] definierten Zielgruppen benötigen entsprechend der bisherigen strategischen Entscheidungen besondere Informationen, um so zu reagieren, wie es die Strategie geplant hat" (Schröder 2011: 61). Zu überlegen ist Ihrerseits dann, auf welche Botschaften die anvisierte(n) Zielgruppe(n) positiv reagieren könnten. Dabei müssen Sie sich nicht unbedingt darauf fokussieren, unvermittelt in einem Erstgespräch eine Mitgliedschaft erwirken zu können – Sie können auch die Zielgruppe ‚parteilose Engagierte' definieren und für diese die Botschaft aussenden, dass diese mit ihrer Expertise, ihrem Support und organisatorischer Hilfe die Partei noch mehr unterstützen können als sie das ohnehin schon getan haben (Sie sehen: Sie sollten sich durchaus rückversichern, ob die anvisierte Person Ihrer Partei überhaupt nahesteht). Damit können Sie auch von dem üblichen ‚Wenn Sie uns unterstützen wollen, spenden Sie Geld'-Spruch abrücken. Es sollte darum gehen, Menschen in die parteipolitische Arbeit zu integrieren und zwar ohne zu suggerieren, eine Mitgliedschaft wäre ein *Muss*. Sie sollte aber als nächster konsequenter Schritt betrachtet und vermittelt werden. Und wie Sie in Abschn. 3.4 gesehen haben, können die Grünen damit *en passant* auch ein zahlenmäßiges Wachstum erzeugen. Diese Zwanglosigkeit in der Mitgliederwerbung sollten Sie unbedingt kommunizieren. Das heißt nicht, dass sie die Frage nach der Mitgliedschaft komplett auslassen sollten, sondern es heißt, möglichst behutsam auf die Möglichkeit der Mitgliedschaft zu verweisen.

Zuletzt sollten Sie noch über die Instrumente Ihrer Ansprache nachdenken. 20-Jährige erreichen Sie über TikTok und Instagram, 35–50-Jährige über Facebook, und die Gruppe 60+ ? Am ehesten über die direkte Ansprache. Denken Sie hierbei auch über Haustürgespräche nach, die Sie abseits von Wahlkämpfen durchführen. Sie artikulieren damit einen aufsuchenden Charakter und stärken das Gefühl der Bürger*innen, dass ‚Politik' ihnen wieder zuhört – denn die Politik (in Gestalt von Ihnen sowie Ihren Parteigenoss*innen und Parteikolleg*innen) steht ja vor der Tür. Geraten Sie aber nicht in Versuchung, direkt beim ersten Haustürgespräch mit Mitgliedschaftsanträgen zu wedeln. Das könnte überfordernd wirken.

4.1.1.3 Implementierung der Strategie

Nicht zuletzt gilt es nun, die Strategien, die Sie erarbeitet haben, zu implementieren. Das heißt, die Zielgruppenbotschaften über die von Ihnen gewählten Kanäle auszusenden, Veranstaltungen, so Sie sich für ebensolche entschieden haben, durchzuführen und das Ziel zu verfolgen, durch persönliche Gespräche Menschen zum parteipolitischen Engagement, am besten zur Vollmitgliedschaft, zu bewegen. Dazu gilt es auch, Verantwortlichkeiten im Prozess zuzuweisen – im Ehrenamt im Konsens, in der gemeinsamen Besprechung, und nicht als hierarchische Anordnung. Den oben dargestellten Ablauf fassen wir Ihnen dazu in Abb. 4.2 zusammen.

Sie sehen in der Abb. 4.2 mehrere sich überlappende Kreise. Diese rahmen die Prozesse der politischen Strategie, wie wir sie hier angelegt haben, ein und sind – wie alles in diesem Buch – nur Vorschläge. Wir empfehlen Ihnen, im Rahmen der Zieldefinition, Situationsanalyse und dem Aufbau Ihres Teams zu einem (frühstmöglichen) Zeitpunkt, eine Schulung zum Thema Strategie und Mitgliederwerbung zu besuchen. Fragen Sie auch nach der Unterstützung Ihrer Kreis- bzw. Regionalgeschäftsführer*innen. Häufig können diese Ihnen Werbematerial kostengünstig oder kostenfrei aushändigen. Je nachdem, wie bei Ihnen vor Ort die Abführungsregeln der Untergliederungen ausgestaltet sind, könnten die Geldtöpfe größer sein als erwartet. So sind den Autoren dieses Buches Strukturen der SPD

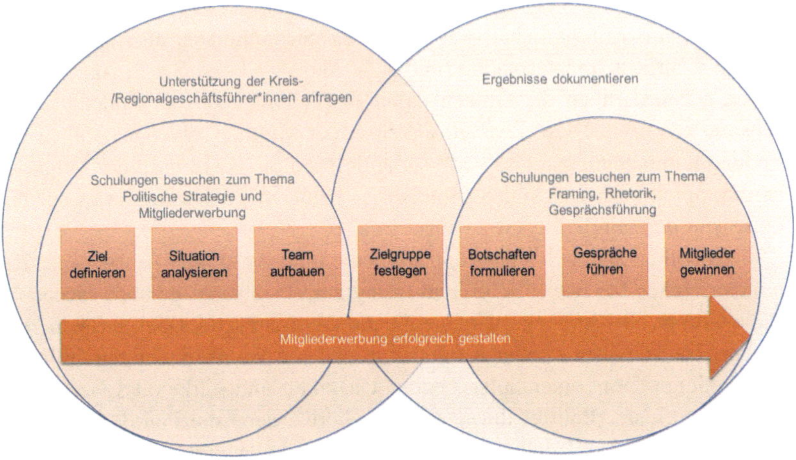

Abb. 4.2 Mitgliederwerbung im Prozess gedacht. (Quelle: Eigene Darstellung)

bekannt, in denen Ortsvereine einen Großteil ihrer Einnahmen an den Unterbezirk abführen, woraus eine gemeinsame Kasse entsteht. Die Ortsvereine, die sich besonders aktiv zeigen, können dabei aus dieser Kasse (nach Beschluss des Unterbezirksvorstandes) mehr entnehmen als sie eigentlich abgeführt haben. Auch wenn es darum geht, die relevanten Zielgruppen zu bestimmen, können Sie in den Geschäftsstellen oder bei Ihrem Landesverband nach vorhandenen Strukturdaten fragen. So gibt es in einigen Verbänden Milieudaten, die zu Wahlkämpfen genutzt wurden und weiterhin genutzt werden können. Mögen diese Daten manchmal auch etwas älter sein, so sind sie zumeist doch sehr hilfreich. Spätestens sobald Sie die Zielgruppen definieren und in den operativen Teil der Mitgliedergewinnung vordringen, sollten Sie Ihre Prozessschritte dokumentieren, und sei es nur mithilfe von Stichwortsammlungen. Im operativen Teil – also spätestens dann – sollten Sie auch noch Schulungen zum Thema Framing, Rhetorik und Gesprächsführung besuchen. Zumeist bieten Parteien selbst diese Schulungen an, wenngleich Sie auch auf private Schulungsanbieter zurückgreifen können.

Ja, wir wissen: Das ist alles nicht wenig. Aber unserem Versprechen in diesem Buch, ein komplexes Thema so einfach wie möglich, aber so komplex wie nötig zu behandeln, wird dieses Prozedere gerecht. Wenn Mitgliederwerbung leicht wäre – dann hätten die Parteien alle deutlich höhere Eintrittszahlen. Wenngleich es einzelne ‚Koryphäen' der Mitgliedergewinnung gibt, die jährlich zehn bis 20 neue Mitglieder werben können, so sind diese doch die Ausnahme. Und auch bei denjenigen bedarf es eines nicht unerheblichen zeitlichen Investments, um diese Werbezahlen zu generieren. Daher noch ein letztes Mal der Appell: Arbeiten Sie im Team und machen Sie nicht alles alleine!

Um Ihnen jetzt noch Hilfestellungen für die so essenziellen Gespräche zu geben, finden Sie in den weiteren Abschnitten dieses Buches einige Erläuterungen zum Thema Kommunikation, Framing und Gesprächsführung. Wir beginnen auch hier eher theoretisch-konzeptionell und leiten dann immer stärker zur Praxis über. Scheuen Sie sich nicht, die folgenden Abschnitte erst einmal zu überfliegen, bevor Sie zu einer genauen Lektüre übergehen.

4.1.2 Kommunikation

An diesem prominenten Platz zu Beginn des Abschnitts wird üblicherweise mit einer Definition des Gegenstands eingeleitet; doch ist dies im Fall der *Kommunikation* nicht ganz einfach. Es fehlt schlichtweg „an einer einheitlichen theoretischen Perspektive auf kommunikative Phänomene, und es fehlt sehr oft an einer klaren Verortung von Aussagen und Wirkungsbehauptungen innerhalb eines zur Beobachtung und Erklärung von Phänomenen ausgewählten Bezugsrahmens" (Piwinger, Ebert 2017: 7). Piwinger und Ebert finden in ihrer betriebswirtschaftlich ausgerichteten Studie insgesamt über 160 Begriffe aus dem Umfeld der Unternehmenskommunikation, die Kommunikation beinhalten; sie schließen daraus, dass „es innerhalb der Branche die Tendenz gibt, ausgehend vom oft vage verwendeten Kommunikationsbegriff immer weiter auszugreifen und immer neue Aspekte unabhängig von ihrer Relevanz an diesen Begriff *anzuhängen*" (Piwinger, Ebert 2017: 3). Der eigentliche Kernbegriff, der sogenannte *hard core* der Bedeutung von *Kommunikation,* ist bei der massenhaften Häufigkeit des Vorkommens und seiner unübersichtlichen Funktionalisierung kaum mehr auszumachen; eine Art begrifflicher Wildwuchs hat derart weit um sich greifen können (Piwinger, Ebert 2017: 3), dass eine griffige Definition, auf die sich Forscher*innen verschiedener Disziplinen einigen könnten, schwierig geworden ist.

Für den vorliegenden Band ersparen wir uns daher die vermessene Bemühung, die Begriffsgeschichte und Forschungsperspektiven vollständig auszurollen, sondern begrenzen uns auf diejenigen Zugänge zu einem Verständnis von Kommunikation, die intuitiv einsichtig sind und eine klare Klassifikation mit sich bringen – so sind sie nämlich auch als Handwerkszeug für die Praxis von hohem Nutzen.

Und zugegeben – einige Modelle in Verbindung mit dem Kommunikationsbegriff sind inzwischen legendär. Weithin bekannt ist Watzlawik zum Beispiel, der an den Beginn seines aus fünf Axiomen bestehenden Kommunikationsmodells die Hypothese stellt „one cannot not behave. [...] [I]t follows that no matter how one may try, one cannot not communicate“ – das allseits bekannte *Man kann nicht nicht kommunizieren* (Watzlawick et al. 1967: 48 f.).

Als Minimalkonsens in einer kommunikationswissenschaftlichen Definitionsmenge von *Kommunikation* lassen sich sodann die folgenden Elemente verzeichnen:

I. es handelt sich um den Austausch einer Information, einer Nachricht oder gar nur eines Zeichens
II. zwischen einem oder mehreren Personen als Sender*innen
III. und einer oder mehreren Personen als Empfänger*innen.

Die Kommunikationspsychologie hat schließlich versucht, innerhalb dieses Netzes aus Sender*innen, Empfänger*innen und übermittelten Botschaften „die Prozesse und Resultate von Kommunikation zu analysieren, zu erklären und vorherzusagen“ (Röhner, Schütz 2016: 8). So können die entsprechenden Modelle auf die kommunikative Praxis angewendet werden und dort als Analysetool der Interaktion eingesetzt werden.

Im Folgenden möchten wir uns mit Blick auf die Anwendungsmöglichkeiten auf ein Modell stützen, das der deutschsprachigen Kommunikationspsychologie entstammt, das aber inzwischen weit über die Grenzen Deutschlands verbreitet ist: Das *Vier-Ohren-Modell* oder auch *Kommunikationsquadrat* von Friedemann Schulz von Thun; es baut auf Watzlawik auf und verbindet psychologische mit sprachtheoretischen Ansätzen. Das *Kommunikationsquadrat* wird als Encoder-/Decoder-Modell verstanden, bei dem die Hauptleistung der Beteiligten in der Entschlüsselung von Kommunikation anzusehen ist. Dazu gehört die Auffassung, dass alle gesendeten Nachrichten in einer gewissen Weise ver- und empfangende Nachrichten entschlüsselt werden müssen, *Encodierung* und *Decodierung.*

Nach dem Verständnis von Schulz von Thun bestehen Nachrichten sowohl von Sender*in- als auch von Empfänger*inseite gedacht aus jeweils vier Seiten. Denn preisgegeben werden in jeder Nachricht (Schulz von Thun et al. 2016: 33)

- „eine Sachinformation (worüber ich informiere)
- eine Selbstkundgabe (was ich von mir zu erkennen gebe)
- ein Beziehungshinweis (was ich von dir halte und wie ich zu dir stehe)
- ein Appell (was ich bei dir erreichen möchte)“

Diese vier Faktoren beeinflussen nicht nur, wie Sender*innen ihre Nachrichten formulieren (enkodieren), sondern auch, wie diese von den Empfänger*innen wahrgenommen (dekodiert) werden. In einem pädagogischen Ansatz wurde zur Verdeutlichung auch von vier Schnäbeln – Megaphone bzw. Sprachrohre in unserer Abb. 4.3 – und vier Ohren gesprochen, mit denen Nachrichten gesendet oder empfangen werden können. Man hat sich das Modell vielfach auch für den Bildungssektor und therapeutische Ansätze zu eigen gemacht. Eine Information kann aus vier Sprachrohren gesendet, kann aber auch mit vier unterschiedlichen Ohren empfangen werden.

Auf der Sachebene eines Gesprächs rangiert die reine Übermittlung der sachlichen Information einer Äußerung; das betrifft die nackten Daten, Fakten und Sachverhalte, frei von subjektiver Interpretation. Dabei gelten drei Kriterien als ausschlaggebend:

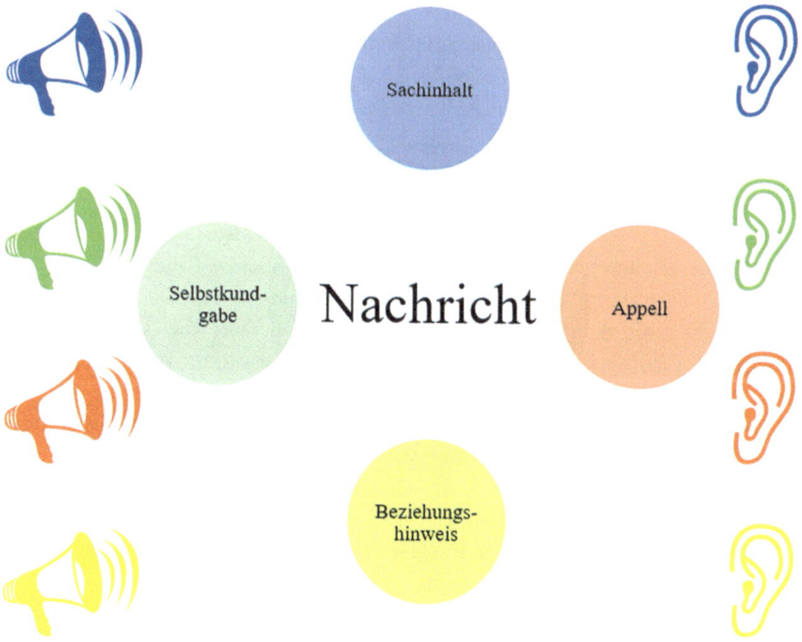

Abb. 4.3 Kommunikationsmodell nach Schulz von Thun. (Quelle: Eigene Darstellung)

- „wahr oder unwahr (zutreffend/nicht zutreffend)
- relevant oder irrelevant (sind die aufgeführten Sachverhalte für das anstehende Thema von Belang/nicht von Belang?)
- hinlänglich oder unzureichend (sind die angeführten Sachhinweise für das Thema ausreichend, oder muss vieles andere zusätzlich bedacht werden?)“ (Schulz von Thun Institut 2022)

Unauffällig verhält sich Kommunikation, wenn sich ein*e Sender*in so klar und verständlich ausdrückt, dass der/die Empfänger*in auf dem „Sachohr“ entsprechend der drei Kriterien reagieren kann.

Die Ebene der Selbstkundgabe beinhaltet die Bedingung, dass jede Form von Kommunikation eine Form von Selbstoffenbarung transportiert; plakativ gesprochen: „Wenn jemand etwas von sich gibt, gibt er auch etwas von sich“ (Schulz von Thun Institut 2022), denn jede Äußerung enthält implizit oder explizit (als Ich-Botschaft) „eine Kostprobe der Persönlichkeit – der Gefühle, Werte, Eigenarten und Bedürfnisse“ (Schulz von Thun Institut 2022). Der/Die Empfänger*in nimmt mit dem Ohr der Selbstkundgabe Charaktereigenschaften wahr, Stimmungen und Emotionen. Er/Sie kann auf den/die Sender*in rückschließen.

Die Beziehungsseite steht in Abhängigkeit dazu, in welchem Verhältnis Sender*in und Empfänger*in zueinander stehen. Dabei wirkt der/die Sender*in durch Tonfall, durch Wortwahl, Mimik und Gestik auf die Nachricht ein, die dem/der Empfänger*in übermittelt, ob dieser wertgeschätzt oder abgelehnt wird.

Der Appell dient dem/der Sender*in dazu, einen angestrebten Zustand zu erreichen, unabhängig davon, ob dieser in einer höflichen Bitte, in dringender Ansprache oder durch unterschwellige Reize formuliert ist. Der/Die Empfänger*in filtert mit dem Appell-Ohr die Aufgabe heraus, die sich aus einer Information für ihn/sie ergeben; „Was wird von mir erwartet, was soll ich tun?“ verbirgt sich dahinter.

Die Anzahl der Möglichkeiten, die sich aus den verschiedenen Anordnungen dieser vier Elemente ergibt, liegt bei 4×4, also 16 potenziellen Lesarten einer Nachricht. Man könnte schnell auf den Gedanken kommen, dass die Wahrscheinlichkeit, richtig verstanden zu werden, deutlich geringer ist als die Aussicht auf erfolgreiche Kommunikation. Und in der Tat, wenn zwei Menschen das gleiche sagen oder hören, ist selten das gleiche gemeint oder verstanden.

Störquellen, die entweder die Sendung behindern oder die Entschlüsselungsleistung erschweren, können zum einen rein akustischer Natur sein: Umgebungsgeräusche, Ablenkungen, Schallhindernisse. Störquellen können aber zum anderen auch darin liegen, dass sich hinter Nachrichten implizite Botschaften verbergen, die durch Ironie, Sarkasmus oder Zynismus ‚maskiert‘ sind. Zudem ist denkbar, dass sich in der Beziehung zweier Personen zueinander solch tiefe Gräben geöffnet haben, dass gelingende Kommunikation aufgrund falscher (vorurteilsbehafteter) Annahmen des/der einen gegenüber dem/der anderen überhaupt nicht mehr möglich ist. Der/Die Sender*in versucht ein Sprachrohr (z. B. Information) zu aktivieren, der/die Empfänger*in ist von vornherein nur mit einem Ohr bei der Sache (z. B. Appell). Wenn der/die Chef*in im Büro einer Gruppe von Mitarbeiter*innen verkündet, dass eine Sache noch unbedingt zu erledigen ist, wird es immer Personen geben, die sich aufgefordert fühlen, die Arbeit zu erledigen – und andere, die auf diesem Ohr taub sind.

Als einer der Klassiker unter den Beispielen, die Schulz von Thun in seinen früheren Publikationen zur Veranschaulichung seines Modells nutzte, ist die Situation an der grünen Ampel wiederzugeben. Das Füllhorn an Möglichkeiten für kommunikative Fehlleistung wird hier besonders anschaulich ausgeschüttet:

> Zwei Menschen sitzen im Auto; beide kennen sich schon länger, sind vielleicht in einer Beziehung. Während der Fahrt gelangen sie an eine Kreuzung, die Ampel ist rot. Der/Die Fahrer*in hält an. Als die Ampel auf grün umspringt, nimmt der/die Fahrer*in dies erst nicht wahr; der/die Beifahrer*in wird langsam ungeduldig und sagt dann: „Du, die Ampel ist grün". Darauf entgegnet der/die Fahrer*in genervt: „Fährst Du oder fahre ich" und setzt sich trotzig in Bewegung.

Selbst dieser kurze Ausschnitt einer Kommunikationssituation reicht, um zu verdeutlichen, wie schnell durch (einseitige) Interpretation einer Nachricht diese verzerrt wird und zu einer Störung im hochkomplexen Prozess menschlicher Kommunikation führen kann: *that escalated quickly.*

In der Detailanalyse können wir zwar nicht in die Motive der beteiligten Personen einsehen, aber mögliche Störfaktoren aufzeigen und Szenarien entwickeln, die diese Fehlleistung bedingen. Wir beginnen aus der Sicht der Dekodierung: Auf der Sachebene verhält sich die Nachricht unauffällig, der/die Sender*in teilt dem/der Empfänger*in mit, dass die Ampel auf grün steht. Eine Beschreibung der außersprachlichen Wirklichkeit mit einfachen Mitteln. Die Selbstkundgabe besteht aus multiplen Informationen, die hier zusammenlaufen. Trivial klingt die Erkenntnis, dass der/die Sender*in deutsch spricht und Farben erkennt – doch auch das kann abhängig von der Vorgeschichte und Konstellation der Personen relevant sein. Es stellt eine explizite Selbstkundgabe dar. Tiefer liegt demgegenüber die selbstkundgebende Information, dass der/die Sender*in in Eile ist und schnellstmöglich losfahren möchte. Doch dies verbirgt sich implizit und steht zwischen den Zeilen.

Die Beziehungsebene zu charakterisieren wird etwas schwieriger, denn „[o]ft zeigt sich dies in der gewählten Formulierung, im Tonfall und anderen nichtsprachlichen Begleitsignalen" (Schulz von Thun 1997: 26 f.). Etwas, was wir gar nicht hören, nicht einmal zwischen den Zeilen lesen können. Bereits Behaghel zählt schon (um 1900) neben der Prosodie[6] und der zeitlichen Dimension gesprochener Sprache die kommunikationsrelevante Körperlichkeit der Gesprächsbeteiligten, also vor allem Gestik und Mimik (Bücker 2018: 41). All das bleibt uns im Beispiel verborgen. Doch auch hier begegnen uns oberflächliche Informationen explizit: das „Du" verrät, dass die Personen in einem sich-Duzenden Verhältnis befinden. Und tiefergelegen, implizit, können wir herauslesen, dass im genannten Beispiel auf der Beziehungsebene eine Machtfrage ausgehandelt wird. Der/Die Beifahrer*in scheint dem/der Fahrer*in nicht zuzutrauen, die Signale der Straßenverkehrsordnung zu beachten und weist ihn/sie daher darauf hin, dass er/sie losfahren dürfe. Für die Beziehungsebene bedeutet, „die Ampel ist grün" ein: „Weil Du offensichtlich nicht in der Lage bist, es selbst festzustellen, helfe ich Dir dabei, die Farben der Ampel zu lesen".

Und schließlich wird auf Appellebene das Gegenüber zu einer Handlung motiviert. „Du, die Ampel ist grün" formuliert eine dem konventionellen Verhalten übliche Reaktion, nämlich bei grüner Ampelschaltung loszufahren: „Gib Gas!" steckt implizit darin.

Im nächsten Schritt wechseln wir die Perspektive: unabhängig von der jeweiligen Färbung der Kodierung stehen dem/der Fahrerin die vier Varianten der Dekodierung offen. Er/Sie kann mit vier Ohren zuhören. Dabei ist der am wenigsten störanfällige Fall derjenige, bei dem sich die beteiligten Personen auf der Sachebene treffen: Die Sachinformation überschneidet sich bei Sender*in und Empfänger*in, wenn Konsens darüber besteht, dass die Ampel tatsächlich grün ist. In der Frage, ob das Kleid blau-schwarz oder gold-weiß gestreift ist (Dambeck 2017), wird man uneinig sein dürfen, doch dass das unterste von drei Lichtern auf der Signalanlage in unserem Kulturkreis grün zeigt, kann nicht bestritten werden.

Die drei übrigen Ebenen öffnen demgegenüber viel Raum, um Kritik und Zurücksetzung zu erfahren – so zumindest für die Wahrnehmung des/der Empfänger*in. Auf der Selbstoffenbarungsebene könnte hier ein „Mir gefällt nicht, wie Du Auto fährst" verstanden werden, auf der Beziehungsebene ein „Du bist ein*e schlechte*r Autofahrer*in". Als Appell könnte auf der Hörerseite ankommen „Lass mich das nächste Mal fahren!". So wird die zunächst als rabiat empfundene Reaktion doch nachvollziehbar.

---

[6] Also der Aussprache, Betonung und Akzentuierung des Gesagten.

Entscheidend für das Gelingen von Kommunikation ist, dass sich die von Sender*in und Empfänger*in intendierte Gewichtung der unterschiedlichen Ebenen ungefähr entspricht. Missverständnisse ergeben sich – wie es so aussdrucksstark heißt – aus der *Quadratur der Nachricht,* nämlich immer dann, wenn Störungen nicht aufgedeckt werden, sondern Beziehungen aus dem Verborgenen sabotieren (Schulz von Thun 1997: 54). Wenn zwar „ich habe es eilig und brauche deine Hilfe, um rechtzeitig anzukommen" gemeint ist, aber „nächstes Mal fahre ich lieber selbst" verstanden wird, ist eine solche Störung vorhanden.

Darin offenbart sich auch, ob die Beziehung zwischen zwei Personen vorbelastet ist. Stehen wir einander freundschaftlich und wohlwollend gegenüber, bedanken wir uns für den Hinweis und fahren los – wir sehen kein Übel in der gesendeten Nachricht, wenn wir es nicht dort hineininterpretieren wollen.

Als Regulativ, um solche *mismatches* zu verhindern, stehen mehrere Optionen zur Verfügung. Zum einen ließe sich präventiv bereits beim Senden einer Nachricht die Überlegung anstellen, wie diese auf den vier verschiedenen Ebenen verstanden werden könnte. Auch wenn sich auf der Sachebene keine Veränderung ergibt – die grüne Ampel bleibt grün – kann das verbale und non-verbale Signal, ein freundlicher Blick, eine freundschaftliche Tonlage, das Gespräch in die gewünschte Richtung lenken. Und auch nach der Kommunikationssituation ist mit Feedback immer noch ein Werkzeug vorhanden, um einen holprigen Start in die richtige Bahn zu bringen; „Wie hast du das gemeint?", rollt die Kommunikationssituation im besten Fall von vorne auf, kann im schlechtesten Fall jedoch selbst auf einer der vier Ebenen falsch verstanden werden und das Drama in den nächsten Akt überführen („immer kritisierst du mich!").

Übertragen lässt sich diese Erkenntnis schließlich auch auf die Sprache in der Politik und politisch motivierte Kommunikation. Wenn Diskussionen mit Wähler*innen am Infostand zum hitzigen Gefecht ausarten, dann kann dies mitunter daran liegen, dass Botschaften zu sehr von ihrer Sachebene entkoppelt und auf anderen Ebenen ausgehandelt werden. In der Gesprächsvorbereitung insgesamt sollten neben Argumentationsmustern daher stets Szenarien von Gesprächsverläufen bedacht werden, die vor allem die folgenden Fragen in den Vordergrund rücken:

- Was möchte ich von mir selbst offenbaren? Was möchte mein Gegenüber von sich selbst offenbaren?
- In welcher Beziehung stehe ich dem/der anderen gegenüber? Welche Beziehung hat er/sie zu mir?
- Welchen Appell möchte ich senden? Welchen Appell kann mein Gegenüber (über)hören?

- Welche Sachinformation möchte ich senden? Welche Sachinformation sollte empfangen werden können? Wie empfängt mein Gegenüber die Sachinformationen?

4.1.2.1 Politische Kommunikation

Als eine akademische Teildisziplin, sozusagen ein Spezialgebiet der Kommunikationsforschung, behandeln wir die *politische Kommunikation.* Definitorische Probleme, die bereits der Begriff der *Kommunikation* bereitet hat, werden nicht geringer, wenn es nun um die Feingliederung geht. Eine allgemein akzeptierte Definition sucht man auch hier vergeblich (Sarcinelli 2009: 16), doch eignet sich mit besonderem Blick auf die Akteure im politischen Zirkus die Definition von Norris als Arbeitsthese:

> Political communication is an interactive process concerning the transmission of information among politicians, the news media, and the public. The process operates downward from governing institutions toward citizens, horizontally in linkage among political actors, and also upward from public opinion toward authorities (Norris 2004: 1).

Mit *politicians* (Parteien, Gruppen, Einzelpersonen), *media* (Massenmedien) und *public* (Öffentlichkeit) sind die Aktanten bezeichnet, zwischen denen Nachrichten, Symbole und Zeichen kodiert und dekodiert werden müssen.

4.1.2.2 Merkmale politischer Kommunikation

Kommunikation wird nicht durch sich selbst politisch, vielmehr tragen einige markante Merkmale dazu bei, dass Interaktion und Kommunikation als politisch bezeichnet werden. Erneut gilt, dass sich keine klaren Abgrenzungskriterien zu den Nachbardisziplinen finden lassen, dass gerade die Randbereiche diffus ineinander übergehen – nicht alles, was politisch ist, ist streng oder exklusiv politisch und nicht beispielsweise gleichermaßen auch betriebswirtschaftlich oder philosophisch.

Die nachfolgend abgebildeten Kriterien sollen daher nicht etwa als Alleinstellungsmerkmale verstanden werden, sondern bieten vielmehr eine grobe Leitplanke innerhalb derer man sich mit der politischen Kommunikation bewegt. Girnth (2015, S. 40 ff.) definiert pragmalinguistische Grundlagen, die auch hier als Kennzeichen hervorgehoben werden sollen, und zwar

I. Öffentlichkeit und Massenmedialität
II. Gruppenbezogenheit und Repräsentanz
III. Institutionsgebundenheit und
IV. Diskursgebundenheit

Eine zentrale Bedingung von politischer Kommunikation ist, dass diese zu großen Teilen öffentlich stattfindet und über die Massenmedien Fernsehen, Rundfunk, Presse und Internet publik gemacht wird; dies kann als eines der Grundprinzipien und als Voraussetzung unserer freiheitlichen Demokratie betrachtet werden (Girnth 2015: 40 ff.), nimmt aber ebenso unmittelbaren Einfluss auf das sprachliche Handeln der beteiligten Personen. Kommunikation ist häufig mehrfach adressiert, das bedeutet, sie dient als Ansprache an mehrere Personengruppen zugleich. Eine Rede im Bundestag richtet sich an die politischen Widersacher ebenso, wie sie die Parteigenoss*innen und Parteikolleg*innen auf gemeinsame Linie bringt. Nicht zuletzt wirbt sie bei interessierten Bürger*innen um die Gunst bei bevorstehenden Wahlentscheidungen. Aufgrund der permanenten Profilierung der eigenen Politiker*innen-Persönlichkeit in politischen Kommunikationssituationen hat man im Rahmen der Massenmedialität auch schon von „Darstellungspolitik" (Girnth 2015: 41) gesprochen, deren Abläufe sich im Unterschied zur „Entscheidungspolitik" überwiegend im öffentlichen Raum vollziehen.

Gruppenbezogenheit und Repräsentanz sind bedingt von Wettbewerb und Konfrontation im Kampf um Meinungen und Wähler*innenschaft. Die politischen Kommunikator*innen stehen als Repräsentant*innen ihrer selbst sowie der Gruppe, für die sie auftreten, im möglichst scharfen Kontrast zum politischen Gegenspieler. Das ist wichtig für die eigene Profilbildung.

Institutionsgebundenheit bedingt sich durch die Konventionen, denen der jeweilige Kommunikationsakt unterliegt, vorgegeben durch institutionelle Auflagen wie die parlamentarischen Geschäftsordnungen oder auch Regeln, die durch Medien vorgegeben werden, wie beispielsweise Formatvorgaben, Redeanteile und Themenauswahl in politischen Talkshows.

Zuletzt zeichnet politische Kommunikation ein hohes Maß an Diskursgebundenheit aus. Die Inhalte sind stets eingebettet in einen größeren Zusammenhang, ein Narrativ, das bedient wird: Das kann das Motto sein, unter dem ein Wahlkampf steht, ein beständiger Topos, der gebetsmühlenartig wiederholt wird, das kann die Einbettung in konkrete Diskurse sein, wie beispielsweise Klimawandel, Energiewende, Kohleausstieg usw. Inhalte, die im Zusammenhang des Diskurses bereits geäußert wurden, gilt es zu berücksichtigen, aufzugreifen, zu bestärken oder zu widerlegen.

4.1.2.3 Funktionen von Kommunikation

Für die vier wichtigsten Funktionen von politischer Kommunikation spielt Sprache jeweils eine maßgebende Rolle. Sie *legitimiert, repräsentiert, informiert* und *mobilisiert* (nach Römmele 2022: 36 f.).

1. Legitimation: Durch das Kommunizieren von Meinungen und Handlungsabsichten in Form von Sprache informieren politische Repräsentant*innen im Parlament die Repräsentierten; in dieser Hinsicht legitimieren die Abgeordneten das bei einer vorher getroffenen Wahlentscheidung in sie gesetzte Vertrauen.
2. Repräsentation: Das pluralistische Bild der Gesellschaft muss in der politischen Praxis der Abgeordneten repräsentiert werden und diese müssen den Bedürfnissen, Idealen und Vorstellungen der Bevölkerung Gestalt geben. Um angemessen zu repräsentieren, bedarf es des steten Austausches durch politische Kommunikation.
3. Information: Kenntnis über politisch relevante Sachverhalte erlangt der Großteil der Bevölkerung nicht unmittelbar, sondern nur mittelbar – hier spielen die Medien als „Fenster zur Welt" (Römmele 2022: 36) eine maßgebliche Rolle. Politische Kommunikation muss politische Positionen zugänglich machen, ohne dass diese selbst erarbeitet werden müssen.
4. Mobilisierung: Politische Sprache, politische Kommunikation muss zu politischer Teilhabe und zum Handeln auffordern, von eigenen Überzeugungen mitreißen oder zum Widerstand bewegen.

4.1.3 Politische Sprache

Als Grundlage für die Überlegungen zur politischen Sprache schicken wir die inzwischen viel zitierte Erkenntnis voraus, dass „Politik sich in Sprache vollzieht, dass politische Tätigkeit sprachliche Tätigkeit ist" (Heringer 1990: 9). Entsprechend eng verwoben sind die Forschungsgebiete sprachwissenschaftlicher mit denen politologischer Fragestellungen. Mit der Politolinguistik hat sich aus deren Symbiose in den 1990er Jahren sogar eine eigene Fachdisziplin entwickeln können, die als Spielform der angewandten Linguistik politische Kommunikation betrachtet. Dabei changieren die linguistischen Methoden dieser noch jungen Forschungsrichtung vor allem zwischen Semantik und Pragmatik; einen dezidierten Überblick über das Fach zu geben, bietet sich hier allerdings nicht an, nachdem bereits das „Handbuch Sprache und Politik" (Niehr et al. 2017) drei Bände mit je 400 Seiten umfasst. Auf weiterführende Literatur wird nichtsdestoweniger an den entsprechenden Stellen verwiesen.

4.1.3.1 Sprache der Politik als Fachsprache

Aus dem vorhergegangenen Kapitel haben wir die Erkenntnis gewonnen, dass Missachtung von Kommunikation, selbst der Versuch ihrer Verweigerung und die Absicht, keine eigenen kommunikativen Signale zu senden, immer scheitern muss: Wie gesagt, *wir können nicht nicht kommunizieren* – das ist inzwischen ein alter Hut. Für politische Akteur*innen, die als Personen von öffentlichem Interesse dauerhaft im Rampenlicht und unter ständiger Beobachtung stehen, resultiert diese Bedingung in einem hohen – wenn nicht gar dem höchsten – Grad an Professionalisierung von Kommunikation. Dort, wo man nicht nur an der Inhaltsseite seiner Worte gemessen wird, sondern mehr noch an den Ausdrucksformen, an Mimik, Gestik, Sympathien, dort müssen die beinflussbaren Faktoren soweit irgendwie möglich zu den eigenen Gunsten modelliert werden. Politische Kommunikation zeichnet sich durch die Besonderheit aus, dass sie hochgradig professionalisiert und nahezu ununterbrochen inszeniert ist (ein Resultat aus dem Kriterium der Massenmedialität und Öffentlichkeit). Zur Inszenierung der eigenen Person und politischen Position jonglieren die Akteur*innen mit einer besonderen Varietät von Sprache; in diesem Sinne sind sie Fachfrauen und Fachmänner, die sich mit der *Sprache der Politik* einer hochartifiziellen Fachsprache bedienen.

Politische Sprache ist historisch gewachsen, verfügt über eine in ihrer Bedeutung stark spezialisierten Terminologie und zählt daher in der linguistischen Forschung als Fachsprache. Als Fachsprache bezeichnet wird eine sprachliche Varietät für (meist) berufsspezifische Sachbereiche und Tätigkeitsfelder. „Wichtigstes Merkmal ist der differenzierte, z. T. terminologisch normierte Fachwortschatz (Sprachnormung), dessen Wortbedeutungen frei sind von alltagssprachlichen Konnotationen und dessen Umfang in einzelnen Fachsprachen den der Standardsprache (mit ca. 70.000 Einheiten) übersteigt“ (Bußmann 2002: 211).

Das Lexikon, der Wortschatz, der dabei Verwendung findet, entstammt zwar ursprünglich der Alltags- oder Gemeinsprache, zeichnet sich aber kontextuell bedingt durch seine Spezialbedeutung aus. Die darin enthaltenen Ausdrücke zeigen „einige Charakteristika auf semantischer und grammatischer Ebene (Exaktheit, Eindeutigkeit, Metaphorik sowie Wort- und Formbildung), die eine möglichst unmissverständliche und ökonomische Kommunikation im Rahmen spezialisierter menschlicher Tätigkeitsbereiche ermöglichen“ (Roelcke 2015: 371).

Solche Tätigkeitsbereiche können die Politik sein, das Handwerk, Medizin oder Raumfahrt; sie alle verfügen über jeweils eigene fachspezifische Ausdrucksformen. Oft wird ein solcher Fachwortschatz als das konstitutive Merkmal der Sprache in Wissenschaft, Technik oder Institutionen überhaupt angesehen. Es ist daher ein integratives Element, das man in den spezifischen Kommunikationssituationen bedienen können muss und sich dadurch als der Gruppe der jeweiligen Fachleute zugehörig erweist. Dabei bestehen zwischen den unterschiedlichen fachlichen Varietäten allerdings auch eklatante Unterschiede: Spricht ein*e Versicherungsvertreter*in von seinen/ihren „Kund*innen", bezeichnet er/sie damit eine andere Personengruppe als ein*e Polizist*in, der über die „Kund*innen" redet. Die Abkürzung *ASP* firmiert unter Epidemiolog*innen als gängige Bezeichnung für die *Afrikanische Schweinepest,* ist in Würzburg bekannt als das *Archäologische Spessartprojekt* und in der CSU als *Arbeitskreis für Außen- und Sicherheitspolitik.* Man kann nicht von *der einen Fachsprache* sprechen, sondern muss zwischen zahlreichen Fachsprachen differenzieren; von Kalverkemper (1988) wurde daher ein Modell vorgeschlagen, nach dem in horizontale und vertikale Ebenen untergliedert wird, wobei horizontale Bereiche die unterschiedlichen Fächer und Fachbereiche abbilden: Sprache der Wissenschaft mit Forschung und Experimenten, Sprache der Technik, Sprache der öffentlichen und nicht-öffentlichen Institutionen, Fachsprache der Wirtschaft mit Handel und Verkehr sowie die Sprache des Konsums. Vertikale Gliederungen unterschieden dagegen nach kommunikativen Ebenen oder Bereichen jeweils innerhalb eines Faches (Roelcke 2015: 376).

Solche horizontalen wie vertikalen Gefälle gilt es in der Praxis unbedingt zu berücksichtigen, wenn Kommunikation im politischen Fachkontext stattfindet und gelingen soll. Vorüberlegungen zur adäquaten Fachsprache sind vor allem essenziell, um situationsspezifisch den richtigen Ton treffen zu können; in der Linguistik spricht man dabei von einem *sprachlichen Register,* die für einen Kommunikationsbereich angemessene Sprech- oder Schreibweise. Sich auf dieser Klaviatur kompetent bewegen zu können ist gerade in Kontexten mit strengem Protokoll oder Anforderungen an die Etikette relevant: werden die Gepflogenheiten eingehalten, was Anredemodalitäten betrifft – stimmen Reihenfolge und Titel aller genannten Personen? Wird die geforderte Stilhöhe eingehalten?

In der Praxis treffen Kommunikationssituationen mit unterschiedlichen Graden von Spezialisierung und unterschiedlicher fachlicher Prägungen aufeinander. Für die dafür notwendigen Abstraktionsstufen ist von Roelcke eine Typologie (2014) entworfen worden, die wir auf den hier relevanten Kommunikationsbereich anwenden können:

- Typ 1: Kommunikation unter Expert*innen desselben Faches, so zum Beispiel unter Politiker*innen derselben Couleur, Aktivist*innen derselben humanitären Einrichtung oder Mitarbeiter*innen desselben Geldinstituts

- Typ 2: Kommunikation unter Laien eines Sachbereichs, wie beispielsweise ein Stammtischgespräch politisch interessierter Wirtshausgänger*innen
- Typ 3: Kommunikation zwischen verschiedenen Ebenen oder Bereichen eines Faches, wie zum Beispiel im Talk zwischen Politikjournalist*innen und Politiker*innen
- Typ 4: Kommunikation zwischen Expert*innen eines Faches und Laien des Fachbereichs, wie beispielsweise beim Gespräch am Wahlstand oder in der Debatte zwischen Kandidat*innen und der interessierten Öffentlichkeit
- Typ 5: Kommunikation zwischen Expert*innen unterschiedlicher Fachbereiche wie zwischen Politiker*innen und PR-Spezialist*innen oder der IT-Abteilung

Denken Sie daher unbedingt daran, dass die Sprache der Politik, die sie innerhalb Ihrer Partei verwenden, von Außenstehenden womöglich nicht verstanden werden kann. Wenn Sie von Ortsverbänden, Ortsvereinen, Unterbezirken, Kreisen, Bezirken, usw. sprechen, kann das bereits Verwirrung bei denjenigen auslösen, die über Parteistrukturen keinerlei Wissen besitzen.

4.1.3.2 Das politische Lexikon

Alle Versuche, das politische Lexikon und die Sprache der Politik zu greifen und zu definieren, resultieren in der Erkenntnis, dass diese unendlich und damit in gewisser Weise auch *unbegreiflich* sind; ein Tätigkeitsfeld, in dem über die Autobahnmaut ebenso heftig diskutiert wird wie über Präimplantationsdiagnostik, Asylpolitik und die Energiewende – und das vom selben Personal! – zeichnet sich vor allem durch ein Spezifikum aus, und zwar seine terminologische Offenheit. Sowohl die Abgrenzung zur Alltagssprache als auch die klare Kante zu anderen Sachgebieten können nicht ausgemacht werden. Das politische Lexikon bedient sich bei sämtlichen relevanten Gegenstandsbereichen und ist gleichzeitig von Fachwörtern anderer Sachgebiete durchdrungen; es muss daher prinzipiell als dynamisch und offen gedacht werden (Girnth 2015: 56 f.). Um diesem Umstand Rechnung zu tragen, hat Klein (1989) einen Gliederungsvorschlag für das politische Lexikon entworfen, der die bedarfsweise Ausrichtung der Gegenstände politischer Debatten unter dem Aspekt des „Ressortvokabulars" subsumiert – dort versammelt sich all das, was für den gerade diskutierten Tatbestand relevant ist (Klein 1989: 7, hier nach Girnth 2015: 59). Dem gegenüber steht das sogenannte *allgemeine Interaktionsvokabular,* das eher als gemeinsprachlich anzusehen ist und nicht domänenspezifisch besetzt ist, „Bezeichnungen für menschliche Interaktion und ihre verschiedenen Aspekte" (Klein 1989: 7). Dazu gehören Begrifflichkeiten wie zum Beispiel *Konfliktpotenzial, Krise* oder *Kompromiss.* Hinzu kommen Institutions- und Ideologievokabular, wobci natürlich auch

Überlappungen möglich sind und einzelne Ausdrücke eine Art Mischcharakter tragen können (Abb. 4.4):

Als Ausdrücke für Organisationen und Institutionen werden die Klassiker des Arbeitsumfelds verstanden, so zum Beispiel *Kabinett, Verfassungsgericht, Bundesrat und -tag, Parlamentarische Demokratie, Opposition,* u.v.m. Zu den staatlichen und politischen Rollen gehören die Funktionen wir *Bundespräsident*in, Bundeskanzler*in, Minister*in, Mandat, Mitglied des Bundestags (MdB), Delegierte*r, Staatssekretär*in* und dergleichen. Kodifizierte Normen politisch institutionellen Handelns sind das *Grundgesetz,* der *Staatsvertrag,* ein *Pakt* oder *Parteistatut.* Zur Terminologie für politische Handlungen zählen die *Fraktionssitzung, Wahlen, Legislaturperiode,* der *Parteitag, Wahlkampf* oder das *Volksbegehren.* Wenngleich

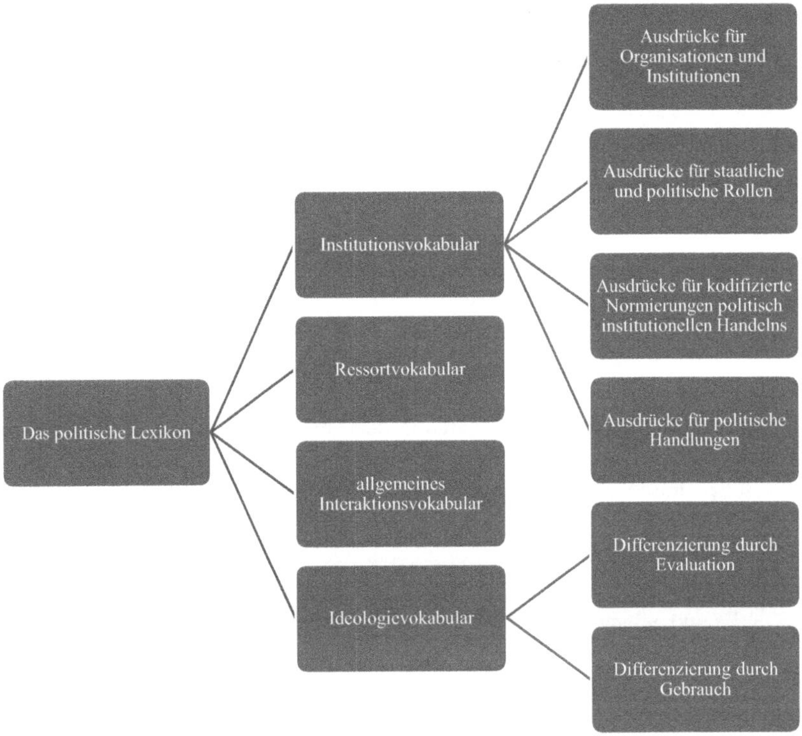

Abb. 4.4 Gliederung des politischen Lexikons nach Girnth. (Quelle: Eigene Darstellung nach Girnth (2015: 59–65))

Ihnen als Leser*in diese Begriffe bekannt sein dürften, so setzen Sie bitte nie voraus, dass das auch bei denjenigen der Fall ist, die Sie in der Mitgliederwerbung ansprechen wollen.

4.1.3.3 Ideologievokabular

Gesondert zu betrachten lohnt sich vor allem das *Ideologievokabular*, das sich „bestimmten ideologischen Positionen oder Wertsystemen verpflichtet" (Strauß, Zifonun 1986: 73). Ideologievokabular wirkt identitätsstiftend, um ein Zugehörigkeitsgefühl zu einer politischen Gruppierung durch die Kundgabe von Werten zum Ausdruck zu bringen. Es formuliert Deutungen und Bewertungen der politisch-sozialen Welt, ihre Prinzipien und Prioritäten. Dazu gehören fundamentale Werte, Organisationsformen und Handlungsorientierungen wie beispielsweise *Familie, Gesellschaft, Nation, Menschenrechte, Gewaltenteilung, Pluralismus* u.v.m. Diese sind einerseits ideologisch aufgeladen, andererseits gehören gerade Wörter wie *Familie* und *Gesellschaft* auch völlig ideologieneutral zum allgemeinen Sprachgut, sodass auch hier erneut Definitionsmengen fluide ineinander übergehen.

Wie stark aufgeladen bestimmte Ausdrücken sein können, das verdeutlichen ihre unzweifelhafte Zugehörigkeit zu einer jeweiligen Ideologie und deren komplementäre Verteilung; Vokabeln wie *Gottesfurcht, Klassenbewusstsein* oder *Nationalgefühl* tragen eindeutig und sehr markant zur Identifikation von politischen Lagern bei (Panagl 1999: 16).

Inzwischen hat es sich sogar ein eigener Forschungsbereich zur Aufgabe gestellt, derart ‚brisante' Wörter, über deren Verwendungsweise politische Zugehörigkeiten identifiziert werden können, Überzeugungen und Absichten auszumachen sind, zu dechiffrieren: Die Schlagwortforschung versucht, „die mit den politischen Ausdrücken verbundenen Bedeutungskomponenten detailliert und differenziert zu analysieren" (Niehr 2014: 64).

Zur Analyse ideologiegebundener Ausdrücke hat sich ein Instrumentarium aus drei Faktoren etabliert, und zwar die Aufspaltung in denotative, evaluative und deontische Bedeutungskomponenten (Girnth 2015: 60).

Das Denotat bezeichnet eine außersprachliche Wirklichkeit und beschränkt sich damit auf die reine Benennungsleistung des Gegenstands. Es sagt, was etwas ist. Dagegen werden die evaluative und deontische Bedeutungskomponente als Konnotation verstanden, also als Wertung. Die Evaluation bewertet den benannten Ausdruck – *Demokratie* zum Beispiel wird positiv evaluiert. Deontische semantische Merkmale charakterisieren Eigenschaften des Sollens oder nicht-Sollens; für *Demokratie* gilt, „dass sie ein hohes Gut ist, das also erstrebt und erhalten werden muss" (Hermanns 1989: 74 f.).

Ideologiewörter, sogenannte *Leitvokabeln, Schlag-* oder *Symbolwörter* (auf die Unterteilung in zwei Kategorien, wie es in der älteren Forschung noch öfter versucht wurde, wird hier verzichtet), verdichten komplexe Sachverhalte und verhalten sich daher bei knappem Einsatz von Sprachmaterial extrem ausdrucksstark. Die „Erforschung der in einer bestimmten historischen Epoche verwendeten Symbolwörter kann einen wertvollen Beitrag zum Verständnis dieser Epoche leisten. Ihre Semantik ermöglicht Rückschlüsse auf das Denken und Handeln einer Sprachgemeinschaft" (Girnth 2015: 62).

Mit *Gottesfurcht* und *Nationalgefühl* sind oben bereits Begriffe angeklungen, anhand derer leicht nachzuvollziehen ist, wie stark die verbundenen Konzepte polarisieren. Bei einer Sondersitzung anlässlich des Kriegs in der Ukraine spricht Christian Lindner (FDP), Bundesfinanzminister, zum Bundestag am 27.02.2022:

> „Es ist Krieg in Europa. Was Geschichte war, ist Gegenwart geworden. Es ist Krieg in Europa. Der 24. Februar 2022 trennt das Vorher vom Nachher. Es reicht nicht mehr, über Freiheit und die Werte des Grundgesetzes, über internationale Zusammenarbeit und Solidarität zu reden. Jetzt ist die Zeit, die Werte des Grundgesetzes – Freiheit und internationale Solidarität – zu leben. Russland hat einen völkerrechtswidrigen Angriffskrieg gegen die Ukraine begonnen" (Bundesministerium der Finanzen 2022).

Antithetisch stehen sich hier emotional aufgeladene Bildkontraste gegenüber: *Vorher – Nachher, Geschichte – Gegenwart.* Dem friedfertigen *Europa* auf der einen Seite steht der bedrohliche *Krieg* auf der anderen gegenüber. Auch die Abstrakta *Freiheit* und *internationale Solidarität* sowie das einzige Konkretum in der Reihe, das *Grundgesetz* – zwar nicht weniger gefühlsbeladen, aber trotzdem nicht besonders griffig –, hallen noch lange nach.

Erkennbar wird, dass die Ideologiewörter nicht nur nach ihren Bedeutungsnuancen aufgespalten werden können, sondern sich auch funktional unterschiedlich verhalten; die einen wirken Attraktion auf ihre Rezipient*innen aus, andere sorgen dagegen für Widerwillen. Bei Dieckmann (1975: 49) ist daher eine Unterteilung in sogenannte *Miranda* und *Anti-Miranda* vorgenommen worden. Wirkt ein ideologiegebundener Begriff anziehend auf eine bestimmte Sprechergruppe, so handelt es sich um ein *Mirandum: internationale Solidarität, Hoffnung, Friede* sind typische Vertreter, denen der *völkerrechtswidrige Angriffskrieg* als Beispiel eines größtmöglichen Anti-Mirandums gegenübersteht. Für die Klassifikation entscheidend ist, dass Miranda und Anti-Miranda nicht gruppenspezifische Evaluation erfahren, sondern ideologieübergreifend von der gesamten Sprecher*innengemeinschaft als gleich wertvoll oder abstoßend empfunden werden; über ihre Beurteilung herrscht *common sense.* Solche *Hochwertwörter* gelten im allgemeinen Konsens als erstrebenswert und wertvoll, sind bedingungslos positiv besetzt, sodass sie von politischen Opponenten jeweils für sich in Anspruch genommen und gleichzeitig den Gegner*innen abgesprochen werden (Deppermann, Martini 2015: 115). Im politischen Diskurs der jüngeren Vergangenheit haben beispielsweise Begriffe wie *Ökologie, Innovation* oder *Nachhaltigkeit* eine entsprechende Wertung erfahren, die mit einigem zeitlichen Abstand inzwischen von allen politischen Lagern für sich in Anspruch genommen wurden (Girnth 2002).

In dieser Hinsicht unterschiedlich verhalten sich die ideologiegebundenen Ausdrücke des Abgrenzungsvokabulars. Wo *Gottesfurcht* und *Nationalgefühl* einem Teil der Sprecher*innengemeinschaft als erstrebenswert gelten, werden diese auch bewusst benannt, um eben dort – bildsprachlich gesprochen – Flagge zu zeigen. Es sind *Fahnenwörter,* die stark an eine jeweilige Ideologie gebunden nur gruppenspezifische Wertung genießen, einen Parteistandpunkt in plakativer Art kenntlich machen (Hermanns 1982: 92) und auf diese Weise als „positive (affirmative) Schlagwörter, […] zugleich auch als Erkennungszeichen von Parteiungen fungieren und fungieren sollen" (Hermanns 1994: 16).

Für politische Widersacher gelten die gleichen Ausdrücke hingegen als *Stigmawörter,* als rotes Tuch für alle anderen Parteien. So distanziert man sich vom Sprachgebrauch einer konkurrierenden Gruppe und diskreditiert zugleich opponierende Lager durch sprachliche Herabsetzung. Je weiter eine Attribution von der/dem Sprechenden selbst ferngehalten wird, als umso minderwertiger oder gefährlicher wird sie von der/dem Rezipient*in wahrgenommen. Wo *Nationalgefühl* dem einen als hohes Gut und erstrebenswert zu kennzeichnen gilt, hält der politische Gegner eben dieses möglichst weit von sich fern. Ein Klassiker in dieser lexikalischen Kampfzone ist beispielsweise die Bedeutungskonkurrenz bei dem Fahnenwort *Sozialismus,* das – besonders im Komplex als *demokratischer Sozialismus* – von der SPD jahrzehntelang für sich identifikatorisch in Anspruch und mit Stolz verwendet wurde, das das bürgerliche Lager als politische Gegenseite dagegen mit Abscheu und als Stigmawort instrumentalisierte – durchgehend ohne das Attribut *demokratisch* –, um eine gefährliche Nähe zum kommunistischen Sozialismus zu suggerieren (Klein 2018: 360 f.).

Wie groß die Unterschiede in der Lesart eines einzigen Wortes durch die jeweilige Einbettung in eine komplexe Syntax sein können, zeigt die oben bereits angedeutete Trias bei *Sozialismus* – denn ob es sich um demokratischen, sozialen oder nationalen Sozialismus handelt, das ist ganz offensichtlich relevant. Bei der Einbettung von Symbolwörtern handelt es sich um Techniken der sogenannten *Kontextualisierung.* Der frequente Gebrauch in spezifischen Kontexten und in bestimmte sprachliche Handlungstypen soll dazu beitragen, seine Bedeutung mit zu prägen (Girnth 2015: 77) (Abb. 4.5).

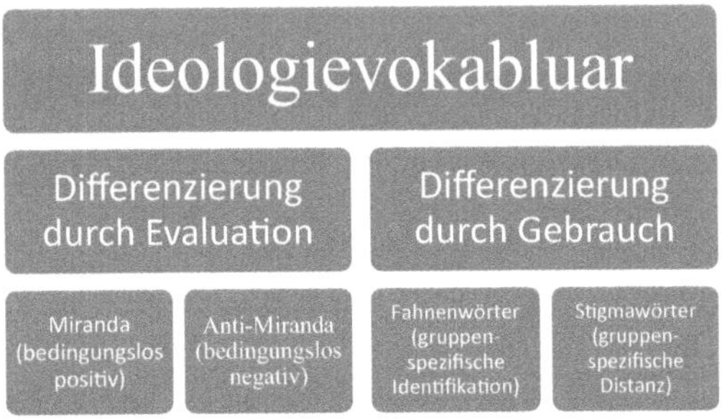

Abb. 4.5 Klassifikation des Ideologievokabulars. (Quelle: Eigene Darstellung)

Was heißt das für Sie in konkreten Werbesituationen? Heruntergebrochen bedeutet es, dass Sie recht schnell erkennen können, welchen weltanschaulichen bzw. ideologischen Standpunkt Ihr Gegenüber einnimmt. Nennen Sie Begriffe wie *Solidarität* und *soziale Gerechtigkeit* und erhalten dazu Nicken, Anerkennung und Zustimmung, wissen Sie, dass Ihr Gegenüber politisch eher ‚links' zu sein scheint. Erkennen Sie Zustimmung bei Begriffen wie *freie Hand des Marktes, Liberalismus, Produktivität,* dann steht Ihr Gegenüber eher liberalen politischen Kräften nahe. Bei der *Ehe zwischen Mann und Frau, Kinderreichtum* und *christlichem Glauben* treffen Sie auf Konservative bzw. Christdemokrat*innen, bei *Ausländer*innenkriminalität, Gender Gaga, Schutz des eigenen Volkes* auf ein Gegenüber aus dem rechtskonservativen bzw. rechtspopulistischem Spektrum. Und bei Zustimmung zu den Begriffen der *Nachhaltigkeit,* des *menschengemachten Klimawandels* und des *Umweltschutzes* auf jemandem, der dem grünen Lager zuneigt. Sie können mit der Beobachtung der Reaktionen auf die genannten Wörter (und natürlich noch weitere) also einen sehr guten Seismographen einsetzen, um Ihr Gegenüber in einem Gespräch schnell ‚abzuklopfen' und einen vorläufigen, ersten Eindruck zu gewinnen.

4.1.3.4 Saliente Sätze

Ideologisch aufgeladenes Wortgut eignet sich besonders gut, um in sogenannten *salienten Sätzen* Verwendung zu finden, also in Äußerungen, die in das kollektive politische Aktualwissen oder Gedächtnis eingehen; sowohl ihre Struktur als auch Verwendung sind von bestimmten pragmatischen Bedingungen bestimmt (nach Klein 2018: 363):

- Sie sind kurz und syntaktisch simpel, um im Gehirn wörtlich gespeichert werden zu können: *America first!* (Donald Trump ab 2016 wiederholt), *Kinder statt Inder* (Jürgen Rüttgers, 2000)

- rhetorische Figuren tragen zur Memorabilität und Eindringlichkeit der Aussage bei, z. B. als Parallelismus oder Antithese: *Scheitert der Euro, scheitert Europa* (Angela Merkel mehrfach 2010–2012)
- Saliente Sätze verknüpfen Wertungen mit intersubjektivem Geltungsanspruch; solche Wertungen sind stets apodiktisch – unwiderlegbar – und markieren die eigene Positionierung in Konflikten: *Wir sind das Volk!*
- Hinzu kommen außersprachliche Kontextbedingungen, wie zum Beispiel der Emittentenstatus einer politischen Führungsfigur, eine mächtige Protestbewegung oder die inhaltliche wie thematische Relevanz: *Ich bin ein Berliner* oder *wir schaffen das*!

4.1.3.5 Sprechakte und Sprachhandeln

Durch Sprache handeln als kommunikative Realisierung von Intentionen ist in der pragmatischen Linguistik von Austin und Searle in der klassischen Sprechakttheorie beschrieben worden. Stark verknappt dargestellt unterscheidet dieses Modell bei Äußerungen zwischen zwei Typen, und zwar konstativen und performativen Sätzen.

Konstative Äußerungen sind deskriptive, also Aussagen, Behauptungen, Beobachtungen, Beschreibungen; den inhaltlichen Gehalt, den diese vermitteln, bezeichnet die Sprachwissenschaft als Proposition. Diese kann wahr oder falsch sein, abhängig davon, ob dem „durch den Namen bezeichneten Gegenstand die durch das Prädikat bezeichnete Eigenschaft oder Beziehung tatsächlich zukommt" (Prechtl, Burkard 1999: 650). Die Performativen können dagegen nicht wahr oder falsch sein – sie haben keine deskriptiven Eigenschaften, sondern sind Sprachhandeln im eigentlichen Sinne. „Ich verspreche dir ewige Treue" ist nicht als Aussage als wahr oder falsch zu bewerten – über die Einhaltung des Versprechens wird die Zukunft richten – und darüber hinaus ist die Äußerung an sich eine Handlung, die den Versprechenden zu etwas verpflichtet. Sie stellt eine Handlung dar, mit der eine Veränderung eines bestimmten Zustands bewirkt wird. Eine strenge Unterscheidung ist zwischen diesen beiden Typen allerdings oftmals nicht möglich; Äußerungen können häufig sowohl konstativ als auch performativ gelesen werden.

Für die politische Praxis ist die Theorie daher bedeutsam, da die Sprechakte in starker Abhängigkeit an die jeweilige Sprechsituation, die Textsorte oder den Sprechanlass angepasst werden müssen. In der politischen Kommunikation gibt es eine Vielzahl, dort wird *appelliert, attackiert, aufgefordert, begrüßt, behauptet, beklagt, beschimpft, beschuldigt, beschworen, betont, bezweifelt, dargelegt, diffamiert, empfohlen, entschuldigt, erbeten, erläutert, ernannt, festgestellt, gedankt, gefordert, gefragt, gelobt, gemahnt, geraten, gespottet, getadelt, gewarnt, gewürdigt, herausgefordert, ironisiert, kritisiert, lamentiert, vorgeworfen, versprochen, verteufelt, widersprochen, zugesagt, zugestimmt, zugestanden* etc. (Klein 2018: 361). Einige dieser Begriffe haben Sie selbst wahrscheinlich schon mal verwendet, wenn Sie am Infostand mit Menschen gesprochen und über das Programm Ihrer Partei informiert haben. Anhand der abgebildeten Reihe wird ersichtlich, dass eine Vielzahl der involvierten Sprachhandlungen einiges an Konfliktpotenzial bergen. Gerade, wenn der vermeintlich ‚richtige Ton' nicht getroffen wird. Eine politische Debatte im Rahmen einer Talkshow eignet sich hervorragend dafür, zu erläutern, zu widersprechen, sogar dem Gegenüber Vorwürfe zu machen und zu ironisieren. Doch entscheidet das Format über die zu wählenden Sprechhandlungen; „Glauben Sie im Ernst, dass meine Partei auf ein Gesprächsangebot von Frau Merkel bei dieser Sachlage einginge, indem sie sagt, sie möchte Bundeskanzlerin werden. Ich meine, wir müssen die Kirche doch auch mal im Dorf lassen" – das wäre im Rahmen des Sagbaren in einer Debattierrunde im Vorlauf zu einer Wahl, wo Spitzen und Attacken zum üblichen Gebären zählen, nicht aber bei der *Elefantenrunde* im Anschluss an eine zu den eigenen Ungunsten verlaufene Wahl. Dieses Poltern wurde als einem scheidenden Bundeskanzler unwürdig empfunden und so schied Gerhard Schröder (SPD) 2005 glanzlos aus dem Amt aus.

Zu den Grundformen thematischer Entfaltung zählt Brinker (1985: 59 ff.) die Kategorien: *deskriptiv, narrativ, explikativ* und *argumentativ.* Auf diese Funktionen verteilen sich als politische Interaktionsformate und Textsorten zum Beispiel (Klein 2014: 151–196):

- Antrag
- (Ausschuss-, Regierungs-)Bericht
- Gesetz
- (Zeitungs-, online-)Kommentar
- Protest(-resolution, -note)
- (Parlaments-, Oppositions-, Wahl-, Parteitags-)Rede,
- (Koalitions-, Staats-)Vertrag

und viele weitere. Mehrere Teilhandlungen der Aktionsform können sich auf unterschiedliche Kategorien verteilen, wobei im Treiben der vom Wettbewerb um Zustimmung geprägten politischen Kommunikation die *argumentative Themenentfaltung* dominiert.

Begründen, legitimieren oder delegitimieren sind die typischen Sprachhandlungen in Parlamentsdebatten, in Debattenreden in der Fraktion, innerhalb der Partei vom Parteiprogramm bis zum Begründungsteil von Gesetzentwürfen, beim

Eingangsstatement einer Pressekonferenz oder dem Talkshow-Beitrag, bei der Regierungserklärung oder dem Kommentar in den Medien etc. (Klein 2018: 364). Gerade im hitzigen Gefecht des Debattierens können sich die einzelnen illokutionären Akte allerdings auch schnell abwechseln, sodass Äußerungen mitunter Mehrfachfunktionen tragen oder aber mehrere Sätze umfassen (Klein 2018: 361).

Die Benennung von einzelnen Sprechakten und die Beschreibung von Sprechaktsequenzen kann dabei helfen nachzuzeichnen, ob Dialogstränge als kohärent oder inkohärent zu bewerten sind, ob Dialogpartner*innen nicht nur adäquat auf den jeweiligen Themenbereich eingehen, sondern auch mit Bezug auf die Qualität von Sprechhandlungen einen stringenten Verlauf der Unterhaltung anstreben. Dadurch können Asymmetrien im Ablauf eines Gesprächs sichtbar gemacht werden (Franke 1990: 162). Mangelnde Kooperationsbereitschaft, die das Gelingen von Kommunikation verhindert, kann mithilfe des Sequenzmodelles aufgedeckt werden, zum Beispiel, wenn auf den Sprechakt *fragen* nicht wie gewohnt *antworten* folgt – sondern sich *fragen* anschließt (in folgendem Fall: *gegenfragen*!), ohne, dass auf Antwort zu hoffen wäre. Ein Beispiel: Im April 2020 lädt Markus Lanz mit Nicolaus Fest einen AfD-Politiker in seine Polit-Talkshow zum Thema Verschwörungstheorien ein; der Moderator fragt seinen Gast geradeheraus, ob in dessen Partei über Verschwörungstheorien diskutiert würde, woraufhin dieser erwidert: „Nehmen Sie Ihre Gäste hier eigentlich ernst?" Fest schließt eine weitere Frage an: „Kriegen Sie noch irgendwie mit, was in der Medienszene passiert?" Daraufhin reagiert Lanz – nicht etwa antwortend – sondern seinerseits mit einer Frage: „Darf ich ihnen antworten?" So schnell kann sich ein Gesprächsversuch als hinfällig erweisen, Asymmetrien in den Sprechakten befeuern sich gegenseitig und die Basis für gelungene Kommunikation wird zunichte gemacht.

Perfomativa sind zwar nicht an den Wahrheitsgehalt gebunden, ihre Effektivität ist nichtsdestoweniger an Bedingungen geknüpft – sie können gelingen oder missglücken. Misslingt ein Sprechakt, kann dies auf unterschiedliche Gründe zurückgeführt werden: Mangelnde Aufrichtigkeit des/der Sprecher*in, die sich auf Gefühle, Meinungen und Absichten beziehen sind hier ebenso zu berücksichtigen wie mangelnde Voraussetzungen, die zur Ausführung einer Handlung gegeben sein müssten. Als „abuse", ‚Missbrauch' bezeichnet Searle schließlich solche Fälle, in denen Sprecher*innen absichtsvoll die Unwahrheit äußern. Wenn man beispielsweise den Sprechakt des *Lobens* nicht ehrlich vollzieht, sondern Ironie durchschimmern lässt („Das hast Du ganz toll gemacht!", gerichtet an jemanden, der/die gerade etwas ganz und gar nicht toll gemacht hat), dann ist die Sprachhandlung des Lobs nicht erfolgreich vollzogen. Achten Sie daher stets, auch innerparteilich, darauf, dass Sie aufrichtig in Ihrer Kommunikation sind. So theoretisch diese Ausführungen auch sein mögen, so praktisch wird sich jede*r

Sprecher*in darüber bewusst sein, welche Effekte Ihre Sprechakte haben sollen, wenn sie nicht aufrichtig geäußert werden.

4.1.4 Die richtigen Frames aktivieren

Was sind eigentlich Frames, mögen Sie an dieser Stelle fragen. Bevor wir dazu übergehen, was die ‚richtigen' (auch das bleibt zu diskutieren) Frames sind, wollen wir eine kurze Hinführung zum Begriff leisten. Framing begegnet Ihnen täglich, ein Blick auf Twitter genügt dazu: Tempolimits seien *Freiheitsraub, Panik-Greta* mache die Menschen wild und Berlin wird als *failed city* (in Anlehnung an den Begriff der *failed states*) bezeichnet. Des Weiteren sei *Sozialtourismus* ukrainischer Flüchtlinge zu unterbinden, die *Klimakrise* hole uns alle ein und die *Respektrente* gebe Menschen im Alter das Geld, das sie aufgrund ihrer Arbeitsleistung verdient hätten.

Wie Sie sich zu diesen einzelnen Beispielen positionieren, ob Sie nicken oder den Kopf schütteln, hängt stark von Ihrer ideologischen Positionierung und Ihrer Weltanschauung ab. Ob Sie beispielsweise Geflüchtete aus der Ukraine als *Sozialtourist*innen* bezeichnen würden oder nicht, wird aus dem Stand abendfüllende Diskussionen und Debatten eröffnen. Framing hat aber nicht allein das Ziel, Debatten zu generieren, sondern soll gewisse Inhalte, Geschehnisse und Ereignisse in einen Deutungsrahmen einbetten, der eine bestimmte Interpretation befördert. Denken Sie dabei z. B. an die oben genannte *Klimakrise* im Vergleich zu einem Begriff des *natürlichen Klimawandels*. Der erste Begriff erzeugt die Vorstellung eines nahenden Unheils mit verheerenden Wirkungen, der zweite Begriff wirkt harmloser und befördert das Verständnis, der Klimawandel sei ein natürliches Phänomen, das es schon immer gab – und die Menschheit begleitete, die stets in der Lage war, sich diesem Wandel anzupassen oder ihn auszuhalten. Freilich gibt es auch Akteur*innen in der Politik, die diesen Klimawandel insgesamt bestreiten, sodass ihr Frame ein „es gibt *keinen Klimawandel*" beinhaltet. Dass die Wörter ‚nicht' und ‚kein' geradezu wirkungslos bleiben oder im Gegenteil, nämlich den eigentlich zu verneinenden Deutungsrahmen noch verstärken, zeigen wir Ihnen im Folgenden. Doch erst einmal zum Framing.

„To frame is to select some aspects of a perceived reality and make them more salient in a communicating text, in such a way as to promote a particular problem definition, causal interpretation, moral evaluation, and/or treatment recommendation for the item described" (Entman 1993: 52), so die klassische Definition von Entman. In deutscher Sprache beschreibt der Mediensoziologie Michael Jäckel

Framing als „Einbettung der Berichterstattung in einen bestimmten Interpretationsrahmen, also die Darstellung in Abhängigkeit von einer Bezugsgröße" (Jäckel 2011: 211).

Was sich in diesen Definitionen doch etwas sperrig verbirgt, ist das Verständnis von Framing als Darstellung von Inhalten in einer gewissen Art und Weise mit dem Ziel, eine bestimmte Reaktion im Hirn von Menschen auszulösen. Wird ein Ausgangsreiz gesetzt (Beispiel: „Das Tempolimit ist ein Angriff auf unsere Freiheit!"), soll damit ein Zielreiz erreicht werden (Beispiel: „Stimmt! Und niemand darf mir meine Freiheit rauben!"). Dieser Mechanismus wird *Priming* genannt, weswegen Oswald die Kombination der Begriffe Priming und Framing auch als üblich in der Literatur bezeichnet (Oswald 2019: 26). Man könnte sagen, dass Priming genau das ist, was durch Framing erreicht werden soll.

Strategisches Framing, also der Einsatz von Frames als eine strategische und damit wohldurchdachte Tätigkeit, lässt sich nach Oswald mit insgesamt 16 Techniken versehen (Oswald 2019: 55–132). Diese wollen wir Ihnen hier nicht alle präsentieren, sondern lediglich einzelne davon, die wir für gut einsetz- und leicht umsetzbar halten. Eine *Theorie* von Framing werden sie dabei nicht finden, da es hierzu schlichtweg auch keine gibt (Schmid-Petri 2012: 60). Grundlage von Framing ist jedoch die Annahme, dass es nicht die *eine, objektive* Wahrheit gibt, sondern Realität konstruiert wird (Scheufele 2003: 98). Framing hilft dabei, diese individuellen Realitätskonstruktionen gewissermaßen zu steuern.

Übrigens: Wenn Sie gute Frames setzen, können Sie ausgehend von diesen auch Ihre Argumente und Argumentationen aufbauen – dazu erfahren Sie in Abschn. 4.2 noch mehr, dennoch legen wir Ihnen ans Herz, auch diesen Abschnitt durchzulesen. Gemeinsame Frames in Ihrer Parteiorganisation, auch auf lokaler Ebene, machen Sie sprechfähiger und geben Ihrer Kommunikation eine gewisse Struktur.

Die erste Technik von Framing, die wir präsentieren möchten, ist das *Werte-Framing.* Hierbei geht es darum, dass Sie die Werte, die Ihrer Zielgruppe wichtig sind, mit Ihren Frames adressieren. Denken Sie an das Tempolimit und die *freie Fahrt für freie Bürge*innen.* Hier sind Sie direkt im Werte-Framing, da die Einführung eines Tempolimits auf Autobahnen den *Wert* der Freiheit einschränke, so zumindest der Frame. Bereits der ehemalige US-Präsident Ronald Reagan hat erkannt, dass es wichtig ist, nicht nur Politikinhalte zu kommunizieren, sondern auch über Werte zu sprechen (Oswald 2019: 59–60). Bei ihm waren es vor allem Werte der individuellen Eigenverantwortung, die im Vordergrund seiner Reden standen (Kuehl 2012). Werte-Frames lösen dabei zwei Dinge aus: Zum einen verfestigen sie vorhandene Ansichten, zum anderen „führen sie zu einer höheren Partizipationsbereitschaft. Kurz: Sie sind extrem effektiv. Werte selbst sind zwar etwas Abstraktes, sie können in Frames jedoch konkret gemacht werden. Die persönliche Freiheit ist ein häufig gewählter Wert, um Frames zu verstärken" (Oswald 2019: 61). Das mag auch daran liegen, dass Werte in Menschen etwas sehr stabiles sind, eine Art Grundkonstante, die das menschliche Handeln anleitet (siehe dazu bspw. Welzel 2009).

Eng dazu ist das Emotions-Framing bzw. das emotionale Framing zu betrachten. Vor allem bei sozialen Fragen und Themen beeinflussen Emotionen die Entscheidungen von Menschen (Oswald 2019: 67). Bilder von hungernden Menschen aktivieren unsere Spendenbereitschaft, genauso wie von Kriegsopfern, da hier Emotionen wie Trauer, Mitgefühl und Nächstenliebe geweckt werden. Was man sehr anschaulich im Jahr 2015 sehen konnte, waren emotionale Frames auf Basis der Befürworter*innen, aber auch der Gegner*innen der in diesem Jahr hohen Immigrationszahlen nach Deutschland. Die *Flüchtlingskrise,* wie sie schnell genannt wurde, beinhaltet bereits einen Frame. Befürworter*innen der Immigration haben an Hilfsbedürftigkeit der Menschen und Mitgefühl appelliert, Gegner*innen der Immigration haben versucht, Wut, Zorn und Angst, also ebenfalls Emotionen, zu aktivieren. Dabei ist empirisch zu beobachten, dass Angst und Wut stärker auf die Meinungsbildung wirken als das Aktivieren von Mitgefühl und Mitleid (Oswald 2019: 68). Kombiniert wurde der Wut-Frame meist mit einer persönlichen Zuschreibung *(„Danke, Merkel"),* was seine Wirkung noch verstärkte.

Die letzte Technik, die wir vorstellen möchten, ist das *Counter-Framing.* Dabei wird ein bereits bekannter Frame aufgenommen und ein anderer Frame als Konkurrenz dazu gebildet. Der Counter-Frame will dabei die Interpretation, die ein bestehender Frame fördern soll, ändern (Napierala 2021: 88). Was sehr einleuchtend klingt, ist gar nicht so einfach umzusetzen. Oswald (2019: 78) bietet mit der *National Rifle Association* (NRA) ein gutes Beispiel. Die NRA ist wohl *die* Organisation in den USA, die sich für den freien Gebrauch und Erwerb von Schusswaffen einsetzt. Sie muss sich als Interessenorganisation vor allem gegen Politik behaupten, die den Waffenbesitz regulieren und einschränken möchte. Dabei, so die Gegner*innen der NRA, bedeuten weniger Waffen mehr Sicherheit für die Menschen, was an Beispielen von Schul-Amokläufen, vor denen meist der einfache Erwerb von Schusswaffen stand, gut deutlich gemacht werden kann. Die NRA hält dem als Counter-Frame entgegen, dass nur mehr Waffen für mehr Sicherheit sorgen könnten – und zwar mehr Waffen in den Händen *guter* Menschen, die sich damit gegen die Waffen in den Händen *böser* Menschen verteidigen (Oswald 2019: 78). Häufig sind Counter-Frames aber nur einfache *Killerphrasen,* also solche, die nur dazu dienen, auf Basis eines Scheinarguments den gegnerischen Frame ‚mundtot' zu machen. Wenn beispielsweise Investitionen in den Klimaschutz gefordert werden oder aber in die Verbesserung der Bahn-Infrastruktur, so ist häufiger Gegenframe ein schlichtes: „Aber dazu fehlt uns das Geld". Der politische Gegner wird damit nur kurz aufgenommen, sein Vorschlag aber ins Utopische übergeleitet, indem postuliert wird, dass für solche Vorhaben doch gar keine Finanzmittel da seien, dass es schlecht durchgerechnet sei, etc. Damit ist es leicht, dem Gegenüber die Realisierbarkeit seiner Anliegen zu rauben. Doch: Das ist eine Art des destruktiven Counter-Framings, die zwar sehr leicht ist, aber keine Erzählung kreiert. Es fehlt das Narrativ und damit das überzeugende Moment. Dem Argument der NRA, auch wenn man dagegen ist, kann man zumindest Konsistenz und Stimmigkeit zusprechen. Es steht *für* etwas, und ist nicht nur *gegen* etwas gerichtet.

Unser Tipp an Sie ist dabei stets: Stehen Sie *für* etwas. Unterstellen Sie ihren politischen Gegner*innen nicht negative Zuschreibungen im Sinne eines *negative campaignings* (buttern Sie also niemanden öffentlich runter), sondern zeigen Sie den Menschen auf, *wofür* Sie stehen, *für was* Sie politisch eintreten und *was Sie erreichen* wollen. Das gibt auch der Parteimitgliedschaft für all diejenigen, die mit einer solchen liebäugeln, einen klaren Sinn! Seien Sie also nicht bloß gegen (und jetzt kommt es bei den folgenden Begriffen darauf an, welche politische Grundhaltung Sie haben) Eigenverantwortung oder Atomkraft oder Erneuerbare Energien oder Entlastungspakete oder das bedingungslose Grundeinkommen oder hohe Spritpreise oder Tempolimits auf Autobahnen, und, und, und …, sondern bieten Sie aktiv eine Lösung, ein Ziel an. Aus der Psychologie ist bekannt, dass Ziele Handlungen motivieren. Seien Sie also *für* Eigenverantwortung oder *für* Atomkraft oder *für* Erneuerbare Energien oder *für* Entlastungspakete oder *für* das bedingungslose Grundeinkommen oder *für* hohe Spritpreise oder *für* Tempolimits. Sie sehen: Wenn Sie *gegen* einen der genannten Begriffe sind, dann wissen andere nicht, wofür Sie eigentlich stehen. Aber wenn Sie *für einen* der genannten Begriffe sind, dann wissen andere sehr genau, wofür Sie stehen. Das bietet Abgrenzung, inhaltliche Klarheit und Orientierung. So weiß dann auch ein potenzielles Neumitglied, was es bei Ihnen erwarten kann – und was nicht. Damit erleichtern Sie nicht nur den Beitritt, sondern auch die Bindung neuer Mitglieder.

Zu Beginn des Abschnitts haben wir angekündigt, über den ‚richtigen' Frame zu sprechen. Aus unserer Perspektive, Erfahrung und Sondierung der Forschungsliteratur bleibt dabei als Quintessenz das, was oben genannt wurde: die Konzentration auf ein Ziel, der Fokus auf etwas, das es zu erreichen gilt. Seien Sie als SPD nicht *gegen* Hartz-IV, sondern *für* das Bürger*innengeld. Seien Sie als CDU nicht *gegen* geringere Sicherheitsstandards, sondern *für* mehr Kameraüberwachung im öffentlichen Raum. Seien Sie als Grüne nicht *gegen* Pelletöfen, sondern *für* mehr erneuerbare Energien in privaten Haushalten. Seien Sie als

FDP nicht *gegen* Umverteilung, sondern *für* Eigenverantwortung. Seien Sie als CSU nicht *gegen* Erneuerbare Energien, sondern *für* die Laufzeitverlängerung der Atomkraftwerke. Und seien Sie als Linke nicht gegen Preissteigerungen, sondern *für* eine Erhöhung der Löhne.

Mag sein, dass wir Ihnen auf die Füße getreten haben mit unseren Beispielen. Wir haben dazu schlichtweg einige tagesaktuelle Punkte (Stand: Oktober 2022) ausgesucht, die sich auch austauschen lassen. Sicherlich werden Sie auch sagen, dass Sie das *‚für'* ebenfalls kommunizieren. Wir geben dazu lediglich an: Kommunizieren Sie es noch stärker! Verbinden Sie es mit Werten und Emotionen!

Zuletzt noch ein Wort zum Counter-Framing oder zu einer Kommunikation des „Wir sind nicht für [setzen Sie ein beliebiges Thema ein]". Ein „nicht" oder „kein" hat keine Wirkung, es verpufft im Gesagten. Übrig bleibt der Begriff oder gar der Frame, den Sie ja eigentlich *nicht* kommunizieren wollen. Wer am SPD-Infostand sagt, er sei als Parteimitglied ja auch gegen Hartz-IV, hat sofort die entsprechende Hartz-IV/Agenda/Schröder-Diskussion laufen. Und genau da wollte das werbende Parteimitglied ja gerade *nicht* hin. Weisbach, Sonne-Neubacher (2015: 305) bieten ein schönes Beispiel dafür, was wir Ihnen hier mitgeben wollen: dass nämlich der Einsatz des Wortes ‚nicht' dennoch das Bild dessen erzeugt, was verneint werden soll.

> „‚Pass auf, dass Dein Becher nicht hinunterfällt' lässt beim Kind just das […] Bild entstehen […]: Ein fallender Becher. Dies muss nicht zwangsläufig dazu führen, dass der Becher tatsächlich fällt. Es ist für mich jedoch immer wieder spannend zu verfolgen, wohin Aufforderungen führen, die eine Negation oder gar ein Verbot enthalten. Was den Becher betrifft, so ist es schon merkwürdig, dass das Kind erwidert: ‚Der fällt nicht'. Und in dem Moment fällt der Becher tatsächlich nicht. Wie kommt es aber, dass jener Milchbecher zwei Minuten später doch auf dem Boden liegt?" (Weisbach, Sonne-Neubacher 2015: 306).

Und so wie oben zum Framing genannt, fehlt auch hier die „Zielangabe" (Weisbach, Sonne-Neubacher 2015: 306), da nichts darüber gesagt wird, wo denn der Milchbecher stehen soll. In der Gefahr, dass der folgende Satz aus dem Zusammenhang gerissen und ohne Kontext zitiert wird: Politik ist der Milchbecher. Zeigen Sie den Bürger*innen auf, wo der Milchbecher stehen soll und nicht, wo er nicht stehen soll.

4.2 Zuhören, Argumentieren, Überzeugen

„Schatz, hast Du mir überhaupt zugehört?“ – Den Satz haben die meisten Menschen in ihrem Leben bestimmt schon gehört. Dass Zuhören essenzieller Bestandteil von Kommunikation ist, sollte unbestritten sein. Es verwundert daher umso mehr, dass wir das Zuhören immer stärker verlernen. Talkshows beispielsweise bieten ein einleuchtendes Exempel dafür, dass gegenseitiges Zuhören anscheinend aus der Mode gekommen ist. Gesprächsstörer wie Unterbrechungen, dem Gegenüber ins Wort zu fallen oder die Sätze des anderen zu beenden, dann jedoch direkt umzuleiten, scheint im TV Standard der Debattenführung zu sein. Das mag zwar Aufmerksamkeit, Zuschauer*innen und Klicks in den sozialen Medien bringen, ist aber im Mitgliederwerbegespräch weder legitim noch sinnvoll.

Beispiel
Herr Mustermann von der PfAU (Partei für Argumentation und Urteilsvermögen) steht anlässlich einer Öffentlichkeitsaktion am Infostand. Frau Mitgliedschaftsinteressiert möchte sich ein Bild von der Partei verschaffen, aber gleichzeitig auch ein konkretes Anliegen gelöst sehen. Sie erklärt Herrn Mustermann, dass sie momentan an einem Wohngeldantrag sitzt, damit aber völlig überfordert ist. Sie erläutert, dass sie auch eine gewisse Scham hat, zum Amt zu gehen und eigentlich keine Sozialleistungen vom Staat erhalten möchte. Herr Mustermann grüßt während dem Gespräch vorbeigehende Passant*innen, bittet seine Parteikolleg*innen darum, Flyer zu sortieren und schaut immer mal wieder beiläufig auf sein Handy. Als Frau Mitgliedschaftsinteressiert mit ihren Ausführungen endet, sieht Herr Mustermann seine ‚Chance‘, endlich eigene Themen und Argumente vorstellen zu können. Er geht auf das Thema Mieten, Wohnungsnot und Raummangel ein – etwas, das Frau Mitgliedschaftsinteressiert aber gar nicht interessierte. Für sie stand ein Wohngeldantrag im Raum und nicht der Wunsch danach, etwas über einen Plan zum Bau von Sozialwohnungen zu erfahren.

Wie könnte Frau Mitgliedschaftsinteressiert wohl reagieren? Mindestens konsterniert, aber noch eher würde sie das Gespräch verlassen wollen und die PfAU nicht wählen wollen. Wie schon beschrieben ist die Zahl der Menschen, die das Gefühl haben, Politik höre ihnen nicht mehr zu, auf einem hohen Niveau. Wenn Sie den

Menschen dann auch noch das entsprechende Gefühl durch nicht-wertschätzende Kommunikation vermitteln, bestärken Sie diese Einstellung deutlich.

Zuhören ist jedoch nicht gleich Zuhören. Mit vier Arten des Zuhörens nach Weisbach, Sonne-Neubacher (2015), die auch in anderen Kommunikationsratgebern verwendet werden (z. B. Preuß-Scheuerle 2016), möchten wir das Thema einleiten und aufzeigen, dass Zuhören unterschiedliche Facetten kennt. Die hier vorgestellten vier Arten des Zuhörens lauten:

1. Das Pseudo-Zuhören
2. Das aufnehmende Zuhören
3. Das umschreibende Zuhören
4. Das aktive Zuhören

Das Pseudo-Zuhören

Das Pseudo-Zuhören möchten wir mit einem Beispiel einleiten.

Person A: „Gestern war ein absolutes Verkehrschaos auf der Autobahn. Fünf Autos sind zusammengestoßen, fünf! Ein LKW kam gerade noch so zum Stehen, ich bin froh, dass ich da nicht reingeraten bin, das war total knapp."
Person B denkt in dieser Zeit: *Jaja, aber mir ist letztens etwas viel Schlimmeres passiert* und sagt: „Ja, ich verstehe, ging mir letztes auch so, da ist mir ein Fahrradfahrer in die Beifahrertür gefahren, da durfte ich vor der Arbeit erst mal in die Werkstatt."

Was ist hier passiert? Person A berichtet von etwas, das sie ordentlich erschüttert und nachhaltig beeindruckt hat. Sie ist, ihrem eigenen Gefühl nach und vielleicht auch objektiv betrachtet, knapp einem schweren Unfall entgangen. Person B hört aber gar nicht zu, sondern hat das dringende Bedürfnis, von sich selbst zu berichten. Das „Ich verstehe" in der Antwort ist völlig inhaltsleer – dahinter steckt ein „Gut, Du hast einen Punkt gesetzt, dann kann ich endlich reden". Sätze des Pseudo-Zuhörens beginnen daher auch häufig mit einem „Da hast Du sicherlich Recht, aber.:" – so wird kaschiert, dass man dem Gegenüber nicht zugehört hat und sogar noch der Eindruck erweckt, auf das Gesagte des/der anderen eingehen zu wollen.

Das Pseudo-Zuhören ist damit im besten Fall eine stille Abwertung des Gegenübers und im schlimmsten Fall eine Form höchster Respektlosigkeit. Es gibt kein Szenario, in dem das Pseudo-Zuhören in irgendeiner Weise mit einem respektvollen Umgang verbunden sein könnte. Wir schaffen es nicht immer, anderen vollständig zuzuhören. Vor allem bei Vielredner*innen schaltet man gerne mal ab. Ehrlich wäre es dann zu sagen, dass man gerade nicht zugehört hat und um Wiederholung bittet – zwar auch kein feiner Zug, aber immerhin aufrecht. Bei dem Pseudo-Zuhören ist ein solches Vorgehen aber schon daher nicht denkbar, da letztlich das im Vordergrund steht, was selbst gesagt werden soll. Das Pseudo-Zuhören kann für keine Kommunikationssituation empfohlen werden, insbesondere nicht für Gespräche zur Mitgliederwerbung oder im Rahmen von strategischer Öffentlichkeitsarbeit.

Denn: „Wer von sich redet, um das begonnene Gespräch durch die eigenen Erfahrungen ‚zu bereichern', hat bereits für sich beschlossen, dass der eigene Standpunkt, das, was es zu äußern gilt, viel wichtiger und bedeutungsschwerer ist als alles andere" (Weisbach, Sonne-Neubacher 2015: 147). Wenn Sie also eine Bühne für sich brauchen, werden wir das gar nicht kritisieren. Es hat nur nichts in einem Mitgliederwerbegespräch zu suchen.

Das aufnehmende Zuhören

Das aufnehmende Zuhören ist eine eher unterschätzte Form des Zuhörens. Auch hier lassen wir erst ein Beispiel folgen:

> Person A: „Gestern war ein absolutes Verkehrschaos!"
> Person B: „Hm, okay…"
> Person A: „Fünf Autos sind ineinander gerauscht!"
> Person B: „Uff!"

Das aufnehmende Zuhören ist eine Form des Zuhörens, in der Zuhörer*innen nur durch Nicken, kurzes Brummen oder Laute auf das Gesagte reagieren. Dabei wird vermittelt, dass man aufmerksam zuhört, ohne Fragen stellen zu wollen. Man lässt das Erzählte einfach erst mal kommen. Lassen Sie uns das Gespräch von oben in Gedanken weiterführen:

Person A: „Ich konnte kurz vorher bremsen, das war mein Glück, sonst wäre ich da auch noch reingeraten."
Person B: „Ui, ist nicht wahr!"
Person A: „Doch, das war wirklich super knapp."

Diese Art der Gesprächsführung – des zustimmenden Zuhörens – gibt Zuhörer*innen einige Möglichkeiten: die volle Konzentration auf das Gesagte, einen unterbrechungsfreien Signalempfang und eine komplette Wahrnehmung, denn: „Sie können nicht zuhören, während Sie selber sprechen" (Alter 2018: 21). Zugleich zeigt aufnehmendes Zuhören Interesse; Sie dürfen natürlich nicht bloß nicken und brummen, gleichzeitig aber den Eindruck erwecken, wegzuhören oder mit anderem beschäftigt zu sein. Eine Situation, die wir vom Telefon kennen, die das Gegenüber aber meist bemerkt. Achten Sie darauf, nicht den Respekt vor Ihrem Gegenüber zu verlieren, um gleichermaßen Respekt zu erhalten. Hören Sie aufmerksam zu, ist es wahrscheinlicher, dass man Ihnen danach aufmerksam zuhört. All das hängt mit einem elementaren menschlichen Grundbedürfnis zusammen: unserer Suche nach Anerkennung und Wertschätzung, der sich die Betriebswirtschaft im Rahmen moderner Personalführung nähert (Rettler, Göll 2010), die aber auch für alle anderen Lebensbereiche gilt.

Das umschreibende Zuhören
Das umschreibende Zuhören ist die interessanteste Form der hier vorgestellten vier Arten des Zuhörens. Es ist nicht zu verwechseln mit dem aktiven Zuhören, bei dem das Gespräch aktiv begleitet und eigenständig erweitert wird, sondern ist eine Art des Zuhörens, bei der das Gehörte in eigenen Worten umformuliert wiedergegeben wird. Auch hier soll ein Beispiel der Veranschaulichung dienen:

Person A: „Gestern war ein absolutes Verkehrschaos!"
Person B: „Also Du meinst einen Stau?"
Person A: „Ja, fünf Autos sind ineinander gerauscht, fünf!"
Person B: „Oho, also eine echte Massenkarambolage, ist das richtig?"
Person A: „Das kann man wohl sagen. Danach gab's erst mal eine Vollsperrung."

Hier ist etwas passiert, was erst durch die Umschreibung ausgelöst werden konnte: Der eigentliche Gesprächsinhalt ließ sich nur über die Umschreibung ermitteln, denn das, was Person A vermittelt – die offenbar noch ein wenig aufgebracht und überschwänglich zu sein scheint –, wird durch Person B implizit korrigiert. Das geschilderte Verkehrschaos entpuppt sich nach der Umschreibung von Person B als Massenkarambolage und nicht als gewöhnlicher Stau. Person A, die das im Gesprächsfluss schlicht bejaht, wird somit von Person B nicht nur behutsam korrigiert, sondern über die (versuchten) Umschreibungen zu ihrem eigentlichen Kerninhalt geleitet. Die Wiederholungen sollten dabei, wie im obigen Beispiel, durchaus als Paraphrasen in Erscheinung treten und nicht als sture Wort-für-Wort-Übernahmen gesetzt werden – das umschreibende Zuhören kann ohnehin bereits befremdlich wirken, weil es im Alltag eher selten eingesetzt wird.

Diese Art des Zuhörens hilft jedoch deutlich, in Situationen mit Konfliktpotenzial deeskalierend zu wirken. Gespräche mit wütenden Bürger*innen können so entschärft werden, da das Gegenüber die Chance hat, zum einen selbst viel zu sprechen und zum anderen nicht durch Gegenargumente aufgeheizt wird. Aus unserer Praxiserfahrung wissen wir aber um die Schwierigkeiten des umschreibenden Zuhörens. Insbesondere Menschen, die politisch aktiv sind und es sich zur Gewohnheit gemacht haben, viel zu reden, scheitern an einer einfachen Übung, dem *Kontrollierten Dialog* (siehe nächste Seite).

Der Kontrollierte Dialog

Für den Kontrollierten Dialog benötigen Sie insgesamt *drei* Personen. Person A und B unterhalten sich, Person C fungiert als Schiedsrichter*in. Person A sagt zuerst einen Satz, woraufhin Person B diesen Satz (bzw. den Inhalt des Satzes) in eigenen Worten wiedergeben muss. Nachdem der Satz wiedergegeben wurde, muss Person A ‚stimmt' oder ‚stimmt nicht' sagen. Der/Die Schiedsrichter*in überwacht die Einhaltung dessen. Erst nachdem Person A sein/ihr Einverständnis gegeben hat, sprich: der Paraphrase zugestimmt hat, darf Person B etwas sagen. Der Kontrollierte Dialog setzt dabei keine Argument-Gegenargument-Struktur voraus, kann aber durchaus so geführt werden. Das gestattet dann auch noch eine Auseinandersetzung mit den Inhalten des/der anderen. Hier ein Beispiel:

> Person A: „Ich finde, dass es in unserer Stadt zu wenige Radwege gibt."
> Person B: „Das Radwegnetz ist Dir in dieser Stadt also zu schlecht ausgebaut?"

Person A: „Stimmt."
Person B: „Ich finde, der ÖPNV sollte stärker ausgebaut werden."
Person A: „Du findest also, Bus und Bahn sollten günstiger werden?"
Person B: „Stimmt nicht."
Person C: „Korrekt, Person B hat eigentlich etwas anderes gesagt."

Person B wiederholt dann nochmal seinen/ihren Satz und Person A erhält die Gelegenheit zu einem erneuten Versuch der Umschreibung.

In unserer Arbeit sehen wir leider allzu häufig bei Übungen zum Kontrollierten Dialog, dass bereits nach kurzer Zeit nicht mehr die Aussage des Gegenübers wiederholt wird, sondern direkt die eigene These eingebracht wird. Hier ist Zurückhaltung aber das Maß aller Dinge! Es geht nicht darum, direkt die eigene Meinung vorzubringen, sondern darum abzuklären, ob man die Meinung des/der anderen überhaupt korrekt verstanden hat. Das vermeidet Missverständnisse und damit Konflikte. Zudem erzeugt es ein Gefühl von Respekt und Wertschätzung als Basis funktionierender Gespräche und Diskussionen. Wenn Übungen zum Kontrollierten Dialog durchgeführt werden – und das sollten sie –, kommt dem/der Schiedsrichter*in die essenzielle Rolle zu, am stärksten zuzuhören und notfalls einzugreifen. Übrigens: Nach ca. fünfzehn Minuten tauschen die Rollen, sodass jede*r Gesprächspartner*in einmal Schiedsrichter*in gewesen ist.

Das aktive Zuhören
Das aktive Zuhören, so die Literatur zu professioneller Gesprächsführung, bildet die „hohe Kunst des Zuhörens" (Weisbach, Sonne-Neubacher 2015: 46). Dabei ist das aktive Zuhören nicht nur eine Methode, um das *Was* gesagt wird zu präzisieren, sondern auch das *Wie* zu spiegeln oder zumindest verstehen zu wollen. Bei dem aktiven Zuhören soll nicht nur gefragt werden, was der andere genau meint, sondern wie er es meint, was ihn beschäftigt, bekümmert, was seine Laune ist. Wer fragt, der führt, lautet hier das Credo. Aktives Zuhören schafft Vertrauen, Verbundenheit und das Gefühl von Wertschätzung, was umschreibendes Zuhören ebenfalls leistet. Das aktive Zuhören jedoch grenzt sich in einem entscheidenden Punkt vom umschreibenden Zuhören ab. Besprechen wir dies an einem Beispiel:

Übersicht

Person A kommt zur Bürger*innensprechstunde. Nach einer kurzen Begrüßung äußert sie: „Vor der Grundschule sollte unbedingt ein Poller errichtet werden, die Autos fahren da ja immer so schnell lang".

Person B – sagen wir die Bürgermeisterin – sitzt Person A gegenüber und hat nun folgende Handlungsmöglichkeiten:

Die Reaktion mit dem Pseudo-Zuhören: „Jaja, ich verstehe, aber finden Sie nicht auch, dass unsere Ganztagsbetreuung wirklich ausgezeichnet bei den Eltern ankommt?"
Die Reaktion mit dem aufnehmenden Zuhören: „Mmh, aha."
Die Reaktion mit dem umschreibenden Zuhören: „Sie sind also der Meinung, dass vor der Grundschule Absperrungen errichtet werden sollen, weil dort Raser die Straße entlang fahren?"
Die Reaktion mit dem aktiven Zuhören: „Sie klingen sehr besorgt! Hatten Sie an der Stelle bereits ein schlimmes Erlebnis?"

Gehen wir die unterschiedlichen Reaktionen einmal durch. Das Pseudo-Zuhören soll nur der Bürgermeisterin dienen, nicht dem vorgebrachten Anliegen. Die Bürgermeisterin lenkt damit vom Thema der Person A weg und setzt ihre eigenen Themen auf die Agenda – wohl kein gutes Vorgehen bei einer Bürger*innensprechstunde. Die Reaktion mittels aufnehmendem Zuhören ist nicht schlecht, wenn die Bürgermeisterin erwartet, dass Person A selbst eine präferierte Lösung präsentiert, die sie dann diskutieren kann. Die Reaktion mit dem umschreibenden Zuhören kann eventuell problematisch werden. Da das umschreibende Zuhören in der Alltagskommunikation so selten verwendet wird, kann es sehr befremdlich wirken. Person A könnte vielleicht entgegnen: „Ja selbstverständlich, das habe ich doch gerade gesagt". Es ist jedoch deutlich wahrscheinlicher, dass sie enthusiastisch entgegnet: „Ja genau, Sie verstehen, was ich meine!" Da wir das umschreibende Zuhören nicht gewohnt sind, erkennen wir es erstmal nicht als *Strategie* der Kommunikation, sondern als aufrichtiges Zuhören – was es auch sein sollte. Wenn Sie das umschreibende Zuhören jedoch überreizen, also wirklich jeden Satz dauerhaft wiederholen, wird es Ihrem Gegenüber womöglich auffallen. Das aktive Zuhören erhöht die Wahrscheinlichkeit für eine aktive Lenkung des Gesprächs bei gleichzeitiger Wertschätzung. Hier spiegelt die Bürgermeisterin (verbal) unmittelbar die Gefühle von Person A und bringt ihr damit Wertschätzung entgegen. Das ist im Übrigen auch eine Art des umschreibenden Zuhörens! Zugleich leitet sie damit zur Fortsetzung des Gesprächs an. Eine andere Möglichkeit bietet sich durch das Stellen von (offenen) Fragen, beispielsweise wenn ein Poller nicht realisiert werden kann, Person A aber nicht ohne eine Lösung aus dem Gespräch entlassen werden sollte. Eine Beispielfrage kann lauten: „Was schwebt Ihnen denn als Alternativlösung vor?" Damit gibt die Bürgermeisterin dem Gegenüber die Chance, das Gespräch selbst fortzusetzen, sich damit zugleich in der Oberhand zu fühlen und am Ende der Konversation zu denken: „Das war aber ein gutes Gespräch. Auch, wenn die Frau Bürgermeisterin mir nicht helfen konnte, zugehört hat sie mir definitiv!"

Um das *Wie* des Gemütszustandes eines Gegenübers zu spiegeln oder in Erfahrung zu bringen, kennt das aktive Zuhören mehrere Techniken. Nach Urs Alter wollen wir diese stichwortartig zusammenfassen:

- Die Gesprächs*begleitung* mit:
  - verbalen Signalen (Ui, oha, aja, hm…)
  - nonverbalen Signalen (Anschauen, Kopfnicken, offene Gestik)
- Die Gesprächs*paraphrase* durch:
  - Wiederholungen
  - Umschreibungen in eigenen Worten
  - Kurzzusammenfassungen zur Klärung
  - Verdeutlichungen
  - Nachfragen
- Die Gesprächs*verbalisierung* durch:
  - Benennung der vermuteten Gefühle des Gegenübers („Sie sind jetzt sicherlich enttäuscht?" „Sie denken jetzt vielleicht, dass…?")
  - Ausdrücken eigener Gefühle („Wenn Sie das so formulieren, bin ich schon sehr erschüttert.")
- Die Gesprächs*ergänzung* mit eigenen Aussagen (Das kann jedoch schnell als Unterbrechung und Dazwischenreden gewertet werden)
- Die Gesprächs*erweiterung* durch kritische Nachfragen („Kann man das vielleicht auch anders sehen?" „Gibt es für Sie nicht noch weitere Möglichkeiten?") (Alter 2018: 24).

Argumentieren

Wenn Sie umschreibend oder aktiv zugehört haben, Wertschätzung ausgestrahlt und ihre*n Gesprächspartner*in ‚geöffnet' haben, dann gelangen Sie womöglich in die Argumentation. Dann möchte niemand, dass sie um den heißen Brei reden. Kommen Sie zum Punkt! Setzen Sie Ihren Frame (siehe oben) als Opener und dann steigen Sie in einen Argumentationsgang ein.

Argumentieren sollte dabei nicht mit Manipulieren verwechselt werden! Nur weil Sie für eine Sache brennen und diese systematisch und stringent übermitteln wollen, bedeutet das nicht automatisch, dass Sie manipulative Absichten haben. Auch werden Ihnen rationale, sprich: wissenschaftliche Argumentationen im Gespräch mit potenziellen Mitgliedern wohl nur manchmal weiterhelfen, je nach Offenheit ihres Gegenübers dafür. Ihre Argumente sollten stets einen Mehrwert für die potenziellen Mitglieder aufzeigen und an Ihrer Lebenswirklichkeit ansetzen! Dann ist es auch realistisch, dass Ihre Argumente überzeugen.

Um zielgerichtet zu argumentieren, sollten Sie eine Grundvoraussetzung erfüllen: informiert sein. Es ist nicht nur essenziell, dass Sie überzeugt sind von dem, was Sie vortragen möchten, sondern auch um die Sachinhalte Bescheid wissen.

Denken Sie einmal zurück an Ihre Schulzeit. Welche Lehrer*innen genossen automatisch hohen Respekt? Die, die viel gebrüllt haben? Die, die stets locker waren und die Noten verschenkt haben? Oder die, die durch Kompetenz überzeugen konnten? Bei denen man stets gemerkt hat, dass sie informiert sind und sich auch im Vorfeld informieren *wollten?*

Es ist also unerlässlich, dass Sie sich im Vorfeld ordentlich auf die Themen vorbereiten, die Sie argumentativ vermitteln wollen. Sind Sie beispielsweise Expert*in für die Digitalisierung, müssen aber plötzlich über Themen der Senior*innenpolitik sprechen, sollten Sie sich zumindest in grundlegende Positionen und Problemstellungen eingearbeitet haben. Wissen Sie doch mal nicht mehr weiter, versuchen Sie es nicht mit Halbwissen, sondern verweisen Sie an informierte Genoss*innen bzw. Parteikolleg*innen. Nutzen Sie dazu das *positive Sprechen:* Verzichten Sie darauf zu erwähnen, dass Sie hier nicht helfen können, sondern verweisen Sie direkt an eine*n Ansprechpartner*in und wie diese*r erreicht werden kann. Anstelle also zu sagen: „Da kann ich Ihnen leider nicht helfen, da müssten Sie XY fragen", sagen Sie besser: „Da kann ich Sie direkt an XY verweisen! Ich schreibe Ihnen sofort die Handynummer auf".

Wenn Sie dann Ihre Argumente vermitteln, sollten Sie die Grundsätze des vorigen Abschnitts berücksichtigen und erst mal zuhören. Gehen Sie auf

Ihre Gesprächspartner*innen ein und warten Sie einen günstigen Moment ab, um Ihre eigenen Themen zu vermitteln. Dabei gehen Sie am besten in Form eines Dreischritts vor. Preuß-Scheuerle empfiehlt Argumentationsraster wie *Lage-Ziel-Maßnahme, Problem-Grund-Lösung* und *Forderung stellen-Forderung begründen-Maßnahme benennen* (Preuß-Scheuerle 2016: 45). Insbesondere diese Argumentationsmuster sind aus unserer Sicht für die politische Praxis äußerst relevant.

Übersicht

Beispiel für die genannten Arten der Argumentation:
In Ihrer Kommune wollen Sie ein 365-EUR-Ticket für den Nahverkehr einführen. Ihrer Ansicht nach sind die geltenden Tarife deutlich zu teuer, das Neun-Euro-Ticket ist nach drei Monaten wieder ausgelaufen, ein günstiger Nachfolger nicht in Sicht. Sie wollen sich und Ihre Partei damit attraktiv machen, den Bürger*innen ein Nahverkehrsticket anzubieten, mit dem sie für einen Euro am Tag (umgerechnet) durch das gesamte Tarifgebiet fahren können.

Um dieses Ticket argumentativ bewerben zu können, stehen Ihnen mit den oben genannten Mustern Möglichkeiten der zielgerichteten Vermittlung zur Verfügung.

Lage: Der Öffentliche Nahverkehr ist in unserer Kommune zu teuer und zu unübersichtlich.

Ziel: Um Bus und Bahn wieder bezahlbar zu machen…

Maßnahme: …wird es mit dem 365-Euro-Ticket eine Jahreskarte geben, die Sie günstig überall hinbringt.

Der Vorteil dieser Argumentationsmethode ist, dass sie sich um Begründungen erst mal keine Gedanken machen müssen. Wie Sie im nächsten Beispiel sehen, ist das bei der *Problem-Grund-Lösung*-Argumentation anders.

Problem: Der Öffentliche Personennahverkehr ist viel zu teuer und unübersichtlich.

Grund: Die in der Stadt regierenden Parteien der letzten Jahre haben sich nicht darum gekümmert, den Bürger*innen vernünftige Preise anzubieten.

Lösung: Wir schaffen mit dem 365-Euro-Ticket endlich eine Jahreskarte, die Sie günstig durch den kompletten Nahverkehrsraum bringt.

Der Vorteil dieser Argumentationsmethode ist insbesondere dann gut sichtbar, wenn eine unbeliebte Politik kommuniziert werden soll. Mit dieser Art der Argumentation machen Sie den Grund für eine Lösung transparent und klar. Achten Sie dabei darauf, keine allzu komplexen Fachwörter zu verwenden und möglichst prägnant zu formulieren. In unserem Beispiel mit dem 365-Euro-Ticket müssen wir bei der Einführung einen Grund suchen, der auf den Schultern anderer ausgetragen wird. Auch wenn es sich hier letztlich nicht um *negative campaigning* im engeren Sinne handelt, so sind doch Begründungen, die schlichtweg die Unfähigkeit – ob vermeintlich oder tatsächlich – des politischen Gegners beinhalten, letztlich inhaltsleer. Die nächste Argumentationsweise *Forderung stellen-Forderung begründen-Maßnahme* bietet Ihnen den Vorteil, sich in der Vorbereitung des Argumentes auf Ihren Frame zu konzentrieren, ohne den politischen Gegner anzugreifen und in die Vergangenheit blicken zu müssen.

Forderung stellen: Wir müssen Bus und Bahn in unserer Kommune bezahlbar machen!

Forderung begründen: Das derzeitige Ticket- und Preissystem ist viel zu undurchsichtig und zu teuer.

Maßnahme: Mit einem 365-Euro-Ticket schaffen wir ein günstiges Jahresticket für den kompletten Nahverkehrsraum.

Hierbei müssen sie nicht das vorhandene Problem begründen, sondern lediglich ihre Forderung. Der Vorteil ist, dass diese Argumentation automatisch gegenwarts- und zukunftsgerichtet ist, nicht aber in die Vergangenheit blickt. Um Argumentation und Kommunikation einfach und zielgerichtet zu halten, sollten sie maximal diese beiden Zeitebenen einbeziehen. Ein Blick in die Vergangenheit führt nur allzu oft dazu, Schuldige für etwaige Versäumnisse auszumachen – aber seien Sie ehrlich: Wollen Bürger*innen und Mitgliedschaftsinteressierte das hören?

Sollten Sie sich argumentativ in eine Ecke gedrängt sehen, können Sie mit einem argumentativen Fünfschritt vorgehen. Auch hierzu gibt es verschiedene Muster; eines umfasst das Aufzeigen von Alternativen innerhalb der Argumentation (Preuß-Scheuerle 2016: 48–49). Davon raten wir aber in der Kommunikation mit Bürger*innen ab. Es sollte stets darum gehen, *eine* Lösung zu präsentieren und das Gegenüber nicht mit allzu vielen Optionen zu verwirren. Orientieren Sie sich dabei auch an den Bedürfnissen des Gegenübers, die Sie durch Zuhören ermitteln. Mit Blick auf das 365-EUR-Ticket, das eben präsentiert wurde: Stellen

Sie sich vor, Sie erkennen deutliches Interesse bei Ihrem Gegenüber, Begeisterung und enthusiastisches Nicken. Dann haben Sie Ihre Chance zur Frage nach der Mitgliedschaft und dem Beitritt! „Sie wirken begeistert! Wollen Sie nicht einfach mitmachen, wenn wir das 365-EUR-Ticket gemeinsam in der Partei ausarbeiten? Ich nehme Sie gerne mal zur Sitzung mit!", könnte Ihre Ansprache lauten, und wer weiß, vielleicht haben Sie damit gerade jemanden an seinen oder ihren Interessenschwerpunkten abgeholt und individuelle Beteiligungswünsche getroffen.

Überzeugen
In sämtlichen Interaktionen, bei denen Ihre Sicht der Dinge nicht durch die Autorität beispielsweise der höheren beruflichen Position sowieso unbedingten Vorrang hat, müssen Sie, um Ihre Ideen zu realisieren, andere überzeugen – selbst wenn Sie der Meinung sind, dass Ihr Ansatz durch die Idee an sich bereits besticht (Kanitz, Scharlau 2022: 50). Und auch dort, wo Sie qua Autorität am längeren Hebel sitzen, schadet es nicht, durch schlüssige Argumentation bei der Gegenseite ein Verständnis für den eigenen Ansatz herbeizuführen.

Mit dem Überzeugen verhält es sich dabei wie im Vertrieb mit dem Verkauf von Produkten, schreiben Weisbach und Sonne-Neubacher im Standardwerk der *professionellen Gesprächsführung:* „Verkaufen heißt: Probleme lösen. Das Gleiche gilt auch für das *Verkaufen* von Ideen. Denn wer Ideen hat und diese allein nicht umsetzen kann, braucht Partner, die diese Ideen *abkaufen*" (Weisbach, Sonne-Neubacher 2015: 333). Daher müssen Sie sich bei der Überzeugungsarbeit verhalten wie ein guter Verkäufer. Das Produkt alleine wird in manchen Fällen nicht zur Kaufentscheidung bei den Kund*innen führen – selbst wenn es ein gutes Produkt ist. Es will beworben werden! Eine Auswahl an erfolgsversprechenden Werbetechniken, mit denen Sie im politischen Diskurs überzeugen, stellen wir Ihnen nachfolgend vor.

Seien Sie gefühlvoll!
Viele Überzeugungen von Menschen sind entgegen deren eigener Einschätzung eben nicht rational; sie begründen sich durch Erfahrungswerte, durch Hoffnungen und Ängste. Eine ausschließlich rationale Argumentation kann dort, wo kein rationaler Gegenpol steht, nicht greifen. Wo Sie aber die Gefühle der anderen ernst nehmen und als Triebfeder ihres Handelns erkannt haben, können Sie mit alternativen Methoden ansetzen, und zwar indem Sie auf die Gefühle der anderen eingehen. Denn es ist nicht grundsätzlich verboten, auch die eigenen Gefühle zu kommunizieren, auch wenn Emotionalität oftmals mit politischer Hysterie gleichgesetzt wird (doch verwechseln wir lieber nicht Emotionen mit Affekten!). Ganz

im Gegenteil, in der politischen Kommunikation kann es auch als Ausdruck von Authentizität und Enthusiasmus gedeutet werden, wenn Emotionen hinter den politischen Überzeugungen hervorscheinen. Dann werden diese als Motivation für das politische Engagement kenntlich und zeigen, weshalb Sie für die eine oder andere Sache kämpfen. Gerade bei bildungspolitischen Themen wird mitunter heftig *gefühlvoll* debattiert. Wo es um die Zukunft nicht nur (distanziert gesprochen) der nachfolgenden Generation, sondern vor allem (emotional involviert) der eigenen Kinder geht, wird umso glaubhafter, dass die sprechende Person verantwortungsvoll handeln möchte. Nicht zuletzt hat die Forschung für die gewerkschaftliche Mitgliederwerbung gezeigt, dass ein motiviertes Auftreten der Werber*innen zu spürbaren Erfolgen in der Werbung führt (Oerder 2015).

Seien Sie nützlich!

Der persönliche Nutzen schlägt in eine ganz ähnliche Kerbe wie der Aspekt der Emotionalität. „Und was bringt mir das?" ist ein oft gehörter Einwand, der widerspiegelt, dass die Gesprächspartner in Sorge sind, die verhandelten Gegenstände gingen an ihrer eigenen Lebenswirklichkeit vorbei, ihre Belange stünden gar nicht zur Debatte. Dabei entsteht echtes Interesse an Auseinandersetzung häufig erst dort, wo deutlich wird, dass persönlicher Nutzen aus einer Innovation, einer Absicht oder Idee gezogen werden kann (Weisbach, Sonne-Neubacher 2015: 339). Menschen kümmern sich eben mit großer Vorliebe um Themen, die unmittelbar für sie selbst relevant sind. Häufig kann man sich dies zu Nutze machen, indem Teilaspekte aus einem größeren Zusammenhang herausgebrochen werden und auf die individuellen Umstände der involvierten Personen angewendet werden. Indem man aufzeigt, dass selbst übergeordnete Wirkzusammenhänge sich bis auf die unterste, persönliche Ebene auswirken, lässt sich demonstrieren, welchen Effekt sie auch auf die oder den Einzelne*n ausüben.

Seien Sie persönlich!

Die Ansprache wirkt umso mehr, je weniger Sie sich hinter unpersönlichen Ausdrucksweisen und Allgemeinplätzen verstecken. Ebenso, je passgenauer das Gespräch auf Ihr Gegenüber zugeschnitten ist und keinen Platz für sprachliche Hecken bietet, hinter denen sich die Gesprächspartner*innen verstecken können, desto intensiver schärfen Sie den Adressat*innenbezug. Unpersönliche „man"-Formulierungen und Passiv-Konstruktionen werden als solche Heckenausdrücke bezeichnet, durch die die eigentlichen Handlungsträger schwer zu greifen sind: „Man fühlt sich eingeengt …", „man erwartet von einer Bürgermeisterin …", „da wird dem Bürger viel abverlangt …", „Da wird jetzt einfach beschlossen …" sind Redeweisen, die im nebulösen Ungewissen lassen, wer hier eigentlich verantwortlich zeichnet. Im besten Fall vermeiden Sie es, sich einem solchen Narrativ anzuschließen und formulieren möglichst selbstkundgebend und individuell. Diese Ansprache können Sie beispielsweise einleiten mit: „Ich werde mich persönlich für Ihr Anliegen einsetzen und melde mich bei Ihnen zum Stand der Dinge". Nehmen Sie dann Adressdaten Ihres Gegenübers auf und vergessen Sie nicht, Ihre*n Gesprächspartner*in über den Stand der Bearbeitung eines politischen Vorhabens auch in Kenntnis zu setzen.

Seien Sie bildlich und ausdrucksstark!
Storytelling ist das Stichwort, das dazu verhilft, andere Menschen zu begeistern und ungeachtet der harten Fakten die Zuhörerschaft für die eigene Sache mitzureißen. *Storys* sind lebensnah und sprechen das menschliche Bedürfnis nach Geschichten an. Durch Bilder, die unser Sprachzentrum beim Verarbeiten von bildhafter Ausdrucksweise zeichnet, werden zahlreiche Areale im Gehirn aktiviert. Eine lebendige Schilderung verankert Geschichten nachhaltiger in der Erinnerung und lässt sie stärker wirken, als die reine und nüchterne Präsentation von Daten und Fakten (Flume 2020: 95). Das können persönliche Erfahrungen sein, Erlebnisse, aber auch konstruierte Szenarien, in denen Sie mit Eventualitäten spielen. Verweisen Sie auf Zahlen, Daten, Statistiken und trockene Fakten nur, wenn es unbedingt notwendig scheint. Ihre Gesprächspartner*innen werden diese Zahlen, je mehr es sind, ohnehin schnell wieder vergessen. Zeichnen Sie eher ein Bild dessen, wie das von Ihnen geplante politische Szenario später konkret aussehen soll. Gehen wir beispielsweise zum Poller vor der Grundschule zurück. Klammern Sie Kosten, Beantragungswege und Verwaltungsgänge aus und zeichnen Sie Ihrem Gegenüber ein sprachliches Bild, in dem Sie darauf hinweisen, wie sicher der Schulweg jetzt ist, wie gut behütet die Kinder sind und wie sehr Sie dafür sorgen werden, dass die Autos vor der Grundschule maximal Schrittgeschwindigkeit fahren können.

Seien Sie verlässlich!
Indem Sie sich auf Autoritäten, auf Personen oder Institutionen mit einschlägiger Expertise berufen, zeigen Sie nicht nur eigene Kompetenz im verhandelten Themenkomplex, Sie erweisen sich als vertrauensvoll und verlässlich. Bedarfsweise lässt sich das Zitat einer guten Quelle auch mit einem Best Practice-Beispiel erweitern, indem Sie anhand von Präzedenzfällen aufzeigen, wo ein vergleichbares Prozedere bereits positive Ergebnisse oder die gewünschten Effekte hervorgebracht hat. Auch hier gilt es, zu kontextualisieren: Reine Statistik, sei sie auf dem Papier noch so ausdrucksstark, wirkt im gesprochenen Wort weniger durchschlagend, als der Bericht von einem bekannten Unternehmen, das eine bestimmte

Transformation oder einen Prozess hat bewältigen können, indem eine vergleichbare Methode angewendet wurde, wie die, zu der Sie raten möchten. „Die Firma Pollerbau GmbH hat bereits im Nachbarort einen sicheren Schulweg schaffen können. Die Unfälle dort haben sich auf null reduziert. Wir als Partei wissen also schon sehr genau, welchen Ansprechpartner wir haben, um den Poller vor unserer Grundschule schnell bauen lassen zu können“. Hinterschieben können Sie noch ein: „Sie sehen: Wir denken unsere Vorhaben bis zum Ende!“

Seien Sie geduldig!
Die maßgebliche Überzeugungsarbeit geschieht meist erst nach dem eigentlichen Gespräch. Selten laufen Gespräche so ab, dass eine von zwei konträren Parteien unmittelbar nach dem Austausch der Argumente gesteht: „Sie haben Recht, ich ändere meine Meinung und übernehme nun Ihre, von der Sie mich überzeugen konnten“. Wichtig ist, sich zunächst Gehör zu verschaffen, um die eigenen Positionen zu vermitteln, und dann Raum zu geben, um diese Ideen wirken und wachsen zu lassen. Das erreichen Sie, indem auch Sie Argumente der Gegenseite zulassen und als gutes Beispiel vorangehen. Wenn Ihr Gegenüber in einem respektvollen Austausch die eigenen Gedanken zu Sprache bringen kann, im Gegenzug Ihre Ansprache annimmt, wird es womöglich in einem Moment der Ruhe über die beiden Seiten reflektieren und die eigene Position zu relativieren oder sogar zu revidieren bereit sein. Setzen Sie dazu unbedingt das umschreibende Zuhören ein und nehmen Sie damit auch die Gefühle des Gegenübers auf und spiegeln Sie diese. Diese Geduld wird Ihnen als echtes Zuhören ausgelegt – das kann direktes Gegenargumentieren nicht leisten.

4.3 Frustration aushalten und mit schwierigen Gesprächspartner*innen umgehen

Das nächste Buch schreiben wir zu Mitgliederwerbung im digitalen Raum – oder auch nicht, da die Effekte dort für die Mitgliedergewinnung begrenzt sind. Sollte sich daran was ändern, und Menschen mess- und spürbar via digitalen Kanälen zu einer Parteimitgliedschaft gelangen, werden auch wir uns als Autoren ein Stück weit neu ausrichten müssen. Dass die vorangegangenen Kapitel und Abschnitte jedoch so sehr auf das persönliche, das Face-to-Face-Gespräch, hinausgelaufen sind, liegt zum einen an der Zielgruppe dieses Buches (Menschen, die in der Mitgliederwerbung aktiv sind) und zum anderen daran, dass maßgeblich für höhere Eintrittszahlen und Werbeerfolg eben das persönliche Gespräch ist.

Persönliche Gespräche im Sinne von Gewinnungs- und Werbegesprächen zu führen, heißt dabei auch, Misserfolge einkalkulieren und ertragen zu können. Wenn Sie eher jemand sind, der bzw. die Misserfolge im Werbegespräch als persönliches Scheitern oder Versagen interpretiert, dann sollten sie nicht an die ‚vorderste Front'. Frustrationen aushalten gehört in der Mitgliederwerbung genauso wie in der geschäftlichen Akquise dazu. Es ist völlig in Ordnung, wenn Sie diese Frustrationen nicht gut aushalten können. Sie sollten dann perspektivisch Abstand davon nehmen, Mitgliederwerbung aktiv zu begleiten. Nicht zuletzt gilt es, Frustrationen auch dadurch zu vermeiden, Mitgliederwerbung nicht als Daueraufgabe allein zu begleiten, sondern auch mal an die Parteikolleg*innen und -genoss*innen abzugeben. Dazu haben Sie oben bereits einiges gelesen.

Frustrationen lassen sich auch dadurch vermeiden, dass sie mit gelungenen Frames bereits eine positive Öffentlichkeitswirkung erzielt haben, die sich hilfreich auf Ihre Arbeit auswirkt. Ohne positives Image vor Ort wird es in der Tat schwierig, aus einem ohnehin begrenzten Potenzialkreis zu schöpfen. Dazu empfehlen wir wiederum, egal, ob sich bei Ihnen eine Wähler*innenhochburg befindet oder nicht, die Potenzialanalyse anzufertigen, die wir ebenfalls bereits vorgestellt haben. Nicht zuletzt gilt es dann noch, politische Gespräche im Rahmen Ihrer politischen Strategie einzusetzen und vorab vorzubereiten. Über das Zuhören ermitteln Sie dabei erst mal die Interessen Ihres Gegenübers. Wenn Sie dann nichts Gescheites antworten können – egal! Gestalten Sie das Gespräch einfach weiter durch Nachfragen und umschreibendes oder aktives Zuhören. Reden Sie erst, wenn Sie darum gebeten werden oder das Gefühl verspüren, ihr*e Gesprächspartner*in wünscht sich jetzt einen Redeanteil von Ihnen. Dazu dienen die Argumentationsraster, in denen Sie kurz und knapp Ihr inhaltliches Argument vermitteln können. Verlieren Sie sich dabei nicht in Details!

Um mit Frustrationen umzugehen und diese zu reduzieren, sind wir also einem bestimmten Plan gefolgt, wie Sie gesehen haben. Zuletzt gilt es nur noch, auf die Menschen einzugehen, die am Infostand oder bei Veranstaltungen nur mit dem Ziel auf Sie zukommen, ihren Frust bei Ihnen abzuladen. Eine Möglichkeit, dies aufzufangen und in ein konstruktives Gespräch umzuwandeln, ist es, *das Gegenüber zu profilieren.* Anstelle Gegenargumente einzuwerfen – die vom Gegenüber ohnehin nicht gehört werden, weil sie nicht gehört werden *wollen* – gilt es, den anderen in einem ersten Schritt zu bestätigen, was bei Ihnen wiederum voraussetzt, für einen kurzen Moment den eigenen Stolz ‚runterzuschlucken'. Es gilt hier zu akzeptieren, dass Ihr Gegenüber das Gespräch als *Machtkampf* sucht. Angriffe direkt zu kontern, entspricht dabei in der Regel dem Anliegen Ihres Gegenübers, weswegen die erste Möglichkeit der Verunsicherung darin besteht, den Angriff ins Leere laufen zu lassen. Hinter all der Wut, die Ihnen manchmal am Infostand entgegenschlägt, steckt häufig ein spezifisches, ungelöstes Anliegen, das diese Wut antreibt. In einem ersten Schritt können Sie dazu die Wut und die Aussagen des Gegenübers durch *umschreibendes Zuhören* aufnehmen und reflektieren. Das gibt Ihnen die Möglichkeit, die Wut der Gesprächspartner*in aufzufangen und die Emotionen zu beruhigen. Sie werden nach kurzer Zeit feststellen, dass die geröteten Wangen wieder blass werden und die Mundatmung der Nasenatmung weicht. Erst dann wissen Sie, dass Ihr Gegenüber wieder für rationale Argumente zulässig sein könnte. Dieser erste Schritt ist damit der des *Verstehens.* Sie antworten beispielsweise explizit, dass Sie den Ärger des Gegenübers verstehen.

Übersicht

Beispiel: Sie stehen am Infostand. Ein Mann läuft aufgebracht und sichtlich verärgert zu Ihnen rüber. Sie sehen: Da ist Dampf hinter. Atmen Sie ruhig und bleiben Sie gelassen. Reagieren Sie auf Aggression nicht mit Aggression!

Ihr Gesprächspartner sagt: „Eure sch***s Partei, die macht doch überhaupt nix gegen den Klimawandel! Der wärmste Oktober in der Wetteraufzeichnung und Ihr schert Euch einen Dreck um meine Kinder und Enkel! Was macht Ihr eigentlich den ganzen Tag, hä?“

Der erste Reflex wäre nun, Gegenargumente aus Wahlprogrammen, Gesetzesentwürfen oder Kabinettsentscheidungen zu präsentieren. Sie könnten auch darauf hinweisen, Wetter nicht mit Klima zu verwechseln. Doch glauben Sie, dass das hilft? Dass es dem Gegenüber einfach nur an Informationen mangelt? Mag sein, an dieser Stelle wäre es aber verfrüht, ein direktes inhaltliches Argument aufzubieten. Daher können Sie antworten: „Ich verstehe Ihren Ärger. Das Thema Klimawandel macht Ihnen Sorgen“. Damit agieren Sie nur auf der Ebene der Metakommunikation und bieten eine Plattform für den Ärger. Häufig wird Ihr Gegenüber antworten: „Ja auf jeden Fall macht mir der Klimawandel Sorgen, das sag ich doch!“ In diesem Moment haben Sie jedoch schon Wertschätzung und eine aufnehmende Art gezeigt, die den ersten Schritt zur ‚Erdung‘ darstellt. Wir haben in der Praxis die Erfahrung gemacht, dass nur die wenigsten Menschen das Gefühl haben, dass man sie stumpf wiederholt. Viel häufiger wird das Gespräch weitergeführt und Sie merken schnell, wie die ‚Entladung‘ des Gegenübers dazu führt, dass Ihr*e Gesprächspartner*in selbst ruhiger wird, rationaler argumentiert und den eigenen Groll ablegt.

Im zweiten Schritt können Sie dann auf die Ebene gehen, Ihrem Gegenüber *die Oberhand zu geben.* In diesem Schritt gilt es, die eigene Gesprächsposition weiterhin neutral bis aufnehmend zu gestalten und zu signalisieren, dass es Ihr Gegenüber ist, das (noch) am Zug ist. Damit können Sie auch den Eindruck bekämpfen, *die Politiker*innen würden den Menschen nicht mehr zuhören* (siehe auch Kap. 2 und 3 dieses Buches).

Übersicht

Beispiel: Der Mann antwortet, wie erwartet: „Ja klar macht mir das Sorgen! Dazu kommt, dass Sie und Ihre Partei doch versprochen haben, etwas gegen den Klimawandel zu tun. Davon sehe ich bisher gar nix".

Auch hier empfehlen wir, dem ersten Reflex eines Gegenargumentes *nicht* zu folgen, sondern weiterhin beschwichtigend zu agieren und den Unmut immer noch aufzufangen. Das geht beispielsweise so (Option A): Es tut mir leid, dass Sie von meiner Partei enttäuscht sind. Sind Sie das auch von mir persönlich?"

Oder (Option B) „Es tut mir leid, dass Sie von meiner Partei enttäuscht sind. Helfen Sie mir bitte, Sie noch besser zu verstehen. Welche Lösungen erwarten Sie konkret von meiner Partei?

Den Begriff des Problems vermeiden wir hier und fokussieren direkt die Lösungen bzw. die Wünsche Ihres Gegenübers zu einer Lösung. Damit schaffen wir die Basis, ein destruktives Gespräch in ein konstruktives zu überführen.

Im letzten Schritt gilt es nun, weiter *lösungsorientiert vorzugehen.* Ihr Gegenüber wird Ihnen nach den letzten Fragen entweder spiegeln, dass es nicht von Ihnen persönlich enttäuscht ist, was die Wut rausnimmt (Option A). Oder Ihr Gegenüber wird Ihnen konkret aufzeigen, welche Lösungen es von Ihnen und Ihrer Partei erwartet (Option B). Und dann sind Sie dran, beispielsweise mit einem argumentativen Dreischritt, den Sie oben kennengelernt haben.

Übersicht

Beispiel: Ihr Gegenüber antwortet: „Ich erwarte, dass Ihre Partei aktiv die CO2-Emissionen senkt und mehr auf Erneuerbare Energien setzt! Ich sehe immer noch keine neuen Windräder. Und Solarförderung habe ich für mein Dach auch nicht erhalten".

Damit haben Sie jetzt mehrere Ansatzpunkte. Sie können entweder als Lösung anbieten, das Gegenüber zu einer Parteisitzung oder einer Ratssitzung mitzunehmen, in der diese Themen besprochen werden (z. B. Windkraftanlagen, die vor Ort errichtet werden sollen). Bieten Sie dabei auch gerne an, dass Ihr Gegenüber einige Minuten Zeit erhält, sein Anliegen selbst zu präsentieren. Das erhöht die Selbstwirksamkeit.

Wenn Sie und Ihre Partei tatsächlich zu dem Thema nichts aufbieten können, weil es nicht Ihrer Programmatik entspricht, müssen Sie an andere Parteien verweisen und darauf abstellen, dass Sie in der Tat keine Lösungen dazu präsentieren, weil es nicht Ihrem Parteiprogramm bzw. Ihrer Weltanschauung entspricht. Doch, auch wenn dieser Fall eintritt: Stets haben Sie die Möglichkeit, auf die persönliche Problematik des Gegenübers einzugehen, keine Solarförderung erhalten zu haben. Bieten Sie hierzu Unterstützung an, wenn Sie sich selbst mit der Materie auskennen oder leiten Sie Ihr Gegenüber an einen Parteikollegen oder eine Parteikollegin weiter, der oder die sich mit dem Thema gut auskennt.

Was Sie damit erreichen können, ist eine positive Multiplikatorfunktion. Ihr Gegenüber wird in seinen sozialen Netzwerken nicht darüber berichten, dass Politiker*innen nicht mehr zuhören oder nichts mehr für die Menschen machen würden. Die Autor*innen kennen einige Parteimitglieder, die so auf ‚schwierige' Gesprächspartner*innen zugehen und damit sogar ebensolche als Mitglied anwerben konnten. Wichtig ist, dass die versprochene Unterstützung dann aber auch erfolgt. Ansonsten verpuffen die Effekte.

4.4 Professionalisierung zulassen: Ein Beispiel

Wenn Sie bis hierhin gelesen haben, spricht das für Ihr deutliches Interesse am Thema Mitgliederwerbung. Vielleicht überlegen Sie sich, ein Seminar dazu anzubieten, das Sie gemeinsam mit Ihren Parteikolleg*innen oder Parteigenoss*innen durchführen wollen. Wir empfehlen dazu stets externe Expertise. Um Ihnen eine Orientierung zu geben, wie ein solches Seminar gestaltet werden kann, stellen wir Ihnen nun die Arbeit bei einer Partei-Jugendorganisation vor.

Nach der Projektvereinbarung sowie dem entsprechenden Beschluss der Durchführung startete die Seminar- und Workshopreihe mit einem Vorgespräch zwischen den zentralen Akteur*innen aus Vorstand und Geschäftsstelle des Kunden und einem Autor (Simon Jakobs) dieses Buches. In diesem Vorgespräch wurden wesentliche Fragen der Organisation, aber auch der Mitarbeitsbereitschaft geklärt. Ganz konkret ging es bei der Reihe darum, die motivierten Werber*innen zu rekrutieren, da, wie der theoretisch-konzeptionelle Teil dieses Buches gezeigt hat, es Bewältigungsmechanismen bedarf, die die hohe Frustration der Mitgliederwerbung auffangen können. Hohe Motivation und hohes Commitment waren dabei die Ausgangspunkte einer im Ansatz erfolgversprechenden Professionalisierungsreihe. Wer hohe Verbundenheit zur eigenen Partei zeigt, bewirbt diese schlichtweg positiver und ist in der Werbung erfolgreicher, einfach, weil die Begeisterung auf andere abstrahlt und ‚der Funke überspringt'. In der Kommunikationspsychologie wird dies auch das Ideal der *Stimmigkeit* genannt. Um die Motivation der beteiligten Personen – die Meldung erfolgte freiwillig und ohne Druck, da jede*r Beteiligte in dem Projekt ehrenamtlich mitarbeitete – zu erheben, gab es vorab Fragebögen. Diese Fragebögen dienten zur Klärung von den (unter anderem) folgenden Aspekten:

- Soziodemographische Daten
- Bisherige (Miss)Erfolge in der Mitgliederwerbung
- Nutzung verschiedener Strategien der Neumitgliederwerbung
- Politische Positionierung und Expertise
- Kommunikative und empathische Fähigkeiten (inkl. Vorwissen und bisherige Schulungen)

Mit diesen Fragebögen gelang es der Projektleitung, einen Überblick über die verschiedenen Kompetenzen, aber auch über die Bedarfe und individuellen Lernvoraussetzungen der Werber*innen zu erhalten. Nicht zuletzt ist die Kenntnis dieser Personen und der vorgenannten Aspekte notwendig, um aus erwachsenenbildnerischer Sicht eine möglichst zielgerichtete Seminarreihe anbieten zu können. Wenngleich es sich hierbei um eine zumindest annähernd altershomogene Lerngruppe handelte – die genannte Jugendorganisation kennt ein Maximalalter von 35 Jahren –, so sind dennoch unterschiedliche Erwerbs- und Bildungsbiographien vorhanden, die von einer Berufsausbildung bis hin zum laufenden oder bereits abgeschlossenen Studium reichten. Da es in dem Projekt zum Teil auch um die Vermittlung wissenschaftlicher Inhalte ging sowie hiernach partizipationstheoretische sowie kommunikationspsychologische Inhalte im Vordergrund standen, musste ein Spagat zwischen Unter- und Überforderung gefunden werden.

Die Schulungsreihe wurde daher so aufgebaut, dass zwei Abendseminare (dreistündig) online durchgeführt wurden und einem daran anschließenden, eintägigen Präsenzworkshop vorausgingen. Das erste Teilseminar begann dabei mit der Vorstellung der Forschungsergebnisse zur Mitgliederwerbung in komprimierter Form. Die Teilnehmer*innen erhielten dabei einen Einblick in sowohl theoretische als auch empirische Grundlagen der Mitgliederwerbung und wussten diese danach im Kontext anderer Partizipationsformen sowie der Partizipationsbereitschaft der deutschen Bevölkerung zu verorten. Hierbei ist unerlässlich, dass die entsprechenden Referent*innen sowohl mit der Partizipations- als mit der Mitgliederwerbeforschung vertraut sind und sich dabei auch Kompetenzen auf akademischem Niveau angeeignet haben – die Lektüre dieses Buches bietet Ihnen dazu einen direkten Ansatzpunkt. Eine auf bloßem Erfahrungswissen beruhende Beratung kann zwar *Taktiken* zur Mitgliederwerbung vermitteln, entbehrt aber den übergeordneten *Strategien,* für die es einen analytischeren Blick braucht. Nach dieser Präsentation zu den genannten Grundlagen folgte die gemeinsame Besprechung der von den Teilnehmer*innen vorab ausgefüllten Fragebögen. Dabei wurde sowohl die gemeinsame Motivation ermittelt – also nicht die Summe der Einzelmotivationen, sondern das Commitment zur Arbeit an einem übergeordneten (Partei)Ziel – sowie über die Aufteilung der Arbeit, die Mitgliederwerber*innen leisten sollten, diskutiert.

Eine Information ist für die Leser*innen unentbehrlich: In der Partei, in der das Seminar durchgeführt wurde, gibt es mit dem Amt der Mitgliederbeauftragten ein Vorstandsamt auf allen Ebenen der Organisation (also auch in der kleinsten Einheit auf Ortsebene), das Mitgliederwerbung, Mitgliederbindung und Austrittsmanagement umfasst. Die Ortsvereine variieren dabei beträchtlich in ihrer Größe: Von einem Dutzend Mitgliedern bis hin zu mehreren hunderten Mitgliedern kann hier alles dabei sein, sodass das Amt zwischen einer machbaren und überschaubaren Aufgabe und einer fast erschlagenden Arbeit oszilliert. Nicht nur das: Auch die zur Ausübung der einzelnen Aufgabenbereiche benötigten Kompetenzen setzen eigentlich mehrjährige Erfahrungen in Vertrieb, Marketing, Akquise und Prozessmanagement voraus. Nun mögen kritische Stimmen einwenden, dass die Partei das nicht voraussetzen würde, dass es sich ja nur um ein Ehrenamt handele und dass es all dieser genannten Kompetenzen doch gar nicht bedürfe. Die Autoren dieses Buches würden dann aber eine pointierte Gegenfrage stellen wollen: Wenn sich dieses Amt doch so leicht ausfüllen lässt, warum hat es dann seit seiner Einführung keine merklichen Verbesserungen in der Eintrittsstatistik gegeben?

Mit der Empfehlung also, dass Mitgliederwerbung, Mitgliederbindung und Austrittsmanagement von drei verschiedenen Personen, die gemeinsam unter einer Koordination arbeiten können, bearbeitet werden sollten, endete der erste Seminarteil. Der zweite Seminarteil fand wenige Tage später statt und setzte mit einer kurzen Zusammenfassung ein. Daraufhin wurden die Beteiligten gebeten, im Rahmen einer kurzen Online-Befragung anzugeben, welche Beitrittsanreize sie selbst zu ihrem Parteieintritt bewogen haben und welche Anreize sie wiederum aktiv kommunizieren würden. Daraufhin wurde die *Ladder of Engagement* eingeführt, die eine Zielgruppensegmentierung ermöglichen sollte. Das Modell der *Ladder of Engagement,* das in der Literatur auch als Pyramide rezipiert wird (Case, Zeglen 2018: 188), geht von einem ‚Sechsschritt' aus. 1) Auf der untersten Ebene steht das Zuschauen, 2) auf der zweiten Stufe kommt das Folgen. 3) Die dritte Stufe geht schon in den Bereich des Unterstützens, 4) die vierte dann in das Mitmachen. Damit könnte ein solches Stufenmodell enden; wie noch gezeigt werden soll, tut es das (nachvollziehbarerweise) nicht. Mit 5) dem Verantworten und 6) dem Führen folgen zwei weitere Stufen, die nicht nur für bestehende Parteimitglieder interessant sein können, sondern auch für potenzielle Parteimitglieder, die gewisse Beteiligungsinstrumente erproben möchten. Was das in der Praxis bedeuten kann, wurde gemeinsam mit den Teilnehmer*innen erarbeitet:

- Stufe 1 (Zuschauen): Interessierte Bürger*innen, die von Weitem auf einen Parteiinfostand blicken; Zeitungsleser*innen oder Radiohörer*innen, aber auch, Mecker*innen, die nie aktiv wurden; Menschen, die die Webseite der Partei oder den Auftritt der Partei auf den sozialen Medien beobachten.
- Stufe 2 (Folgen): Auf sozialen Medien Seiten liken und sie zum eigenen Feed hinzufügen; auf Veranstaltungen häufiger zugegen sein; in den E-Mail-Verteiler aufgenommen werden.
- Stufe 3 (Unterstützen): Hilfe bei Aktionen oder Veranstaltungen anbieten; Inhalten in den sozialen Netzwerken nicht nur liken, sondern aktiv teilen; Fürsprache für die Partei in den eigenen sozialen Netzwerken (auch offline) leisten; vor Wahlen dabei mithelfen, Plakate aufzuhängen.
- Stufe 4 (Mitmachen): Spenden entrichten; an Sitzungen der Gemeindeausschüsse teilnehmen, so sie für Interessierte geöffnet werden; als sachkundige Bürger*innen an der Kommunalpolitik teilnehmen; sich als Unterstützer*in registrieren; bereits eintreten
- Stufe 5 (Verantworten): Planungen von Sitzungen oder Veranstaltungen übernehmen; Praktikum bei der Partei machen und Aufgaben übernehmen
- Stufe 6 (Führen): Projekte leiten; als parteilose*r Kandidat*in antreten

Wie genau das dann im Rahmen von Aktionen in die Praxis umgesetzt werden kann, entwickelten die Teilnehmer*innen ebenfalls. Dazu wurden jeweils zwei Stufen der *Ladder of Engagement* konzeptionell zusammengefasst:

- Stufe 1 und 2 (Zuschauen und Folgen): Virtuelle Spendenläufe; Einladungen von Interessierten zu Mitgliederversammlungen und Parteitagen; Haustürgespräche führen; klassischen Infostand aufbauen; Stammtische abhalten; Podcasts und Livestreams aussenden; Bodenzeitung gestalten
- Stufe 3 und 4 (Unterstützen und Mitmachen): Ebenfalls virtuelle Spendenläufe und die Bodenzeitung; auch Einladungen zu Sitzungen; Whiteboards und Flipcharts bei Infoständen aufbauen und zur Niederschrift von Anliegen einladen
- Stufe 5 und 6 (Verantworten und Führen): Ausrichtung eines Hobbyturniers; Mentor*innenprogramm: ‚Ein Tag im Leben eines/einer Ortsvereinsvorsitzenden'; Projektleitung mit Unterstützung durch die Parteimitglieder (z. B. Aufbau und Kommissionierung zu einem Getränkestand oder aber Co-Planung von Konzerten)

Gut und deutlich sichtbar wurde, dass zu den ersten beiden Stufen noch recht viele Antworten kamen, die Antwortzahl sich jedoch quantitativ bei den weiteren Stufen davon unterschied. Damit zeigte sich, dass die Teilnehmer*innen durchaus gewohnt waren, auf einer niederschwelligen Ebene zu agieren, für potenziell beitrittsbereite Neumitglieder, die aber höherschwellige Angebote nutzen wollen, ein geringeres Bewusstsein hatten. Die Dynamik in den Erarbeitungen hat gezeigt, dass die bei den oberen Stufen vorgeschlagenen Aktionen und Ideen deutlich später geäußert wurden als noch in den untersten beiden Stufen. Nun ist es nicht so, dass potenzielle Neumitglieder stets ‚Mitmachexzesse' bräuchten, um einer Partei beizutreten. In den vorangegangenen Teilen dieses Buches sollte hervorgetreten sein, dass Parteien mitnichten als Räume direkter bzw. entscheidungszentrierter Partizipation dienen müssen. Doch gerade für die besonders aktivitätsbereite Klientel und diejenigen Menschen, die in Parteien auch veritable Parteiarbeit erleben möchten, sollte ein Bewusstsein dafür vorhanden sein, nach einer *Nachfrage* zu entsprechenden Beteiligungswünschen auch ein *Angebot* dafür erhalten zu können.

Nach diesen beiden Online-Abendseminaren fand ungefähr zwei Wochen später ein Präsenzworkshop statt, der insbesondere kommunikationspsychologische Inhalte vermittelte. Bevor dies geschah, wurde jedoch eine Strukturanalyse präsentiert, die in der Zwischenzeit vom Referent*innenteam erstellt wurde. Dabei wurden empirische Daten aus der Allgemeinen Bevölkerungsumfrage der

Sozialwissenschaften 2018 (ALLBUS 2018) präsentiert sowie Befunde aus verschiedenen Jugendstudien vorgestellt (Calmbach et al. 2020; Shell Deutschland Holding 2020), da es bei dem Kunden spezifisch um die Anwerbung junger Menschen ging. In Kombination mit diesen Studienergebnissen, die unter anderem auch die *Efficacy,* die politischen Grundhaltungen und die Parteipräferenzen von Menschen beinhalteten und vorstellten, wurden Ansprachestrategien für verschiedene Zielgruppen (mit Bezug auf die *Ladder of Engagement*) entwickelt. Doch um dies in einem tatsächlichen Werbegespräch zu ermitteln, und nicht nur in der ‚Laborsituation' zu kreieren, bedurfte es noch weiterer Lehrgegenstände, die im Workshop behandelt wurden, insbesondere solche, die der Kommunikationspsychologie entlehnt sind. Zu Beginn stand dabei das Innere Team nach Schulz von Thun (Schulz von Thun 2017), woraufhin die eigenen inneren Teammitglieder der Teilnehmer*innen ermittelt werden sollten. Daraufhin wurde mit den Teilnehmer*innen das Zuhören erprobt, das Werbegespräche in einem ersten Schritt anleiten sollte. Danach wurden mit den Teilnehmer*innen Techniken erarbeitet, wie das Überzeugen von Menschen gelingen kann, insbesondere durch die Nutzung von Bildern, die in den Köpfen anderer erzeugt werden sollten. Hierauf wurden Werbegespräche simuliert, wobei alle Teilnehmer*innen, die ein Interesse an tatsächlicher Praxis hatten, dies unter Begleitung der Referent*innen auch in der ‚realen Welt' leisten konnten.

Die Seminar- und Workshopreihe wurde also nach dem Schema aufgebaut, erst strategische Elemente (auf der Makro-Ebene) zu vermitteln, diese dann auf einzelne Taktiken (auf der Meso-Ebene) runterzubrechen und schließlich zum praktischen Werbegespräch auf der Mikro-Ebene überzuleiten. In einem Interview mit der Landesgeschäftsführerin der Organisation wurden schließlich noch die Erfolge, aber auch die noch fehlenden Bausteine ermittelt. Insbesondere die Kürze der Seminarreihe – zwei dreistündige Seminare und ein ganztägiger Workshop – stellen für die Referent*innen die Schwierigkeit dar, ein recht komplexes Thema doch sehr reduziert und anschaulich darzustellen. Sicherlich wären größere Formate hilfreicher. Diese scheitern dabei nicht unbedingt an finanziellen Erwägungen, sondern eher daran, dass es Ehrenamtlichen schlichtweg nicht zuzumuten ist, mehrtägige Seminarreihen mit bis zu einer Woche Durchführungsdauer zu absolvieren – wenngleich die Lerninhalte, die zum Thema gehören, dieser Dauer durchaus bedürften.

4.5 Anstelle eines Fazits: 10 Punkte zum Mitnehmen

Und damit sind Sie auf der letzten Seite angekommen! Wir hoffen, die Lektüre dieses Buches war für Sie gewinnbringend. Wenn ja, melden Sie uns dies gerne zurück – wenn nein, dann bitten wir ebenfalls um Feedback, denn nur so können wir unsere eigene Arbeit verbessern. Mitgliederwerbung bleibt ein Dauerthema; die globalen Megatrends der Transformation und Digitalisierung werden auch die Mitgliedergewinnung dauerhaft beeinflussen und das Thema damit immer wieder einer Revision aussetzen.

Nun genug der Vorrede: Hier unsere zehn Punkte zum Mitnehmen! Wir haben Ihnen jeweils dahinter die entsprechenden Abschnitte markiert, in denen Sie dazu weitere Informationen finden.

1. Unterschätzen Sie nicht die Beteiligungsbereitschaft in der Bevölkerung (Abschn. 2.2; Abschn. 2.5)
2. Kennen Sie Ihren Wahlkreis und Ihre Zielgruppe (Abschn. 4.1.1)
3. Schauen Sie sich das Vorgehen anderer Parteien an und versuchen Sie, davon zu lernen (Abschn. 3.3 und 3.4)
4. Kämpfen Sie im Team – und nicht alleine (Abschn. 4.1)
5. Sprache ist Macht – achten Sie auf Ihre Sprache (Abschn. 4.1.2, 4.1.3, und 4.1.4)
6. Kommunizieren Sie am Gegenüber orientiert! Maximal 20 % Redeanteil sollte Ihnen gehören, 80 % dem Gegenüber (Abschn. 4.2)
7. Bereiten Sie Ihre Argumente vor (Abschn. 4.2)
8. Seien Sie frustrationstolerant – halten Sie auch schwierige Gespräche aus (Abschn. 4.3)
9. Feiern Sie gemeinsame Erfolge!
10. Bleiben Sie fair. Immer! Ob innerhalb der Partei oder nach außen, gewandt an all diejenigen, die Sie als Mitglied werben wollen. Denn „trotz aller Widrigkeiten ist oberstes Gesetz: Verstehen ist Fair-Stehen und Unfairneß nur Notnagel, wenn's anders nicht mehr geht. Fair play. Play fair" (Thiele 2006: 112).

Literatur

Abendroth, J; Feulner, L; Richter, T. (2020). Wie Menschen mit konfligierenden Informationen umgehen. In: Markus Appel (Hrsg.). Die Psychologie des Postfaktischen: Über Fake News, „Lügenpresse", Clickbait & Co. Berlin, Heidelberg: Springer Berlin Heidelberg, 141–155.

Alemann, U. von (2010). Das Parteiensystem der Bundesrepublik Deutschland. Unter Mitarbeit von Philipp Erbentraut und Jens Walther. 4. Aufl. Bonn: BPB.

Alemann, U. von (2012). Neue Bürgergesellschaft, alte Parteien? Zur Notwendigkeit einer partizipativen Parteireform. In: Daniel Dettling (Hrsg.). Parteien in der Bürgergesellschaft. Zum Verhältnis von Macht und Beteiligung. Wiesbaden: VS Verlag für Sozialwissenschaften, 43–48.

Alemann, U. von; Erbentraut, P; Walther, J. (2018). Das Parteiensystem der Bundesrepublik Deutschland. Eine Einführung. 5. Aufl. Wiesbaden, Heidelberg: Springer VS.

Alter, U. (2018). Grundlagen der Kommunikation für Führungskräfte. Mitarbeitende informieren und Führungsgespräche erfolgreich durchführen. 2. Aufl. Wiesbaden: Springer.

Angenendt, M. (2018). Parteienvertrauen in Deutschland 2017: Ausmaß und Determinanten. Mitteilungen des Instituts für Deutsches und Internationales Parteienrecht und Parteienforschung (1), 106–111.

Angenendt, M. (2021). Politik abseits der Parteien. Wählergemeinschaften in Deutschland. Wiesbaden: Springer VS.

Appel, M; Doser, N. (2020). Fake News. In: Markus Appel (Hrsg.). Die Psychologie des Postfaktischen: Über Fake News, „Lügenpresse", Clickbait & Co. Berlin, Heidelberg: Springer Berlin Heidelberg, 9–20.

Arnim, H.Herbert von (2011). Politische Parteien im Wandel. Ihre Entwicklung zu wettbewerbsbeschränkenden Staatsparteien – und was daraus folgt. Berlin: Duncker & Humblot.

Arriagada, C; Tesch-Römer, C. (2021). Politische Partizipation. In: Julia Simonson; Nadiya Kelle; Corinna Kausmann et al. (Hrsg.). Freiwilliges Engagement in Deutschland. Der Deutsche Freiwilligensurvey 2019. Berlin: Deutsches Zentrum für Altersfragen, 230–251.

Arzheimer, K. (2002). Politikverdrossenheit. Bedeutung, Verwendung und empirische Relevanz eines politikwissenschaftlichen Begriffs. Wiesbaden: Westdeutscher Verlag.

S. Jakobs und V. Schwab, *Mitgliederwerbung in und für Parteien*,
https://doi.org/10.1007/978-3-658-37127-2

Arzheimer, K; Falter, J.W. (2013). Versöhnen statt spalten? Das Ergebnis der Bundestagswahl 2009 und die Rolle der PDS/Linkspartei in Ost-West-Perspektive. In: Bernhard Weßels; Harald Schoen; Oscar W. Gabriel (Hrsg.). Wahlen und Wähler. Analysen aus Anlass der Bundestagswahl 2009. Wiesbaden: Springer VS, 118–150.

Bartels, J.-E; Springer, F. (2021). Der Gang in den Schatten der Macht. Warum engagiert man sich überhaupt in einer Klein(st)partei? Politische Vierteljahresschrift 62 (3), 489–517.

Baumann, H; Schulz, S; Thiesen, S. (2019). ALLBUS 2018 – Variable Report. Köln: GESIS.

Beck, U. (1986). Risikogesellschaft. Auf dem Weg in eine andere Moderne. Frankfurt am Main: Suhrkamp.

Becker, B. (1999). Mitgliederbeteiligung und innerparteiliche Demokratie in britischen Parteien. Modelle für die deutschen Parteien. Baden-Baden: Nomos.

Behrens, G; Neumaier, M. (2018). Durch verbale Argumentation in der Kommunikation überzeugen. In: Tobias Langner; Franz-Rudolf Esch; Manfred Bruhn (Hrsg.). Handbuch Techniken der Kommunikation. Grundlagen. Innovative Ansätze. Praktische Umsetzungen. 2. Aufl. Wiesbaden: Springer Gabler, 421–446.

Bender, J. (2022). Der AfD-Zyklus. Frankfurter Allgemeine Sonntagszeitung vom 06.02.2022, 6.

Berelson, B; Lazarsfeld, P.Felix; McPhee, W.N. (1986). Voting. A study of opinion formation in a presidential campaign. Unveränderter Nachdruck [1954]. Chicago: University of Chicago Press.

Bernardi, L; Sandri, G; Seddone, A. (2016). Challenges of political participation and intra-party democracy. Bittersweet symphony from party membership and primary elections in Italy. Acta politica, 1–23.

Bernhard, A. (2017). Pädagogisches Denken. Einführung in allgemeine Grundlagen der Erziehungs- und Bildungswissenschaft. Baltmannsweiler: Schneider Verlag Hohengehren.

Bertelsmann Stiftung (2011). Bundesbürger möchten sich politisch beteiligen, vor allem aber mitentscheiden. Gütersloh: Bertelsmann.

Beyme, K. von (2000). Parteien im Wandel. Von den Volksparteien zu den professionalisierten Wählerparteien. Wiesbaden: Westdeutscher Verlag.

Biehl, H. (2013). Noch vertrauenswürdig? Konzept und Empirie des gesellschaftlichen Vertrauens in politische Parteien. In: Oskar Niedermayer; Benjamin Höhne; Uwe Jun (Hrsg.). Abkehr von den Parteien? Parteiendemokratie und Bürgerprotest. Wiesbaden: Springer VS, 67–92.

Biehl, H. (2014). Nur noch Sprachrohr von Gewinnern? Repräsentation sozial schwacher Bevölkerungsgruppen durch politische Parteien. In: Markus Linden; Winfried Thaa (Hrsg.). Ungleichheit und politische Repräsentation. Baden-Baden: Nomos, 107–124.

Bieri, P. (2017). Wie wäre es, gebildet zu sein? München: Komplett-Media.

Boeckh, J. (2018). Einkommen und soziale Ausgrenzung. In: Ernst-Ulrich Huster; Jürgen Boeckh; Hildegard Mogge-Grotjahn (Hrsg.). Handbuch Armut und soziale Ausgrenzung. Wiesbaden: Springer VS, 369–393.

Booth, A.L. (1985). The Free Rider Problem and a Social Custom Model of Trade Union Membership. The Quarterly Journal of Economics 100 (1), 253.

Borucki, I; Masch, L; Jakobs, S. (2021). Grundsätzlich bereit, aber doch nicht dabei – Eine Analyse der Mitarbeitsbereitschaft in Parteien anhand des Civic Voluntarism Models. Zeitschrift für Politikwissenschaft 31 (1), 25–56.

Brinker, K. (1985). Linguistische Textanalyse. Berlin: E. Schmidt.

Brinkmann, U; Choi; Hae-Lin; Detje, R; Dörre, K; Holst, H; Karakayali, S; Schmalstieg, C. (2008). Strategic Unionism: Aus der Krise zur Erneuerung? Umrisse eines Forschungsprogramms. Wiesbaden: VS Verlag für Sozialwissenschaften.

Brunsbach, S; John, S. (2021). Stadt, Land, Grüne: Die Mitgliederentwicklung von Bündnis 90/Die Grünen als geografisches Phänomen. MIP – Zeitschrift für Parteienwissenschaften 27 (2), 196–205.

Bücker, J. (2018). Gesprächsforschung und Interaktionale Linguistik. In: Frank Liedtke; Astrid Tuchen (Hrsg.). Handbuch Pragmatik. Stuttgart: J.B. Metzler, 41–52.

Bukow, S. (2009). Parteiorganisationsreformen zwischen funktionaler Notwendigkeit und institutionellen Erwartungen. In: Uwe Jun; Oskar Niedermayer; Elmar Wiesendahl (Hrsg.). Zukunft der Mitgliederpartei. Opladen u. a.: Barbara Budrich, 211–228.

Bukow, S. (2013). Die professionalisierte Mitgliederpartei. Politische Parteien zwischen institutionellen Erwartungen und organisationaler Wirklichkeit. Wiesbaden: Springer VS.

Bullinger, H.-J. (1996). Erfolgsfaktor Mitarbeiter. Motivation – Kreativität – Innovation. Stuttgart: Teubner.

Bundesministerium der Finanzen (2022). Rede von Christian Lindner während der Sondersitzung des Bundestags zum Krieg in der Ukraine. Online verfügbar unter https://www.bundesfinanzministerium.de/Content/DE/Reden/2022/2022-02-27-bundestagsrede-lindner-ukraine.html (abgerufen am 11.11.2022).

Bußmann, H. (2002). Lexikon der Sprachwissenschaft. 4. Aufl. Stuttgart: Alfred Kröner.

Calmbach, M; Flaig, B; Edwards, J; Möller-Slawinski, H; Borchard, I; Schleer, C. (2020). Wie ticken Jugendliche? 2020. Lebenswelten von Jugendlichen im Alter von 14 bis 17 Jahren in Deutschland. Bonn: BPB.

Case, R.A; Zeglen, L. (2018). Exploring the Ebbs and Flows of Community Engagement: The Pyramid of Engagement and Water Activism in Two Canadian Communities. Journal of Community Practice 26 (2), 184–203.

Dambeck, H. (2017). Streit über Kleiderfarbe. Forscher erklärt Farbverwirrung mit Schlafvorlieben. Online verfügbar unter https://www.spiegel.de/wissenschaft/mensch/dressgate-ist-das-kleid-blau-schwarz-oder-weiss-golden-schlafvorlieben-entscheiden-a-1142502.html (abgerufen am 22.12.2022).

Decker, F. (2015). Parteiendemokratie im Wandel. Beiträge zur Theorie und Empirie. Baden-Baden: Nomos.

Decker, F; Lewandowsky, M; Solar, M. (2013). Demokratie ohne Wähler? Neue Herausforderungen der politischen Partizipation. Bonn: Dietz.

Deppermann, A; Martini, M. (2015). Das vermittelnde Wort. Schlüsselwortkonstruktionen in gedolmetschten Interaktionen. In: Vasco Da Silva; Andrea Rössler (Hrsg.). Sprachen im Dialog. Festschrift für Gabriele Berkenbusch. Berlin: edition tranvia, 111–136.

Der Bundeswahlleiter (2021a). Bundestagswahl 2021. Endgültiges Ergebnis. Online verfügbar unter https://www.bundeswahlleiter.de/info/presse/mitteilungen/bundestagswahl-2021/52_21_endgueltiges-ergebnis.html (abgerufen am 26.10.2021).

Der Bundeswahlleiter (2021b). Bundestagswahl 2021. Wahlkreis 296: Saarbrücken. Online verfügbar unter https://www.bundeswahlleiter.de/bundestagswahlen/2021/ergebnisse/bund-99/land-10/wahlkreis-296.html (abgerufen am 25.09.2022).

Der Bundeswahlleiter (2021c). Wahlkreis 296: Saarbrücken. Strukturdaten. Online verfügbar unter https://www.bundeswahlleiter.de/bundestagswahlen/2021/ergebnisse/bund-99/land-10/wahlkreis-296.html (abgerufen am 25.09.2022).

Detterbeck, K. (2021). Parteien im Auf und Ab. Neue Konfliktlinien und die populistische Herausforderung. Bonn: BPB.

Dieckmann, W. (1975). Sprache in der Politik. Einführung in die Pragmatik und Semantik der politischen Sprache. Heidelberg: Winter.

Doetsch, P.A. (2014). Mitarbeiterführung: fair + erfolgreich. Mehr Motivation und Lebensqualität für sich und andere. Wiesbaden: Springer Gabler.

Dose, N; Fischer, A.-K. (2013). Mitgliederschwund und Überalterung der Parteien. Prognose der Mitgliederzahlen bis 2040. Zeitschrift für Parlamentsfragen 44 (4), 892–900.

Ebbinghaus, B; Göbel, C. (2014). Mitgliederrückgang und Organisationsstrategien deutscher Gewerkschaften. In: Wolfgang Schroeder (Hrsg.). Handbuch Gewerkschaften in Deutschland. 2. Aufl. Wiesbaden: Springer VS, 207–240.

Ekman, J; Amnå, E. (2012). Political participation and civic engagement: Towards a new typology. Human Affairs 22 (3), 283–300.

Entman, R. (1993). Framing. Toward Clarification of a Fractured Paradigm. Journal of Communication 43 (4), 51–58.

Felder, E. (2018). Parteien-Sprech zwischen Jargon der Anmaßung und angemessenem Sprachgebrauch. APuZ 68 (46-47), 33–38.

Felfe, J; Six, B; Schmook, R; Knorz, C. (2002). Commitment Organisation, Beruf und Beschäftigungsform (COBB). GESIS. Mannheim, Köln. https://doi.org/10.6102/zis9.

Ferris, G.R; Treadway, D.C; Kolodinsky, R.W; Hochwarter, W.A; Kacmar, C.J; Douglas, C; Frink, D.D. (2005). Development and Validation of the Political Skill Inventory. Journal of Management 31 (1), 126–152.

Fiorina, M.P. (1999). Extreme voice. A dark side of civic engagement. In: Theda Skocpol; Morris P. Fiorina (Hrsg.). Civic engagement in American democracy. Washington, D.C.: Brookings Institution Press, 395–425.

Fjellman, E; Rosén Sundström, M. (2021). Making a (Political) Career: Young Party Members and Career-Related Incentives for Party Membership. Scandinavian Political Studies 44 (4), 369–391.

Flume, P. (2020). Die Kunst der Kommunikation. 2. Aufl. Freiburg: Haufe Group.

Fox, R.L; Lawless, J.L. (2014). Uncovering the Origins of the Gender Gap in Political Ambition. American Political Science Review 108 (3), 499–519.

Franke, W. (1990). Elementare Dialogstrukturen. Begriffe und Definitionen. Tübingen: De Gruyter.

Frankfurter Allgemeine Zeitung (2018). Mitgliederbefragung kostet SPD Millionen Euro. Frankfurter Allgemeine Zeitung vom 28.05.2018. Online verfügbar unter https://www.faz.net/aktuell/politik/inland/mitgliederbefragung-und-sonderparteitage-kosten-spd-vier-millionen-euro-15610855.html (abgerufen am 21.01.2022).

Fuchs, D. (2002). Politikverdrossenheit. In: Martin Greiffenhagen; Sylvia Greiffenhagen (Hrsg.). Handwörterbuch zur politischen Kultur der Bundesrepublik Deutschland. 2. Aufl. Wiesbaden: Westdeutscher Verlag, 338–343.

Gabriel, O.W. (2013). Bürgerbeteiligung in Deutschland. politische bildung 46 (3), 22–36.

Gaiser, W; Gille, M. (2013). Jugendliche und Partizipation. politische bildung 46 (3), 58–70.

Gaiser, W; Gille, M; Krüger, W; Rijke, J. de (2012). Jugend und Demokratie. In: Tobias Mörschel; Christian Krell (Hrsg.). Demokratie in Deutschland. Zustand. Herausforderungen. Perspektiven. Wiesbaden: Springer VS, 319–340.

García-Albacete, G.M. (2014). Young people's political participation in Western Europe. Continuity or generational change? Basingstoke: Palgrave Macmillan.

Gaßner, A; Masch, L; Rosar, U; Schöttle, S. (2019). Schöner wählen: Der Einfluss der physischen Attraktivität des politischen Personals bei der Bundestagswahl 2017. In: Karl-Rudolf Korte; Jan Schoofs (Hrsg.). Die Bundestagswahl 2017. Analysen der Wahl-, Parteien-, Kommunikations- und Regierungsforschung. Wiesbaden: Springer VS, 63–82.

Gauja, A. (2012). The 'Push' for Primaries. What drives Party Organisational Reform in Australia and the United Kingdom. Australian Journal of Political Science 47 (4), 641–658.

Geise, S; Podschuweit, N. (2019). Partizipation durch Dialog? Mobilisierungsstrategien politischer Akteure im Bundestagswahlkampf 2017. In: Ines Engelmann; Marie Legrand; Hanna Marzinkowski (Hrsg.). Politische Partizipation im Medienwandel. Berlin: Freie Universität Berlin, 157–191.

Geißler, R. (2014). Die Sozialstruktur Deutschlands. 7. Aufl. Wiesbaden: Springer VS.

Gerbaudo, P. (2019). The Digital Party. Political Organisation and Online Democracy. London: Pluto Press.

Gerber, A.S; Green, D.P. (2017). Field Experiments on Voter Mobilization. In: Abhijit Vinayak Banerjee; Esther Duflo (Hrsg.). Handbook of Field Experiments. Amsterdam: North-Holland, 395–438.

Gille, M. (2019). Jugend und Politik. In: Uwe Andersen; Jörg Bogumil; Stefan Marschall et al. (Hrsg.). Handwörterbuch des politischen Systems der Bundesrepublik Deutschland. Wiesbaden: Springer Fachmedien Wiesbaden, 1–8.

Gille, M. (2021). Jugend und Politik. In: Uwe Andersen; Jörg Bogumil; Stefan Marschall et al. (Hrsg.). Handwörterbuch des politischen Systems der Bundesrepublik Deutschland. Wiesbaden: Springer VS, 413–420.

Girnth, H. (2002). Sprache und Sprachverwendung in der Politik. Eine Einführung in die linguistische Analyse öffentlich-politischer Kommunikation. Tübingen: De Gruyter.

Girnth, H. (2015). Sprache und Sprachverwendung in der Politik. Eine Einführung in die linguistische Analyse öffentlich-politischer Kommunikation. 2. Aufl. Berlin: De Gruyter.

Greven, M.Th. (1987). Parteimitglieder. Ein empirischer Essay über das politische Alltagsbewusstsein in Parteien. Opladen: Leske + Budrich.

Grillmayer, D. (2016). Vorwahlkampf in Frankreich. Deutsch-Französisches Institut. Aktuelle Frankreich-Analysen.

Gruber, A. (2012). Parteien – Engagiert Euch! Bürgerbeteiligung braucht eine starke parlamentarische Demokratie. Die politische Meinung (510), 32–36.

Grunden, T; Janetzki, M; Salandi, J. (2017). Die SPD. Anamnese einer Partei. Baden-Baden: Nomos.

Grüne.de (2021). Mit Rückenwind in eine neue Regierung. Online verfügbar unter https://www.gruene.de/artikel/verkuendung-urabstimmungsergebnis (abgerufen am 21.01.2022).

Heringer, H.J. (1990). „Ich gebe Ihnen mein Ehrenwort". Politik, Sprache, Moral. München: Beck.

Hermanns, F. (1982). Brisante Wörter. Zur lexikographischen Behandlung parteisprachlicher Wörter und Wendungen in Wörterbüchern der deutschen Gegenwartssprache. In: Herbert

Wiegand (Hrsg.). Studien zur neuhochdeutschen Lexikographie II. Hildesheim: Olms, 87–108.

Hermanns, F. (1989). Deontische Tautologien. Ein linguistischer Beitrag zur Interpretation des Godesberger Programms (1959) der Sozialdemokratischen Partei Deutschlands. In: Josef Klein (Hrsg.). Politische Semantik. Bedeutungsanalytische und sprachkritische Beiträge zur politischen Sprachverwendung. Opladen: Westdeutscher Verlag, 69–149.

Hermanns, F. (1994). Schlüssel-, Schlag- und Fahnenwörter. Zu Begrifflichkeit und Theorie der lexikalischen 'politischen' Semantik. Arbeiten aus dem Sonderforschungsbereich 245 'Sprache und Situation'. Heidelberg: Winter.

Höhne, B. (2017). Wie stellen Parteien ihre Parlamentsbewerber auf? In: Carsten Koschmieder (Hrsg.). Parteien, Parteiensysteme und politische Orientierungen. Wiesbaden: Springer VS, 227–253.

Höhne, B. (2018). Engagement beugt Politikverdrossenheit (nicht immer) vor. Demokratievertrauen und Parlamentszufriedenheit von aktiven Parteimitgliedern. Zeitschrift für Parlamentsfragen 49 (4), 919–932.

Holtmann, E. (2012). Der Parteienstaat in Deutschland. Erklärungen, Entwicklungen, Erscheinungsbilder. Bonn: BPB.

Holtmann, E. (2020). Zusammenfassung der Ergebnisse. In: Everhard Holtmann; Matthias Brachert; Oscar W. Gabriel et al. (Hrsg.). Die Umdeutung der Demokratie. Politische Partizipation in Ost- und Westdeutschland. Bonn: BPB, 323–342.

IG Metall-Vorstand (2018). Erfolgreich erschließen. Das Handbuch für die Praxis. Frankfurt am Main: IG Metall.

Immerschitt, W; Stumpf, M. (2014). Employer Branding für KMU. Der Mittelstand als attraktiver Arbeitgeber. Wiesbaden: Springer Gabler.

Inglehart, R. (1977). The silent revolution. Changing values and political styles among Western publics. Princeton: Princeton University Press.

Jäckel, M. (2011). Medienwirkungen. Ein Studienbuch zur Einführung. Wiesbaden: VS Verlag für Sozialwissenschaften.

Jaeck, T. (2020). Die 'langen Wellen' im Entwicklungsverlauf von politischer Partizipation in Ostdeutschland von 1990 bis zur Gegenwart. In: Everhard Holtmann; Matthias Brachert; Oscar W. Gabriel et al. (Hrsg.). Die Umdeutung der Demokratie. Politische Partizipation in Ost- und Westdeutschland. Bonn: BPB, 35–56.

Jakobs, S. (2021). Die Neumitgliederwerbung von SPD und CDU im Vergleich. Strategielose Mitgliederpartei oder überfordertes Ehrenamt? Opladen, Berlin.

Jakobs, S; Jun, U. (2018). Parteienwettbewerb und Koalitionsbildung in Deutschland 2017/18: Eine Analyse der Wahlprogramme. Zeitschrift für Parlamentsfragen 49 (2), 265–285.

Jakobs, S; Minas, M. (i.V.). Der Haustürwahlkampf während der Landtagswahl 2022 im Saarland. Mobilisierungstechniken und Mobilisierungstaktiken aus der Perspektive von Spitzenpolitiker*innen und Wahlkämpfer*innen. Tagungsbeitrag zur AKPF-Jahrestagung am 07./08.10. in Trier.

Jörg, U; Steiger, T. (2019). Organisationsverständnis und dessen Einfluss. In: Eric Lippmann; Andres Pfister; Urs Jörg (Hrsg.). Handbuch Angewandte Psychologie für Führungskräfte. Führungskompetenz und Führungswissen. Berlin, Heidelberg: Springer, 19–38.

Judis, J.B. (2016). The populist explosion. How the great recession transformed American and European politics. New York: Columbia Global Reports.

Jun, U. (2004). Der Wandel von Parteien in der Mediendemokratie. SPD und Labour Party im Vergleich. Frankfurt/Main, New York, Campus.

Jun, U. (2011). Die Repräsentationslücke der Volksparteien. Erklärungsansätze für den Bedeutungsverlust und Gegenmaßnahmen. In: Markus Linden; Winfried Thaa (Hrsg.). Krise und Reform politischer Repräsentation. Baden-Baden: Nomos, 95–124.

Jun, U. (2018a). Die SPD in der Ära Merkel. Eine Partei auf der Suche nach sich selbst. In: Reimut Zohlnhöfer; Thomas Saalfeld (Hrsg.). Zwischen Stillstand, Politikwandel und Krisenmanagement. Eine Bilanz der Regierung Merkel 2013–2017. Wiesbaden: Springer VS, 39–59.

Jun, U. (2018b). Direkte innerparteiliche Demokratie in der parlamentarischen Demokratie. Das Beispiel der Mitgliederpartei SPD. Zeitschrift für Parlamentsfragen 49 (4), 940–950.

Jungblut, J; Weber, R. (2017). Karriereschmieden und Jugendorganisationen? Die Rolle von Parteijugendorganisationen am Beispiel der Jusos in der SPD. Zeitschrift für Politik 64 (2), 115–142.

Jungherr, A. (2016). Datengestützte Verfahren im Wahlkampf. Zeitschrift für Politikberatung 8 (1), 3–14.

Kalverkemper, H. (1988). Die Fachwelt in der allgemeinen einsprachigen Lexikographie. Fachsprache 10, 98–123.

Kanitz, A; Scharlau, C. (2022). Gesprächstechniken. 6. Aufl. Freiburg: Haufe Group.

Kanning, U.Peter (2017). Personalmarketing, Employer Branding und Mitarbeiterbindung. Forschungsbefunde und Praxistipps aus der Personalpsychologie. Berlin, Heidelberg: Springer Gabler.

Katz, R.S; Mair, P. (1995). Changing Models of Party Organization and Party Democracy. Party Politics 1 (1), 5–28.

Kausmann, C; Hagen, C. (2021). Gesellschaftliche Bereiche des freiwilligen Engagements. In: Julia Simonson; Nadiya Kelle; Corinna Kausmann et al. (Hrsg.). Freiwilliges Engagement in Deutschland. Der Deutsche Freiwilligensurvey 2019. Berlin: Deutsches Zentrum für Altersfragen, 85–111.

Kersting, N. (2008). Innovative Partizipation. Legitimation, Machtkontrolle und Transformation. Eine Einführung. In: Norbert Kersting (Hrsg.). Politische Beteiligung. Einführung in Instrumente politischer und gesellschaftlicher Partizipation. Wiesbaden: VS Verlag für Sozialwissenschaften, 11–39.

Kim, B; Hoewe, J. (2020). Developing contemporary factors of political participation. The Social Science Journal, 1–15.

Klages, H. (1999). Standorte und Strukturen des Engagementpotentials in Deutschland. In: Helmut Klages; Thomas Gensicke (Hrsg.). Wertewandel und bürgerschaftliches Engagement an der Schwelle zum 21. Jahrhundert. Speyer: Forschungsinstitut für Öffentliche Verwaltung, 99–136.

Klages, H; Gensicke, T. (1999). Bürgerschaftliches Engagement im Ost-West-Vergleich. In: Helmut Klages; Thomas Gensicke (Hrsg.). Wertewandel und bürgerschaftliches Engagement an der Schwelle zum 21. Jahrhundert. Speyer: Forschungsinstitut für Öffentliche Verwaltung, 53–72.

Klein, J. (1989). Wortschatz, Wortkampf, Wortfelder in der Politik. In: Josef Klein (Hrsg.). Politische Semantik. Bedeutungsanalytische und sprachkritische Beiträge zur politischen Sprachverwendung. Opladen: Westdeutscher Verlag, 3–50.

Klein, J. (2014). Grundlagen der Politolinguistik. Berlin: Frank & Timme.

Klein, J. (2018). 'Betrachten der Wirklichkeit' und politisches Framing. Am Beispiel der CDU-Wahlkampagne 2013. In: Andreas Gardt; Ekkehard Felder (Hrsg.). Wirklichkeit oder Konstruktion? Sprachtheoretische und interdisziplinäre Aspekte einer brisanten Alternative. Berlin, Boston: De Gruyter, 344–370.

Kletzing, U; Lukoschat, H. (2010). Engagiert vor Ort. Wege und Erfahrungen von Kommunalpolitikerinnen. Berlin: Bundesministerium für Familie, Senioren, Frauen und Jugend.

Kölln, A.-K. (2014). Party decline and response. The Effects of Membership Decline on Party Organisations in Western Europe, 1960–2010. Enschede: CPI Wöhrmann.

Korte, K.-R. (2019). Die Bundestagswahl 2017: Ein Plebiszit über die Flüchtlingspolitik. In: Karl-Rudolf Korte; Jan Schoofs (Hrsg.). Die Bundestagswahl 2017. Analysen der Wahl-, Parteien-, Kommunikations- und Regierungsforschung. Wiesbaden: Springer VS, 1–19.

Koschmieder, C. (2016). Partizipation in der Piratenpartei. Die Schattenseiten einer sonnigen Utopie. Opladen u. a.: Barbara Budrich.

Kramer, K; Prenzel, M; Drechsel, B. (2000). Lernmotivation in der kaufmännischen Ausbildung aus der Perspektive von Auszubildenden unterschiedlicher Berufe. Zeitschrift für Berufs- und Wirtschaftspädagogik 96 (2), 207–227.

Krimmel, I. (2000). Politische Beteiligung in Deutschland – Strukturen und Erklärungsfaktoren. In: Jürgen W. Falter; Oscar W. Gabriel; Hans Rattinger (Hrsg.). Wirklich ein Volk? Die politischen Orientierungen von Ost- und Westdeutschen im Vergleich. Opladen: Leske + Budrich, 611–638.

Kruger, J; Dunning, D. (1999). Unskilled and unaware of it. How Difficulties in Recognizing One's Own Incompetence Lead to Inflated Self-Assessments. Journal of Personality and Social Psychology 77 (6), 1121–1134.

Kuehl, R.A. (2012). The Rhetorical Presidency and "Accountability" in Education Reform: Comparing the Presidential Rhetoric of Ronald Reagan and George W. Bush. Southern Communication Journal 77 (4), 329–348.

Kuhlmann, C. (2018). Bildungsarmut und die soziale ‚Vererbung' von Ungleichheiten. In: Ernst-Ulrich Huster; Jürgen Boeckh; Hildegard Mogge-Grotjahn (Hrsg.). Handbuch Armut und soziale Ausgrenzung. Wiesbaden: Springer VS, 431–456.

Laux, A. (2011a). Was motiviert Parteimitglieder zum Beitritt? In: Tim Spier; Markus Klein; Ulrich von Alemann et al. (Hrsg.). Parteimitglieder in Deutschland. Wiesbaden: VS Verlag für Sozialwissenschaften, 61–78.

Laux, A. (2011b). Was wünschen sich die Mitglieder von ihren Parteien? In: Tim Spier; Markus Klein; Ulrich von Alemann et al. (Hrsg.). Parteimitglieder in Deutschland. Wiesbaden: VS Verlag für Sozialwissenschaften, 157–176.

Lees-Marshment; Pettitt, R.T. (2014). Mobilising volunteer activists in political parties. the view from central office. Contemporary Politics 20 (2), 246–260.

Lehnen, T. (2021). Die subjektive Handlungssicherheit neuer Pflegekräfte auf der Intensivstation im Kontext von Motivation und Selbstwirksamkeit. Osnabrück: Universität Osnabrück.

Linden, M. (2019). Die Repräsentation der Armutsbevölkerung im politischen System. In: Stefan Gillich; Rolf Keicher; Sebastian Kirsch (Hrsg.). Alternativen zu Entrechtung und Ausgrenzung. Freiburg im Breisgau: Lambertus, 99–114.

Lipset, S.Martin; Rokkan, S. (1967). Cleavage Structures, Party Systems and Voter Alignments. An Introduction. In: Seymour Martin Lipset; Stein Rokkan (Hrsg.). Party Systems and Voter Alignments. New York: Free Press, 1–64.

Löffler, N. (2022). Datenbasierte Kommunikation von Parteien und Vertrauen. Theoretische Einordnung und empirische Erfassung auf der Meso- und Mikro-Ebene. Wiesbaden: Springer VS.

Lösche, P; Walter, F. (1992). Die SPD. Klassenpartei, Volkspartei, Quotenpartei. Zur Entwicklung der Sozialdemokratie von Weimar bis zur deutschen Vereinigung. Darmstadt: Wissenschaftliche Buchgesellschaft.

Lucius, R. von (2013). Verfeindet seit 1636. Frankfurter Allgemeine Zeitung vom 05.11.2013. Online verfügbar unter https://www.faz.net/aktuell/politik/hannover-und-braunschweig-verfeindet-seit-1636-12649645.html (abgerufen am 02.11.2021).

Matuschek, K; Niesyto, J. (2013). Freiwilligen-Engagement professionell gestalten. Engagierte und aktive Freiwillige gewinnen und beteiligen. 3. Aufl. Bonn: Friedrich-Ebert-Stiftung.

Mayntz, R. (1959). Parteigruppen in der Großstadt. Untersuchungen in einem Berliner Kreisverband der CDU. Wiesbaden: VS Verlag für Sozialwissenschaften.

Mays, A; Hambauer, V. (2016). Die Bedeutung von Veränderungen in der sozioökonomischen Ressourcenausstattung für das individuelle politische Engagement. Politische Psychologie (2), 215–235.

Meffert, H; Burmann, C; Kirchgeorg, M; Eisenbeiß, M. (2019). Marketing. Grundlagen marktorientierter Unternehmensführung Konzepte – Instrumente – Praxisbeispiele. 13. Aufl. Wiesbaden: Springer Gabler.

Melo, D.F; Stockemer, D. (2014). Age and political participation in Germany, France and the UK: A comparative analysis. Comparative European Politics 12 (1), 33–53.

Meyer, J.P; Allen, N. (1997). Commitment in the Workplace. Theory, Research and Applications. Thousand Oaks u. a.: SAGE.

Michel, U; Gmür, M. (2017). Nachhaltige Mitgliedergewinnung in einer Gewerkschaft. In: Ludwig Theuvsen; René Andeßner; Markus Gmür et al. (Hrsg.). Nonprofit-Organisationen und Nachhaltigkeit. Wiesbaden: Springer Gabler, 317–326.

Michels, D. (2021). Digitaler Wandel in der SPD. Kommunikation, Beteiligung und Organisation in der Parteireform 2017–2019. Wiesbaden: Springer VS.

Michels, D; Borucki, I. (2021). Die Organisationsreform der SPD 2017–2019: Jung, weiblich und digital? Politische Vierteljahresschrift 62 (1), 121–148.

Milbrath, L.W; Goel, M.L. (1977). Political participation. How and why do people get involved in politics? Washington, D.C.: University Press of America.

Morales Diez de Ulzurrun, Laura (2005). Attitudes, Resources, Opportunities, and Mobilisation. A Multilevel Model of Political Membership. Universidad Autónomica de Madrid. Madrid. Estudio/Working Paper 40.

Morales, L. (2009). Joining political organisations. Institutions, mobilisation and participation in western democracies. Colchester: ECPR.

Müssig, S. (2021). Politische Partizipation von Menschen mit Migrationshintergrund in Deutschland. Eine quantitativ-empirische Analyse. Wiesbaden: Springer VS.

Napierala, N. (2021). Framing und Counter-Framing in der Politik. Eine Untersuchung von Debatten des Deutschen Bundestages. Berlin: HU Berlin.

Nicolai, C. (2014). Personalmanagement. Stuttgart: UTB.

Niedermayer, O. (1989). Innerparteiliche Partizipation. Opladen: Westdeutscher Verlag.

Niedermayer, O. (2005). Bürger und Politik. Politische Orientierungen und Verhaltensweisen der Deutschen. 2. Aufl. Wiesbaden: VS Verlag für Sozialwissenschaften.

Niedermayer, O. (2013). Keine Parteienverdrossenheit, aber Parteienkritik. Die Bürgerorientierungen gegenüber den Bundestagsparteien. In: Oskar Niedermayer; Benjamin Höhne; Uwe Jun (Hrsg.). Abkehr von den Parteien? Parteiendemokratie und Bürgerprotest. Wiesbaden: Springer VS, 45–65.

Niedermayer, O. (2021). Parteimitgliedschaften im Jahre 2020. Zeitschrift für Parlamentsfragen 52 (2), 373–407.

Niedermayer, O. (2022). Parteimitgliedschaften im Jahre 2021. Zeitschrift für Parlamentsfragen 53 (2), 382–408.

Niehr, T. (2014). Einführung in die Politolinguistik. Göttingen: Vandenhoeck & Ruprecht.

Niehr, Thomas; Kilian, Jörg; Wengeler, Martin (Hrsg.) (2017). Handbuch Sprache und Politik. in 3 Bänden. Hamburg: Buske.

Nielsen, R.Kleis (2012). Ground Wars. Personalized Communication in Political Campaigns. Princeton: Princeton University Press.

Nokel, C. (2015). Parteienfinanzierung. Die Steuermillionen für politische Stiftungen. Online verfügbar unter https://www.deutschlandfunk.de/parteienfinanzierung-die-steuer millionen-fuer-politische-100.html (abgerufen am 20.01.2022).

Norris, P. (2004). Electoral engineering. Cambridge: Cambridge University Press.

Nyhan, B; Porter, E; Reifler, J; Wood, T.J. (2019). Taking Fact-Checks Literally But Not Seriously? The Effects of Journalistic Fact-Checking on Factual Beliefs and Candidate Favorability. Political Behavior.

Oerder, K.Sarah (2015). Die Bedeutung von Motivation und Politischen Fertigkeiten von ehrenamtlichen RecruiterInnen in Mitgliederorganisationen. Eine prädiktive Studie an Mitgliedern einer Industriegewerkschaft. Bonn: Universität Bonn.

Oswald, M. (2019). Strategisches Framing. Eine Einführung. Wiesbaden: Springer VS.

Panagl, O. (1999). Fahnenwörter, Leitvokabeln, Kampfbegriffe. Versuch einer terminologischen Klärung. In: Oswald Panagl (Hrsg.). Fahnenwörter der Politik. Kontinuitäten und Brüche. Wien: Böhlau, 13–21.

Persson, M. (2015). Education and Political Participation. British Journal of Political Science 45 (3), 689–703.

Petersen, T; Hierlemann, D; Vehrkamp, R.B; Wratil, C. (2013). Gespaltene Demokratie. Politische Partizipation und Demokratiezufriedenheit vor der Bundestagswahl 2013. Gütersloh: Bertelsmann.

Piwinger, M; Ebert, H. (2017). Der Begriff von Kommunikation. In: Cathrin Christoph; Annika Schach (Hrsg.). Handbuch Sprache in den Public Relations. Wiesbaden: Springer, 1–15.

Poguntke, T. (1994). Parties in a Legalistic Culture. The Case of Germany. In: Richard S. Katz; Peter Mair (Hrsg.). How parties organize. Change and adaptation in party organizations in Western democracies. London, Thousand Oaks: SAGE, 185–215.

Poguntke, T. (2000). Parteiorganisation im Wandel. Gesellschaftliche Verankerung und organisatorische Anpassung im europäischen Vergleich. Wiesbaden: Westdeutscher Verlag.

Prechtl, P; Burkard, F.-P. (1999). Metzler Lexikon Philosophie. Begriffe und Definitionen. Stuttgart: Metzler.

Preston, J.B; Brown, W.A. (2004). Commitment and performance of nonprofit board members. Nonprofit Management and Leadership 15 (2), 221–238.

Preuß-Scheuerle, B. (2016). Praxishandbuch Kommunikation. Überzeugend auftreten, zielgerichtet argumentieren, souverän reagieren. 2. Aufl. Wiesbaden: Springer Gabler.

Radtke, G.D. (1976). Teilnahme an der Politik. Bestimmungsgründe der Bereitschaft zur politischen Partizipation. Ein empirischer Beitrag. Leverkusen: Heggen.

Raschke, J; Tils, R. (2013). Politische Strategie. Eine Grundlegung. 2. Aufl. Wiesbaden: VS Verlag für Sozialwissenschaften.

Rattinger, H. (2009). Einführung in die politische Soziologie. München: Oldenbourg.

Rettler, P; Göll, S. (2010). Anerkennung und Kritik als Erfolgskriterium moderner Personalführung. Journal für Psychologie 18 (2), 1–27.

Rieger, G. (1994). 'Parteienverdrossenheit' und 'Parteienkritik' in der Bundesrepublik Deutschland. Zeitschrift für Parlamentsfragen 25 (3), 459–471.

Ritzi, C. (2014). Die Postdemokratisierung politischer Öffentlichkeit. Kritik zeitgenössischer Demokratie – theoretische Grundlagen und analytische Perspektiven. Wiesbaden: Springer VS.

Roelcke, T. (2014). Zur Gliederung von Fachsprache und Fachkommunikation. Fachsprache 37, 154–178.

Roelcke, T. (2015). Besondere Wörter II. Fachwörter, Termini. In: Ulrike Haß; Petra Storjohann (Hrsg.). Handbuch Wort und Wortschatz. Boston: De Gruyter, 371–393.

Röhner, J; Schütz, A. (2016). Psychologie der Kommunikation. 2. Aufl. Wiesbaden: Springer.

Römmele, A. (2022). Sprache und Kommunikation in der Politik. In: Heidrun Kämper; Albrecht Plewnia (Hrsg.). Sprache in Politik und Gesellschaft. Perspektiven und Zugänge. Berlin, Boston: De Gruyter, 35–40.

Roose, J. (2022). Eine tief abgespaltene Minderheit. Forschungsjournal Soziale Bewegungen 35 (2), 298–316.

Roose, J; Steinhilper, E. (2022). Gespaltene Gesellschaft? Politische Polarisierung: Zustand, Debatten, Folgen. Forschungsjournal Soziale Bewegungen 35 (2), 265–269.

Roßteutscher, Sigrid; Schmitt-Beck, Rüdiger; Schoen, Harald; Weßels, Bernhard; Wolf, Christof (Hrsg.) (2019). Zwischen Polarisierung und Beharrung. Die Bundestagswahl 2017. Baden-Baden: Nomos.

Roth, G; Regnet, E; Mühlbauer, B.H. (2010). Organisationskultur und Motivation. In: Peter Bechtel; Detlef Friedrich; Andrea Kerres (Hrsg.). Mitarbeitermotivation ist lernbar. Mitarbeiter in Gesundheitseinrichtungen motivieren, führen, coachen. Berlin u. a.: Springer, 17–48.

Rothermund, K; Eder, A. (2011). Allgemeine Psychologie: Motivation und Emotion. Wiesbaden: VS Verlag für Sozialwissenschaften.

Rudolph, K. (2020). Die Sehnsucht nach Zukunftspolitik im Zeitalter der Politikverdrossenheit. In: Wolfgang Roters; Horst Gräf; Hellmut Wollmann (Hrsg.). Zukunft denken und verantworten. Wiesbaden: Springer VS, 303–312.

Rulfs, M; Kehlbach, C. (2022). Kirche stärkt Rechte queerer Beschäftigter. Online verfügbar unter https://www.tagesschau.de/inland/kirchliches-arbeitsrecht-101.html (abgerufen am 15.12.2022).

Sarcinelli, U. (2009). Politische Kommunikation in Deutschland. 2. Aufl. Wiesbaden: VS Verlag für Sozialwissenschaften.

Scarrow, S.E. (2015). Beyond party members. Changing approaches to partisan mobilization. Oxford: Oxford University Press.

Scheufele, B. (2003). Frames – Framing – Framing-Effekte. Theoretische und methodische Grundlegung des Framing-Ansatzes sowie empirische Befunde zur Nachrichtenproduktion. Wiesbaden: Westdeutscher Verlag.

Schmid-Petri, H. (2012). Das Framing von Issues in Medien und Politik. Eine Analyse systemspezifischer Besonderheiten. Wiesbaden: VS Verlag für Sozialwissenschaften.

Schneekloth, U. (2016). Jugend und Politik. Zwischen positivem Gesellschaftsbild und anhaltender Politikverdrossenheit. In: Shell Deutschland Holding (Hrsg.). Jugend 2015. Eine pragmatische Generation im Aufbruch. Bonn: BPB.

Schneekloth, U; Albert, M. (2020). Jugend und Politik. Demokratieverständnis und politisches Interesse im Spannungsfeld von Vielfalt, Toleranz und Populismus. In: Shell Deutschland Holding (Hrsg.). Jugend 2019. Eine Generation meldet sich zu Wort. Bonn: BPB, 47–102.

Schoen, H. (2014). Soziologische Ansätze in der empirischen Wahlforschung. In: Jürgen W. Falter; Harald Schoen (Hrsg.). Handbuch Wahlforschung. Wiesbaden: Springer VS, 169–239.

Schoen, H; Weins, C. (2014). Der sozialpsychologische Ansatz zur Erklärung von Wahlverhalten. In: Jürgen W. Falter; Harald Schoen (Hrsg.). Handbuch Wahlforschung. Wiesbaden: Springer VS, 241–329.

Schöttle, S. (2019). Politische Online-Partizipation und soziale Ungleichheit. Eine empirische Studie mit Gender-Fokus. Wiesbaden: Springer VS.

Schreyögg, G. (2016). Grundlagen der Organisation. Basiswissen für Studium und Praxis. 2. Aufl. Wiesbaden: Springer Gabler.

Schröder, P. (2011). Politische Strategien. 2. Aufl. Potsdam: Friedrich-Naumann-Stiftung.

Schroeder, W. (2017). Sozialdemokratie und Gewerkschaften. In: Aurel Croissant; Sascha Kneip; Alexander Petring (Hrsg.). Demokratie, Diktatur, Gerechtigkeit. Wiesbaden: Springer VS, 697–720.

Schulz von Thun, F. (1997). Miteinander reden 1: Störungen und Klärungen. Allgemeine Psychologie der Kommunikation. Reinbek bei Hamburg: Rowohlt.

Schulz von Thun, F. (2017). Das „Innere Team" und situationsgerechte Kommunikation. Kommunikation, Person, Situation. 26. Aufl. Reinbek bei Hamburg: Rowohlt Taschenbuch Verlag.

Schulz von Thun, F; Ruppel, J; Stratmann, R. (2016). Miteinander reden. Kommunikationspsychologie für Führungskräfte. 16. Aufl. Reinbek bei Hamburg: Rowohlt.

Schulz von Thun Institut (2022). Das Kommunikationsquadrat. Online verfügbar unter https://www.schulz-von-thun.de/die-modelle/das-kommunikationsquadrat (abgerufen am 02.10.2022).

Seddone, A; Venturino, F; Sandri, G. (2021). Living apart but together. Members, Sympathizers, and the Italian Democratic Party. Revista Internacional de Sociología 79 (4).

Seyd, P; Whiteley, P. (1992). Labour's grass roots. The politics of party membership. Oxford, New York: Clarendon Press; Oxford University Press.

Shell Deutschland Holding (Hrsg.) (2020). Jugend 2019. Eine Generation meldet sich zu Wort. Bonn: BPB.

Simonson, J; Kelle, N; Kausmann, C; Tesch-Römer, C. (2021). Zentrale Ergebnisse des Deutschen Freiwilligensurveys 2019. In: Julia Simonson; Nadiya Kelle; Corinna Kausmann et al. (Hrsg.). Freiwilliges Engagement in Deutschland. Der Deutsche Freiwilligensurvey 2019. Berlin: Deutsches Zentrum für Altersfragen, 11–16.

SPD (2012). Grundsätze für die Arbeit der Mitgliederbeauftragten. Beschlossen durch den Parteivorstandes [sic!] am 26. März 2012. Berlin: SPD.

SPD (2020). Leitfaden für den Tür-zu-Tür-Wahlkampf. Berlin: SPD.

SPD Landkreis Diepholz (2022). Kick Off – Mitglieder werben Mitglieder. Online verfügbar unter https://spd-landkreis-diepholz.de/kick-off-mitglieder-werben-mitglieder (abgerufen am 12.06.2022).

Spier, T. (2011). Wie aktiv sind die Mitglieder in Parteien? In: Tim Spier; Markus Klein; Ulrich von Alemann et al. (Hrsg.). Parteimitglieder in Deutschland. Wiesbaden: VS Verlag für Sozialwissenschaften, 98–119.

Spier, T; Klein, M. (2015). Party membership in Germany. Rather formal, therefore uncool? In: Emilie van Haute; Anika Gauja (Hrsg.). Party members and activists. New York: Routledge.

Spier, Tim; Klein, Markus; Alemann, Ulrich von; Hoffmann, Hanna; Laux, Annika; Nonnenmacher, Alexandra; Rohrbach, Katharina (Hrsg.) (2011). Parteimitglieder in Deutschland. Wiesbaden: VS Verlag für Sozialwissenschaften.

Stadt Herne (2015). Analyse der Wahl des Oberbürgermeisters 2015 in Herne. Online verfügbar unter https://www.herne.de/Migration/wahlen/Wahlanalyse-OB-Wahl-2015-neu.pdf.pdf (abgerufen am 26.10.2021).

Stadt Saarbrücken (2021). So hat Saarbrücken gewählt: Die Ergebnisse zur Bundestagswahl 2021 aus der Saarländischen Landeshauptstadt. Online verfügbar unter https://www.saarbruecken.de/rathaus/stadtpolitik/wahlen/wahlergebnisse_bundestagswahl_2021 (abgerufen am 25.09.2022).

Stadt Saarbrücken (2022). Wahlbezirksverzeichnis 2022. Saarbrücken.

Steiner, N.D; Landwehr, C. (2018). Populistische Demokratiekonzeptionen und die Wahl der AfD: Evidenz aus einer Panelstudie. Politische Vierteljahresschrift 59 (3), 463–491.

Steuerwald, C. (2018). Soziale Mobilität. In: Ernst-Ulrich Huster; Jürgen Boeckh; Hildegard Mogge-Grotjahn (Hrsg.). Handbuch Armut und soziale Ausgrenzung. Wiesbaden: Springer VS, 203–221.

Stock, A. (2008). Neumitglieder im Visier. Das Rekrutierungsmanagement der politischen Nachwuchsorganisationen am Beispiel der NRW-Landesverbände. Marburg: Tectum Verlag.

Strauß, G; Zifonun, G. (1986). Formen der Ideologiegebundenheit. Versuch einer Typologie der gesellschaftspolitischen Lexik. In: Gerhard Strauß (Hrsg.). Der politische Wortschatz. Zur Kommunikations- und Textsortenspezifik. Tübingen: Narr, 67–147.

Thiele, M. (2006). Führen & Streiten. Regensburg: bvs bayerischer verlag für sprechwissenschaft.

Thielmann, G; Weibler, J; Model, T. (2022). Das Polizeiliche Führungsmodell (PFM) – zeitgemäße Führung für die Polizei. In: Dieter Wehe; Helmut Siller (Hrsg.). Handbuch Polizeimanagement. Wiesbaden: Springer, 1–22.

Thommen, J.-P; Achleitner, A.-K; Gilbert, D.U; Hachmeister, D; Kaiser, G. (2016). Allgemeine Betriebswirtschaftslehre. Umfassende Einführung aus managementorientierter Sicht. 8. Aufl. Wiesbaden: Springer Fachmedien.

Töller, A.E; Pannowitsch, S; Kuschek, C; Mennrich, C. (2011). Direkte Demokratie und Schulpolitik. Lehren aus einer politikfeldanalytischen Betrachtung des Scheiterns der Hamburger Schulreform. Zeitschrift für Parlamentsfragen 42 (3), 503–523.

Tottmann, B. (2022). Strategisches Framing bei Björn Höcke – wie ein rechtsextremer Politiker den Rahmen sprengt. ZRex – Zeitschrift für Rechtsextremismusforschung 2 (1), 128–140.

Uhlmann, C; Thomas, P.Martin (2021). Jugenden in unterschiedlichen Lebenswelten und sozialen Milieus. In: Ulrich Deinet; Benedikt Sturzenhecker; Larissa von Schwanenflügel et al. (Hrsg.). Handbuch Offene Kinder- und Jugendarbeit. Wiesbaden: Springer VS, 461–475.

Unger, F; Sann, U; Martin, C. (2022). Personalführung in Organisationen der Sozialwirtschaft. Ein Studienbuch. Wiesbaden: Springer VS.

Urbat, J. (2007). Rechtspopulisten an der Macht. Silvio Berlusconis Forza Italia im neuen italienischen Parteiensystem. Hamburg: Lit.

van Deth, J.W. (2009). Politische Partizipation. In: Viktoria Kaina; Andrea Römmele (Hrsg.). Politische Soziologie. Ein Studienbuch. Wiesbaden: VS Verlag für Sozialwissenschaften, 141–162.

van Dick, R. (2004). Commitment und Identifikation mit Organisationen. Göttingen, Bern, Toronto, Seattle: Hogrefe.

Vehrkamp, R; Merkel, W. (2020). Populismusbarometer 2020. Populistische Einstellungen bei Wählern und Nichtwählern in Deutschland 2020. Gütersloh: Bertelsmann.

ver.di (2004). Mitgliederwerbung in die Tagesarbeit integrieren. Berlin: ver.di.

Verba, S; Nie, N.H. (1972). Participation in America. Political Democracy and Social Equality. New York: Harper & Row.

Verba, S; Nie, N.H; Kim, J. (1987). Participation and political equality. A seven-nation comparison. Chicago: University of Chicago Press.

Verba, S; Schlozman, K.Lehman; Brady, H.E. (1995). Voice and equality. Civic voluntarism in American politics. Chicago: University of Chicago Press.

Vetter, A. (2000). Frischer Wind in einer alten Beziehung? Political Efficacy und die Bundestagswahl 1998. In: Jürgen W. Falter; Oscar W. Gabriel; Hans Rattinger (Hrsg.). Wirklich ein Volk? Die politischen Orientierungen von Ost- und Westdeutschen im Vergleich. Opladen: Leske + Budrich, 79–110.

Vetter, A; Remer, U. (2017). Bürger und Beteiligung in der Demokratie. Eine Einführung. Wiesbaden: Springer VS.

Vissers, S; Stolle, D. (2014). Spill-Over Effects between Facebook and On/Offline Political Participation? Evidence from a Two-Wave Panel Study. Journal of Information Technology & Politics 11 (3), 259–275.

Voßkuhle, A. (2020). Die Zumutungen der Prognose. In: Bernd Kortmann; Günther G. Schulze (Hrsg.). Jenseits von Corona. Bielefeld: transcript Verlag, 205–212.

Walter, F. (2013). Bürgerlichkeit und Protest in der Misstrauensgesellschaft. In: Stine Marg; Lars Geiges; Felix Butzlaff et al. (Hrsg.). Die neue Macht der Bürger. Was motiviert die Protestbewegungen? Bonn: BPB, 299–342.

Watzlawick, P; Bavelas, J.Beavin; Jackson, D.D. (1967). Pragmatics of human communication. A study of interactional patterns, pathologies, and paradoxes. New York: Norton.

Weber, S; Knorr, E. (2020). Kognitive Verzerrungen und die Irrationalität des Denkens. In: Markus Appel (Hrsg.). Die Psychologie des Postfaktischen: Über Fake News, „Lügenpresse", Clickbait & Co. Berlin, Heidelberg: Springer Berlin Heidelberg, 103–115.

Weick, K.E. (1976). Educational Organizations as loosely coupled Systems. Administrative Science Quarterly 21 (1), 1–19.

Weisbach, C.-R; Sonne-Neubacher, P. (2015). Professionelle Gesprächsführung. Ein praxisnahes Lese- und Übungsbuch. 9. Aufl. München: dtv.

Welzel, C. (2009). Werte- und Wertewandelforschung. In: Viktoria Kaina; Andrea Römmele (Hrsg.). Politische Soziologie. Ein Studienbuch. Wiesbaden: VS Verlag für Sozialwissenschaften, 109–140.

Wenzelburger, G; Fehrenz, S. (2018). Die Union und die „Ehe für Alle". Bestimmungsfaktoren des Abstimmungsverhaltens in der CDU/CSU-Fraktion im Bundestag. Zeitschrift für Parlamentsfragen 49 (3), 512–530.

Wiesendahl, E. (1984). Wie politisch sind politische Parteien? Zu einigen vernachlässigten Aspekten der Organisationswirklichkeit politischer Parteien. In: Jürgen W. Falter; Christian Fenner; Michael Th. Greven (Hrsg.). Politische Willensbildung und Interessenvermittlung. Verhandlungen der Fachtagung der DVPW vom 11.-13. Oktober 1983 in Mannheim. Wiesbaden: Springer Fachmedien, 78–88.

Wiesendahl, E. (2003). Parteiendemokratie in der Krise. Das Ende der Mitgliederparteien? In: Manuela Glaab (Hrsg.). Impulse für eine neue Parteiendemokratie. Analysen zu Krise und Reform. München: Ludwigs-Maximilians Universität, 15–37.

Wiesendahl, E. (2009). Die Mitgliederparteien zwischen Unmodernität und wieder entdecktem Nutzen. In: Uwe Jun; Oskar Niedermayer; Elmar Wiesendahl (Hrsg.). Zukunft der Mitgliederpartei. Opladen u. a.: Barbara Budrich, 33–51.

Wiesendahl, E. (2011). Volksparteien. Aufstieg – Krise – Zukunft. Opladen u. a.: Barbara Budrich.

Wiesendahl, E. (2022). Parteienforschung. Ein Überblick. Wiesbaden: Springer VS.

Wiesendahl, E; Höhne, B; Cordes, M. (2018). Mitgliederparteien – Niedergang ohne Ende? Zeitschrift für Parlamentsfragen 49 (2), 304–324.

Wiesendahl, E; Jun, U; Niedermayer, O. (2009). Die Zukunft der Mitgliederparteien auf dem Prüfstand. In: Uwe Jun; Oskar Niedermayer; Elmar Wiesendahl (Hrsg.). Zukunft der Mitgliederpartei. Opladen u. a.: Barbara Budrich, 9–30.

Printed by Printforce, the Netherlands